난생 처음 한번 들어보는
클래식 수업
10 비틀스,
대중의 클래식

사회평론

난생 처음 한번 들어보는 클래식 수업 10
_비틀스, 대중의 클래식

2025년 11월 26일 초판 1쇄 인쇄
2025년 12월 4일 초판 1쇄 펴냄

지은이	민은기
기획·책임편집	이희원
단행본사업본부	신용관 윤다혜 조자양
편집위원	최연희
마케팅본부	윤영채 정하연 안은지 박찬수 염승연
경영지원본부	나연희 주광근 오민정 김수아 김민주 김기현
디자인	위앤드
그림	강한
사보	손세안
지도	김지희
인쇄	영신사
펴낸이	윤철호
펴낸곳	(주)사회평론
등록번호	제10-876호(1993년 10월 6일)
전화	02-326-1182
팩스	02-326-1626
이메일	naneditor@sapyoung.com

ⓒ민은기, 2025

ISBN 979-11-6273-399-8 03600

책값은 뒤표지에 있습니다.

사전 동의 없는 무단 전재 및 복제를 금합니다.
잘못 만들어진 책은 구입하신 서점에서 바꾸어 드립니다.

난생 처음 한번 들어보는
클래식 수업

10 비틀스,
대중의 클래식

민은기 지음

대중이 만든
가장 오래된 미래

- 10권을 열며

안녕하신가요?

1년 만에 다시 만나게 되어 반갑습니다. 이번이 열 번째 강의라 그런지 여러분 앞에 서는 것이 어느 때보다 더 기쁘고 가슴 벅찹니다. 평소 10이라는 숫자에 별다른 의미를 부여하지 않고 살았는데 막상 열 번째 강의를 맞이하고 보니 왜 이 숫자가 완전한 수로 여겨지는지 알 것도 같습니다.

『난생 처음 한번 들어보는 클래식 수업』 시리즈를 처음 시작할 때만 해도 강의를 이렇게 오래 이어갈 수 있으리라고는 상상하지 못했습니다. 눈에 보이지 않는 음악을 활자라는 매체로 전달하는 게 어려울 거라 생각했거든요. 그랬던 제가 오랜 시간 신나게 강의할 수 있었던 건 오롯이 여러분 덕분입니다. 정말 감사드립니다.

...

이번 강의의 주인공은 비틀스입니다. 그동안 '난처한 클래식' 강의를 함께해온 독자라면 당황할 법한 인물 선정입니다. 비틀스가 아무리 위대하다고 해도 음악사에 한 획을 그은 위인으로 분류하는 건 여전히 낯선 일이죠. 무엇보다 이들은 클래식 음악가조차 아니니 더욱 어리둥절할 것입니다.

비틀스를 주인공으로 삼은 이유가 점점 더 궁금하실 텐데요. 그걸 말씀드리려면 먼저 지금껏 주인공을 선발했던 기준부터 털어놔야 할 것 같습니다. 모차르트, 베토벤, 바흐, 헨델, 쇼팽, 리스트, 베르디, 바그너, 슈만, 브람스, 차이콥스키, 드뷔시는 모두 한 시대를 풍미한 명실상부 최고의 클래식 거장들입니다. 하지만 솔직히 고백하자면 이들은 제 강의의 주인공이 아니라 조연이었습니다.

이들이 위대한 클래식 음악가이기 때문에 강의의 주인공으로 세운 건 맞지만, 그보다는 이들의 음악이 클래식 음악을 둘러싼 지식을 설명하기에 가장 좋은 예시였기 때문입니다. 클래식 음악이 종교·국가·민족·기술 등과 어떤 관계를 맺어왔는지, 또 문학과 미술처럼 다른 예술과 어떤 영향을 주고받았는지 생생하고 구체적으로 설명하기 위해선 이 음악가들이 꼭 필요했습니다.

비틀스도 마찬가지입니다. 비틀스는 대중음악 역사상 가장 중요하고 가장 사랑받은 음악가입니다. 예술성과 대중성의 경계를 무너뜨리고 1960년대 청년 문화의 중요한 축이 되면서 아이돌 그 이상의 존재로 자리했죠. 비틀스가 이번 강의의 주인공이 된 '진짜' 이유는 비틀스를 통해 대중음악의 본질을 깨달을 수 있기 때문입니다. 대중음악을 알아야 클래식 음악도 알 수 있고 인간에게 음악이 어떤 의미인지도 비로소 이해할 수 있습니다. 인류의 역사는 곧 음악의 역사와 그 궤적을 공유한다는 사실을 되새기며 이 강의도 끝날 수 있는 거고요.

이번 강의를 마지막으로 '난처한 클래식' 시리즈는 막을 내립니다. 그동안 이 시리즈를 사랑해주신 독자들과 이별하려니 너무 섭섭해서 일단 기나긴 중단이라고 해두겠습니다. 그래야 여러분께 들려드릴 재미있는 내용이 마련될 때 언제든지 다시 돌아올 수 있으니까요.
지난 10년간 저와 함께 조금이라도 더 좋은 책을 만들기 위해 땀과 열정을 바친 사회평론 출판사의 김희연, 이희원, 이상연 이하 여러 편집자의 이름이 제일 먼저 생각납니다. 함께 고민하고 불태운 시간을 즐거운 추억으로 고이 간직하렵니다. 시리즈의 시작부터 한결같이 믿고 지지해주신 윤철호 사장님께도 감사드립니다. 끝으로 언제나 예쁜 그림으로 강의를 반짝반짝 빛나게 만들어주신 강한 작가님께 고마움을 전합니다.

그럼 이제 제게 남은 모든 열정을 쏟아부은 마지막 강의를 시작할까요? 매력적인 비틀스가 기다리고 있는 강의실로 가봅시다.

민은기 드림

차례

10권을 열며 **005**
클래식 수업을 더 생생하게 읽는 법 **010**

I '클래식'이란 경계를 가로질러
— 대중음악 신드롬

01 실험대에 오른 음악 **017**
02 만인의 사랑을 받기 위해 **055**

II 변두리에서 중심으로
— 비틀스의 결성

01 시대가 허락한 반란 **097**
02 무대라는 신성한 밥벌이 **143**

III 세계를 장악한 보이 밴드
— 아이돌, 혹은 아이콘

01 '브리티시 인베이전' **177**
02 영원한 청년의 노래 **209**

IV 감각과 이성 너머
– 예술성의 정점

01 질서를 허물면 비로소 보이는 ················ **237**
02 '안티' 비틀스 ································· **269**
03 사랑이 전부인 낙원으로 ······················ **297**

V 고전이 된 신화
– 비틀스의 마지막, 그리고

01 헤어지는 중입니다 ··························· **325**
02 현재 진행형 '라스트 댄스' ··················· **357**

작품 목록 ······································ **390**
사진 제공 ······································ **392**

클래식 수업을
더 생생하게 읽는 법

1. 음악을 들으면서 읽고 싶다면

방법 1. QR코드 스캔

위의 QR코드를 인식하면, 『난생 처음 한번 들어보는 클래식 수업 10권』에 나오는 곡들을 모아놓은 재생 목록으로 이동할 수 있습니다.
특별히 중요한 곡의 경우 ☞ 본문 내에 QR코드가 있습니다.
QR코드를 스캔하면 음악을 들을 수 있는 페이지로 연결됩니다.

참고 QR코드 스캔 방법 (아래 방법은 스마트폰 기종에 따라 달라질 수 있습니다.)

① 네이버, 다음 등 포털 사이트 앱 설치
② 네이버 검색 바의 오른쪽 녹색 아이콘 클릭 ⋯ QR 바코드 아이콘 클릭
　⋯ 코드 검색
③ 스마트폰 화면의 안내에 따라 QR코드 스캔

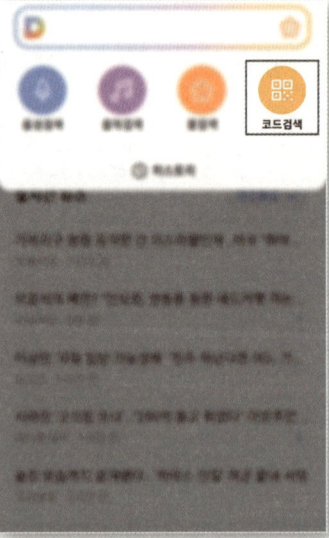

방법 2. 공식 사이트 난처한+톡 www.nantalk.kr

공식 사이트에서 QR코드로 들을 수 있는 음악뿐 아니라
스피커 표시 🔊가 되어 있는 음악도 모두 들을 수 있습니다.

위치 메인 화면 ⋯▸ 클래식 ⋯▸ 음악 감상

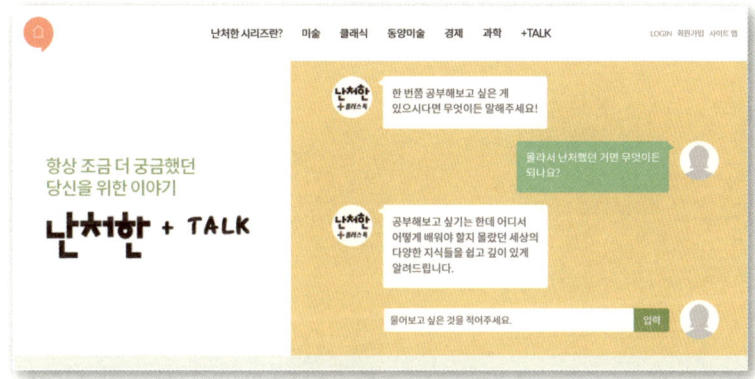

2. 직접 질문해보고 싶다면

공식 사이트에서는 난처한 시리즈를 읽으면서 궁금했던 점을
직접 질문할 수 있습니다.
좋은 질문은 책 내용에 반영할 예정입니다.

3. 더 풍부한 정보를 얻고 싶다면

클래식 음악에 대해 더 많은 이야기가 궁금하다면
공식 사이트를 방문해주세요.
더 풍성하고 재미있는 클래식 이야기를 만나볼 수 있습니다.

※ QR코드는 덴소 웨이브(DENSO WAVE) 회사의 등록상표입니다.

일러두기

1. 본문에는 내용 이해를 돕기 위한 가상의 청자가 등장합니다. 청자의 대사는 강의자와 구분하기 위해 색글씨로 표시했습니다.
2. 비틀스의 앨범명과 곡명은 원어로 표기했습니다. 그 외 비틀스 멤버들의 솔로 활동과 여타 외국의 인명, 지명, 곡명은 국립국어원 어문 규정의 외래어 표기법을 따랐습니다. 다만 관용적으로 굳어지거나 저자의 의도에 따른 일부 용어는 예외를 두었습니다.
3. 단행본은 『 』, 논문과 신문은 「 」, 음악 작품집은 《 》, 음악 작품과 영화는 〈 〉로 표기했습니다.
4. 집필 과정에서 선행 연구 자료 및 문헌을 참고한 부분이 있더라도 교양서 출판 형식의 특성상 별도 각주는 표시하지 않았습니다.
5. 본 도서는 비틀스 및 관련 저작물에 대한 연구·비평을 목적으로 작성된 독립적인 출판물입니다. 비틀스 또는 권리자와 어떠한 공식 승인·제휴·라이선스 관계도 아닙니다.
   인용된 모든 자료는 공정 사용의 원칙에 따라 최소한의 범위에서 사용되었으며, 권리자의 권리를 침해할 의도가 없음을 밝힙니다.

I

'클래식'이란 경계를 가로질러
― 대중음악 신드롬

무너진 선율, 깨어난 목소리

전쟁은 예술마저 침묵시켰다.
선율은 해체됐고 감정은 얼어붙었다.
그럼에도 부서진 음들 사이로,
모두의 노래가 시작됐다.
대중이 만든 새 시대의 서곡이었다.

소리를 인간이 만든 이론이나
감정의 도구로 삼지 말고
그 자체로 존재하게 하라.

- 존 케이지

이 QR코드로
유튜브 재생 목록을 볼 수 있어요!

01
실험대에 오른 음악

#클래식 #현대음악 #대중음악 #2차 세계대전
#음렬주의 #우연성음악 #텍스처음악

드디어 10권이네요. 그동안 수많은 음악가를 만나보았는데요. 이번에 대장정을 장식할 주인공 이름부터 외치고 시작해보죠. 그만큼 흥미롭고 파격적으로 다가올 수도 있으니까요. 바로 비틀스입니다!

클래식 음악가들을 다루다가 웬 비틀스죠?

인물 선정이 너무 충격적인가요? 클래식 교양서에 난데없이 비틀스가 등장한 이유를 차차 알아가는 게 이번 강의의 목적이자 의의라고 할 수 있어요. 그럼 본격적인 이야기에 앞서 질문을 하나 해볼게요. 여러분은 지금 세계적으로 가장 영향력 있는 음악가가 누구라고 생각하나요?

글쎄요. 대중음악을 하는 사람들 중에는 몇몇이 떠오르는데, 그 정도의 영향력을 가진 클래식 음악가가 있는지는 모르겠어요.

사실 저도 그렇게 생각해요. 대중음악은 이미 클래식과 비교할 수 없는 수준으로 많은 청중과 어마어마한 시장 규모를 갖추고 있죠. 특히 케이팝이 세계 음악 산업에서 두각을 나타내면서 한국 대중음악의 위상은 놀라울 정도로 높아졌고요.

정말 이런 날이 올 줄은 몰랐어요. 방탄소년단이 유엔에서 연설할 때 꿈을 꾸는 것만 같았어요. 어찌나 자랑스럽던지!

대중음악사에 길이 남을 장면이죠. 방탄소년단은 오늘날 한국이 케이팝의 나라라는 수식어를 갖게 된 데에 일등 공신이라 할 수 있어요. 방탄소년단이 빌보드 메인 싱글 차트 1위를 달성하던 때가 생각나는데요. 당연히 한국 가수 최초의 기록이었고 심지어 아시아인으로서도 역대 두 번째 1위 성적이었으니 감탄할 만도 했죠. 『빌보드』는 미국의 대표 음악 잡지인데, 세계 최대 음악시장인 미국에서 발행한 잡지인 만큼 매주 『빌보드』가 발표하는 음악 순위는 대중성의 가장 중요한 지표예요. 조금 과장해 말하자면 '빌보드 1위'는 지금 지구상에서 제일 많이들 찾는 음악이라는 징표죠.

방탄소년단은 최초와 최고 기록을 다 세웠던 것 같아요.

그래서 방탄소년단에 대한 찬사가 이어졌는데요. 그중 방탄소년단을 '21세기 비틀스'라고 부른 게 참 인상적이었어요. 그걸 의식했는지 실제로 방탄소년단은 비틀스의 **1964년 에드 설리번 쇼** 무대를

'클래식'이란 경계를 가로질러

에드 설리번 극장
1927년 브로드웨이 극장으로 개관한 이곳은 이후 1967년 인기 쇼 호스트였던 에드 설리번의 이름을 따 오늘날까지 '에드 설리번 극장'으로 명명된다. 당대 최고의 스타들이 이 쇼를 거친 만큼 비틀스는 1964년 2월 9일 이 쇼에 처음 출연했고, 일주일 후인 2월 16일 한 번 더 출연한다. 2019년 5월 16일엔 한국 아이돌 방탄소년단이 이 극장에서 비틀스를 오마주한 무대를 선보여 이목을 끌었다.

오마주해 2019년 스티븐 콜베어 쇼 무대를 선보이
기도 했죠.

제가 비틀스를 잘 알지는 못하지만 엄청난 칭찬 아닌가요?

아시아에서 온 청년들이 대중음악 중심지인 미국을 점령해버렸으니, 1960년대 당시 영국에서 미국을 '침공한' 비틀스를 떠올렸던 거죠. 물론 '감히' 누구를 비틀스에 비교하냐고 반발하는 사람들도 있는데요. 대중음악의 역사를 깊이 알게 되면 비틀스와 어깨를 나란히 할 그룹이 있다는 발언 자체에 왜 거부감이 드는지 이해할 수 있을 거예요. 비틀스는 대중음악계의 신화이자 클래식 그 자체니까요. 그만큼 새로운 문화적 현상이나 음악적 논의가 등장할 때면 비틀스가 언제나 기준이 되죠.

설마 대중음악계 '클래식'이라고 해서 비틀스를 10권 주인공으로 선정하신 건가요?

질문에 답하기 전에 여기서 말하는 클래식이 무슨 뜻인지 생각해보죠. 방금 비틀스를 '감히' 어디에 비교하냐는 얘기를 했는데요. 그럼 비틀스는 '감히' 클래식의 범주에 넣을 수 있을까요?

글쎄요… 조금 전까지는 아니라고 생각했는데 점점 모르겠네요.

클래식이 뭐길래

클래식이라는 개념은 경우에 따라 의미가 좀 달라요. 그러니 헷갈릴 수밖에요. 우린 흔히 "클래식은 영원하다"라는 말을 쓰곤 하는데요. 이때 클래식은 오래전 만들어진, 그럼에도 여전히 모범이 되는 예술을 뜻해요. 직역하자면 고전이죠. 누군가가 고전 문학이나 고전극을 좋아한다고 하면 뭔가 더 근사해 보이지 않나요? 시대를 불문하고 뛰어난 걸작을 이해하고 향유할 만큼 지식과 취향의 그릇이 깊다는 뜻일 테니까요.

그런 의미에서라면 한 시대를 풍미했고 지금도 사랑받는 비틀스도 클래식이라 할 수 있겠네요.

음악적으로 접근했을 땐 어떨까요? 비틀스 음악을 클래식이라 할 수 있을까요?

에이, 클래식은 바흐나 모차르트, 베토벤 같은 음악가들이 옛날에 만든 거잖아요.

맞아요. 더 정확히 말해 음악사에서 클래식은 고전주의 시대를 일컬어요. 바로크 시대와 낭만주의 시대 사이에 자리하는 대략 1750년부터 1820년까지가 고전주의, 즉 클래식 시대예요. 음악의 아버지라 불리는 바흐가 바로크 시대를 완성했다면, 이 기반 위에서 모차르트

무지크페어아인, 1870년
오스트리아 빈을 대표하는 극장. 빈 음악협회가 건축한 공연장으로 세계적 명성을 자랑하는 빈 필하모닉 오케스트라의 주 무대이기도 하다. 빈은 18세기 고전주의 음악이 꽃핀 곳으로 오늘날까지 음악의 도시로 불린다.

나 베토벤 등이 고전주의로 음악의 새 역사를 썼죠. 오늘날 주로 연주되고 사랑받는 클래식 음악들이 바로 이 고전주의 시대부터 탄생했고요.

훌륭한 작품들이 쏟아진 시기겠네요.

맞아요. 하지만 그보다 이때가 음악의 모든 요소가 완벽하게 조화를 이루는 걸 중시했던 시대라는 사실이 더 중요해요. 그래서 학계에서는 클래식이라는 말을 모범이 되는 예술이라는 의미와 함께 시기적·장르적으로 18~19세기에 작곡된 유럽 중심의 예술 음악에 한정해서 사용하죠.

클래식 음악이라는 말이 원래 그런 의미였는지 몰랐어요. 완전 반전이네요.

그래서 엄밀하게 따질 때 바흐는 클래식의 기초가 되었더라도 클래식 자체로 분류하지는 않아요. 음악이 완전히 조화를 이루어야 한다는 '고전주의적인' 생각은 바흐 시대 이후 18세기 중반에서야 등장했기 때문이죠. 그러니 이 개념을 소급해서 적용하긴 힘들겠죠?

바흐의 음악이 클래식이 아니라니!

사실 사람들이 옛날 음악에 관심을 가지기 시작한 건 그리 오래되지 않았어요. 내내 동시대에 만들어진 음악만 듣고 살다가 클래식 붐이 일었던 19세기에 와서야 과거의 음악을 복원해서 듣기 시작했죠. 그러면서 바흐를 비롯해 클래식이 나오기 전의 음악들을 과거의 음악이란 의미로 고음악이라 불렀어요. 재미있는 건 반대로 20세기 이후 나온 현대음악도 종종 클래식과는 구별하곤 했어요.

아니, 현대음악은 또 왜요?

현대음악도 고음악과 마찬가지로 상업성이나 실용성을 추구하지 않는 예술 음악이기 때문에 넓은 의미로 클래식이라 통칭할 때도 있지만, 실질적으로 클래식과는 위상이 많이 달라요. 클래식이 오랫동안 규범적으로 간직해온 음악 원칙들을 과감하게 파괴해버렸기 때문이죠. 그 때문에 대중과의 거리감도 클래식과는 비교할 수 없을 정도로 커졌고요.

하긴 그래도 클래식은 멜로디를 들으면 아는 것도 있는데, 현대음악은 정말 난생처음 듣는 것들뿐이에요.

현대음악이 수백 년 전에 만들어진 클래식보다 더 낯설다면 그야말로 난처한 상황인 거에요.

아이러니하네요. 그래도 낯선 현대음악도 예술 음악이니까 오랜 세월이 지나면 영구적으로 남는 고전이 되지 않을까요?

'클래식'이란 경계를 가로질러

과연 그럴까요? 20세기 이후 백 년이 지나도록 수많은 예술 음악들이 작곡되었으나 반복해서 연주되는 작품은 극소수에 불과해요. 걸작으로 평가받는 작품들조차 그 의미에 대한 논의는 이어져도 무대에선 거의 들을 수 없어요. 연주되지도 않는 음악이 영속적 가치를 갖긴 힘들겠죠? 앞서 현대음악도 클래식과 같은 예술 음악이라고 했지만, 그렇다고 해서 클래식의 정통성을 현대음악이 당연히 계승한다는 뜻은 아니에요. 나아가 근본적으로 예술 음악과 대중음악을 이분법적으로 나누는 게 점점 무의미해지는 요즘이죠.

아, 그런가요? 너무 당연히 그렇게 구분해와서 한 번도 다른 생각은 안 해봤어요.

이 과감한 질문을 안고, 차근차근 우리 시대의 현대음악과 대중음악에 대해 알아봅시다. 현대음악도 그리 고상한 느낌은 아닐 거예요. 오히려 굉장히 파격적이고 파괴적이죠. 이렇게 음악이 거칠어지고 무채색으로 변한 데엔 전쟁이라는 외적 요인이 크게 작용했어요.

인류가 저지른 최악의 실수

"인간의 욕심은 끝이 없고 같은 실수를 반복한다"라는 말이 있죠? 역사적으로 인류 문명은 놀라운 발전을 거듭했지만 그 과정에서 국가와 민족 간 크고 작은 분쟁 또한 계속되었어요. 특히 20세기 초 인류는 어마어마한 전쟁을 겪죠. 바로 세계대전입니다. 4년간 지구촌을 쑥대밭으로 만든 1차 세계대전이 1918년 끝나고 불과 21년 만인 1939년, 2차 세계대전이 발발했어요. 이 전쟁은 무려 6년간 지속되면서 더욱더 막대한 피해를 낳았고요.

같은 실수를 반복한 게 맞네요.

2차 세계대전은 1939년 9월 1일 독일이 폴란드를 침략하면서 시작되었어요. 1차 세계대전 패전국이었던 독일은 당시 경제적으로 극심한 어려움을 겪고 있었어요. 이때 지푸라기라도 잡고 싶은 심정이었던 독일인들 앞에 구원자로 보이는 인물이 등장합니다. 최악의 독재자로 유명한 아돌프 히틀러예요. 1차 세계대전 발발 당시 독일군에 지원병으로 입대했던 히틀러는 군대에서 자신이 사람들 앞에서 연설하는 데 재능이 있다는 걸 알게 돼요. 그는 종전 이후 정치에 뛰어들었고 희대의 대중 선동가로 급부상했죠.

평범한 군인이 어떻게 사람들의 마음을 휘어잡은 거죠?

히틀러는 독일 우월주의에 푹 빠진 인물로, 독일이 살기 어려워진 걸 유대인 탓으로 돌렸어요. 희생양을 만들어 적개심을 부추기기 시작한 거죠. 히틀러는 독일 게르만인의 우수성을 강조하면서 위대한 국가로 발돋움하기 위해 공공의 적들을 처단하고 하나로 똘똘 뭉치자고 설파했어요. 히틀러의 선동에 사람들은 열광했고 그는 독일 정

히틀러에 열광하는 관중들, 1939년
히틀러는 타고난 언변으로 지지 세력을 넓혀갔다. 1932년엔 그가 이끄는 나치당이 가장 많은 의석수를 차지함에 따라 일명 히틀러의 시대가 열렸다. 나치당의 상징인 하켄크로이츠가 새겨진 깃발이 보인다.

권을 완전히 장악합니다.

설마 히틀러 때문에 2차 세계대전이 일어난 건가요?

따지고 보면 그렇죠. 히틀러는 독일의 유럽 제패를 갈망했으니 전쟁은 필연이었어요. 당시 독일의 주요 동맹국은 이탈리아와 일본으로, 이들 역시 대표적인 전체주의 국가였어요. 전체주의란 국익과 민족의 번영을 위해서라면 개인의 자유가 제한되어도 상관없다는 기조의 사상이에요. 그만큼 모두가 영토 확장과 경제 성장에 혈안이 되었고, 이후 영국과 프랑스가 독일의 폭주에 대적하면서 전쟁이 본격화되죠.

2차 세계대전의 대립 구도
2차 세계대전은 추축국과 연합국 간의 대립으로 전개되었다. 추축국이라는 이름엔 국제 정치의 중심축이 되고자 한 나치 독일과 이탈리아 왕국의 포부가 담겨 있으며, 이 세력은 1940년 일본 제국의 합세로 더 공고해진다. 한편 이러한 추축국에 대항한 연합국은 영국과 소비에트 사회주의 공화국 연방, 미국 등이 중심이 되었다.

1차 세계대전을 겪은 것도 모자라 또 전쟁이라니…

이토록 끔찍한 전쟁이 다시 일어날 줄 상상이나 했을까요. 2차 세계대전은 인류 역사상 가장 큰 인명 피해를 낳았습니다. 예컨대 1차 세계대전에 비해 전체 사망자 수가 2배를 훌쩍 넘었어요. 정확한 집계가 어려워 어디까지나 추산치이지만 2차 세계대전은 적게는 5천 500만 명, 많게는 7천 500만 명의 목숨을 앗아갔죠. 물론 경제적·사회적·문화적 손실도 어마어마했어요.

역시 세상에 전쟁만큼 끔찍한 건 없군요.

전쟁의 목격자, 음악

참혹한 전쟁이 한창인 시기에도 사람들의 삶은 계속되었고 음악도 마찬가지였어요. 처한 상황은 제각각이었지만요. 권력자들의 사랑을 받은 음악이 있는 한편, 자유를 빼앗긴 채 고향 땅에서 쫓겨나 절망 가운데 탄생한 음악도 있었죠.

전쟁이 나니까 음악도 각자 다른 운명을 맞이하네요.

음악이 비록 생명이 깃든 존재는 아니지만 마치 모든 역사를 지켜보고 기록하는 목격자 같달까요. 실제로 히틀러가 열렬히 사랑했을 뿐만 아니라 자신의 정치 활동에도 적극 이용한 음악이 있는데요. 바로 리하르트 바그너의 음악이에요. 바그너 강의에서 다루었듯이, 바그너의 작품들은 유독 웅장하고 진지한 느낌이 가득해요. 심지어 게르만 신화를 토대로 한 그의 오페라는 승리와 화합을 강조하며 독일 민족의 정신과 문화를 한데 모았죠. 바그너는 음악에 단순히 아름다운 소리를 담는 걸 넘어 자신의 사상과 주장을 가장 완벽하게 새기려고 했어요.

권력자가 선동할 때 써먹기 좋은 조건을 갖췄네요.

물론 1889년생인 히틀러는 1813년에 태어나 1883년에 사망한 바그너와 직접 마주친 적도 없어요. 바그너도 당연히 자기 작품들이 훗날 정치 선전 도구가 될 줄 몰랐고요. 다만 바그너 역시 히틀러를 비롯한 나치 독일이 앞장서 탄압했던 유대인을 혐오했어요. 사실 반유대주의 흐름은 바그너 시대에도 전 유럽을 뒤덮고 있었는데요. 바그너는 유독 주변의 유대인들을 노골적으로 무시하고 싫어했죠. 이런 작곡가의 개인적 성향이 나치의 그릇된 선동 정책과 만나면서 정치적으로 활용된 거예요.

바그너가 의도한 건 아니지만 그렇다고 떳떳하다고 볼 수도 없고… 참 애매하네요.

그래서 바그너와 바그너 음악에 대해서는 오늘날까지 양가적 감정이 존재하죠. '히틀러의 음악'이라 불릴 정도니 대놓고 바그너를 좋아한다고 말하기 찝찝하면서도, 워낙 음악적으로 뛰어나기 때문에 음악에 관심이 좀 있는 사람들은 거부할 수 없는 게 바그너예요.

음악 자체는 그대로인데 역사 흐름에 따라 이리저리 스토리가 더해지네요.

반대로 역사의 격랑에 휩쓸려 피해를 본 음악가들도 많습니다. 오스트리아 출신의 아르놀트 쇤베르크, 러시아 출신의 이고르 스트라빈스키 같은 음악가들은 격동의 시대에 태어나 끝내 미국으로 망명을 택하죠. 예컨대 나치 집권기에는 진정한 독일 정신에 부합하지 않는 예술을 일명 퇴폐 예술로 검열하고 퇴출시켰어요. 쇤베르크의 음악

피카소가 그린 스트라빈스키, 1920년
파격적인 작품세계를 펼친 스트라빈스키는 러시아 출신 음악가로, 당시 폐쇄적이고 경직된 러시아를 떠나 프랑스에서 작품 활동을 했으며 이후 미국으로 망명한다. 스트라빈스키는 현대미술의 거장 파블로 피카소와도 친분을 쌓았는데 이들은 각각 음악과 미술에서 혁신의 바람을 일으켰다.

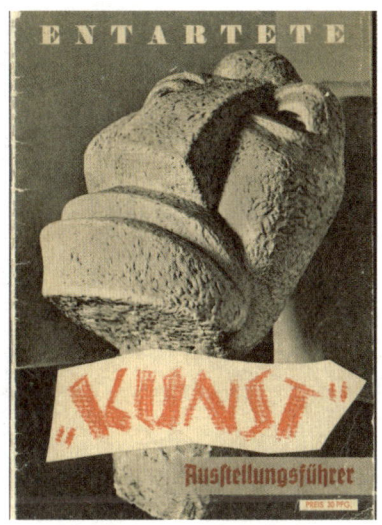

퇴폐 미술 전시 카탈로그 표지, 1937년
1930년대 예술은 나치의 검열 아래 관리되었다. 대표적으로 나치는 전통적 미감에서 벗어난 새로운 시도를 예술적 타락이라 보고 퇴폐 미술로 낙인찍은 작품들을 별도의 전시를 열어 까아내렸다. 음악과 문학 등 다른 장르 역시 마찬가지였다.

은 그가 유대인 출신이라는 이유로 금지되었고 스트라빈스키의 음악은 전위적이고 파격적이라는 이유로 낙인찍혔죠.

독재 정권은 검열 없이는 유지가 되지 않나 봐요.

워낙 억압받고 숨죽여 산 시기가 계속되어서인지 2차 세계대전이 끝나자마자 음악계에선 현대음악의 정신을 되살리자는 움직임이 일어납니다. 1946년부터 시작된 다름슈타트 국제 하계 현대음악강좌가 당시 음악가들의 열망을 보여주죠.

다름슈타트 현대음악제에서 만난 백남준과 윤이상
다름슈타트 현대음악제는 아방가르드 음악 담론이 꽃피는 현장이자 젊은 예술가들이 영감을 나누는 자리였다. 예컨대 1958년 한국 태생의 비디오 아트 거장 백남준도 그곳에서 현대음악의 거장 존 케이지를 만났고 그의 혁신성에 감명을 받아 자신의 작품세계에 이를 반영했다. 그해 백남준(왼쪽)은 당시 유럽에서 유학 중이던 작곡가 윤이상(오른쪽)과도 조우하여 서로의 예술관을 나눴다.

다름슈타트가 뭔데요?

독일 헤센주에 있는 도시 이름이에요. 이곳에서 열린 일명 다름슈타트 현대음악제가 현대음악의 메카로 발돋움한 거죠. 특히 독일의 사상가 테오도어 아도르노는 직접 다름슈타트에서 강좌를 열고 연설도 했는데요. 1949년에 펴낸 『신음악의 철학』이라는 제목의 책에서 그는 현대음악의 아버지로 불리는 쇤베르크의 예술관을 되새기며 새로운 음악의 가능성에 대해 역설했어요.

쇤베르크의 예술관이요?

쇤베르크는 전통적인 음악 구조를 완전히 부정하고 조성 없는 음악을 추구했어요. 조성이 있으면 으뜸음을 중심으로 옥타브 내 음들 간에 위계와 질서가 생기기 마련인데, 쇤베르크는 그 규칙을 따르는 대신 모든 음이 동등하게 한 번씩 나오도록 새로운 규칙을 만들어 조성을 해방시키려 하죠. 이른바 12음기법으로, 간단히 설명하자면 한 옥타브 안에 있는 12개 음들을 어떻게 조합할지 고안한 규칙이랍니다.

쇤베르크, 자화상, 1910년
쇤베르크는 조성 없는 음악, 이른바 무조음악을 추구했으며 그 가운데 옥타브를 구성하고 있는 12개 음을 모두 같은 빈도로 사용하는 작곡 기법을 창안했다. 그의 음악은 워낙 새로운 나머지 오늘날까지도 난해하다고 평가받지만, 현대음악에서 그의 음악 기법을 거치지 않고 설명할 수 있는 작품이 없을 정도로 그 영향력은 방대하다.

12개의 음만으로 작곡이 가능한가요? 너무 단순하잖아요.

12개의 음을 정해진 규칙으로 배열한 게 음렬인데요. 그 똑같은 규칙을 다시 옥타브 안에 있는 12개의 음 모두에 적용하면 이른바 기본형 음렬 12개가 만들어집니다. 이 기본형의 순서를 거꾸로 진행하거나(역행형), 음정 방향 자체를 반대로 뒤집어서 연주하고(반행형), 마지막으로 그 반행형 음렬을 다시 반대 방향으로 연주하는(반행역행형) 식으로 3가지의 다른 규칙들까지 적용하면, 총 48개의 조합이 나오죠. 옥타브 내 12개 음렬 각각에 4개의 선택지를 대입하는 거니까요. 9권 강의를 참고하면 이해가 더 쉬울 거예요. 아도르노는 이런 쇤베르크의 끊임없는 도전 정신과 전통을 과감히 파괴하는 태도를 높이 산 것 같아요.

도전도 좋지만 너무 새로운 거 아니에요?

그런데 쇤베르크의 뒤를 잇는 음악가들은 이 정도 혁신으로는 성이 차지 않았던 모양이에요. 그들은 쇤베르크의 음악조차 낡은 것으로 여기며 아도르노와 대척점에 서서 열띤 논쟁을 이어갔죠. 더욱더 새로운 작곡 원리가 필요하다는 게 젊은 음악가들의 주장이었어요.

누가 더 새로운지 경쟁한 거군요.

폐허가 만든 질서

젊은 작곡가들은 비록 쇤베르크 음악을 극복하겠다고 선언했지만 이는 사실상 당시 모든 이들이 그의 영향을 받았다는 방증이기도 해요. 쇤베르크의 음악을 공부하면서 작곡을 시작한 젊은이들이 음악의 또 다른 가능성을 꿈꾸기 시작한 거니까요. 그들이 주창한 기법은 쇤베르크의 12음기법 음악의 확장판이라 할 수 있는, 음렬주의랍니다. 더 확실하게는 총렬주의라고 부르고요.

음렬주의는 뭐고 총렬주의는 또 뭔데요?

앞서 쇤베르크가 음들을 골고루 사용하는 원칙을 세워 곡을 만들었다고 설명했는데요. 여기에 이미 힌트가 있어요. 정해진 순번에 따라 만들어진 특정한 음의 배열을 음렬이라고 했죠? 그 개념을 확장한 것이 음렬주의예요. 12음기법에서 음의 높낮이만이 음의 순서를 정하는 기준이었다면, 음렬주의에선 선택지를 더 넓혔어요. 음의 강세와 길이, 박자 등 음악을 이루는 모든 요소에 대해 각각 순서를 매기는 원칙을 적용했죠. 음렬이 음악적 요소 전체로 확장된 만큼 '모든 것이 음렬이 되었으니' 이를 총렬주의라고도 하는 거고요.

더 정확한 이해를 위해 음악을 직접 들어볼게요. 올리비에 메시앙의 《네 개의 리듬 연습곡》중 두 번째 곡 〈음가와 강세의 모드〉입니다.

피아노 연주라기보다 고양이 한 마리가 피아노 건반을 밟고 지나가고 있는 것 같은데요?

우리가 일상적으로 듣는 음악과는 확연히 다르죠? 음악은 보통 선율과 리듬, 화음 등을 잘 배치해서 듣기 좋은 소리를 내기 마련인데 음렬음악은 오히려 이 모든 화합을 해체하는 데 집중했기 때문이에요. 예컨대 아름다운 선율 하나를 위해 거기에 어울리는 리듬과 화성 등이 따라오게 하기는커녕 이러한 음악적 요소들을 각각 독립시켜 버렸달까요.

하지만 그냥 소음처럼 들리잖아요.

음렬음악이 추구한 게 바로 그거예요. 어떠한 연상도 되지 않는 음악, 객관적이고 냉철한 음들의 흐름이 전부죠. 사실 제목에 그 의도가 다 담겨 있어요. 음의 길이인 음가와 음의 세기인 강세를 전면에 내세우고 마치 이것만 집중하겠다는 것처럼요.

그런데 굳이 듣기에 좋지도 않은 음악을 왜 하는 거죠?

앞서 인류는 같은 실수를 반복한다고 얘기했는데요. 두 차례의 세계대전을 거치는 동안 홀로코스트라는 끔찍한 대학살까지 일어났어요. 히틀러와 나치는 2차 세계대전 중 유대인, 나아가 집시와 성소수

다뉴브강의 신발들
홀로코스트는 20세기 전 유럽에 걸쳐 자행되었으며 유대인 피해자 수만 600만 명이 넘는다. 헝가리 부다페스트 다뉴브 강변엔 쇠로 만든 신발들이 있는데 이는 광기의 역사를 반성하고 희생자를 추모하자는 의미로 설치된 작품이다. 1944년 12월부터 다음 해 1월까지 매일 같이 총살형을 당한 유대인들이 이 강물에 떠내려갔다.

'클래식'이란 경계를 가로질러

자, 장애인 등 '열등한 유전자를 가진 자'를 조직적으로 학살했는데요. 인간이 또 다른 인간에게 가한 최악의 폭력이었죠.

인간의 추악함을 보고 나니 예술가들도 인간성에 대해 회의가 들었나 봐요.

아무 일도 없었다는 듯 아름다움을 노래할 수는 없었죠. 그래서 어떤 인간적인 연상도 불러오지 않고 전적으로 음들의 관계에만 집중한, 객관적이고 과학적인 토대의 음악에서 가능성을 찾으려 한 거예요. 음렬주의를 작곡 기법이라기보다 새로운 예술관에 가깝다고 보는 이유기도 해요.

우연을 가장한 예술

의도는 알겠는데, 그만큼 듣기에는 힘든 음악이 되었군요.

음렬음악은 분명 혁신적이었지만 실제로 주류가 되진 못했어요. 작곡하는 방식도 강박적이고 까다로웠으며 감상의 벽도 너무 높았죠. 게다가 정교한 계산에 따라 만든 음악임에도 막상 들으면 무작위로 음이 흩뿌려진 느낌만 가득했어요. 아까 말한 대로 고양이가 건반을 밟는 소리 같았죠.

그렇게 공들여서 계산한 음악이 아무렇게나 만든 것처럼 들리다니, 역설적이네요.

어떻게 보면 당연한 결과였어요. 음렬음악은 작곡가가 음악을 '만들기 전'에 엄격한 규칙을 정해놓고 기계적으로 적용하기 때문에 막상 작곡할 때는 작곡가가 마음대로 통제하고 창작할 수 있는 여지가 거의 없었죠. 말장난 같지만, 정해진 규칙을 따른 음악인 동시에 결과를 우연에 맡긴 음악인 셈이에요. 일단 원칙이 정해지고나면 손쓰기 어려우니까요. 게다가 정확하게 연주하기가 거의 불가능하고, 거창한 명분에 비해 음악적 효과도 그다지 크지 않았어요.

예술가의 이상과 현실에 괴리가 있었네요.

비록 음렬음악의 수명은 짧았지만 여기에 영감을 받은 새로운 음악이 탄생해요. 아예 우연성을 대놓고 활용하자는 취지로 '우연성음악'이 만들어지죠.

우연이라면… 그냥 아무렇게나 소리를 내면 되는 건가요?

생각보다 방법이 다양하고 아이디어가 하나같이 다 기발해요. 그중에서 우연성음악의 아버지라 불리는 작곡가가 있는데요. 바로 존 케이지입니다. 그가 1952년에 만든 〈4분 33초〉에 대해 들어본 적이 있죠?

감상해본 적은 없지만 제목은 들어봤어요. 아, 이게 존 케이지 작품이었군요!

말 그대로 4분 33초 동안 아무것도 연주하지 않고 가만히 있는 작품이죠. 재미있는 건 이 작품에도 3악장으로 구성된 악보가 있고 악장마다 연주 지시어까지 존재해요. 각 장에는 타셋, 즉 연주하지 말고 조용히 하라고 적혀 있죠. 고요로 가득한 무대와 우연히 만들어진 객석의 소음이 어우러지는 순간을 음악으로 본 거예요. 이처럼 존 케이지는 우연에 초점을 맞춘 새로운 작곡 기법에 몰두했는데요. 그의 음악적 시발점은 〈4분 33초〉보다 한 해 전에 만든 〈주역음악〉이에요.

존 케이지
1912년 미국 로스앤젤레스에서 태어난 존 케이지는 우연성음악의 개척자다. 1930년대에 본격적으로 작곡가의 길을 걸었던 그는 초창기엔 쇤베르크의 12음기법 등을 바탕으로 현대음악의 혁신성을 탐구하다가 1950년대에 접어들며 우연성음악을 제창했다.

뭔가 제목부터 심오한데요.

이 작품의 영감은 동양 철학 사상이 적힌 『주역』에서 왔어요. 『주역』은 시시각각 변하는 만물에 대해 말하는 유교의 기본 경전 중 하나죠.

서양 작곡가가 『주역』을 참고했다고요? 신기하네요.

더 명확히 말하자면 경전의 내용을 가지고 우연성 규칙을 만들었어요. 앞서 소개한 음렬음악처럼 존 케이지 역시 작곡가가 표현하고자 하는 바에는 관심을 두지 않았어요. 오히려 작곡가의 의도를 배제한 채 오로지 우연히 음악이 만들어지길 바랐죠.

그는 『주역』이 말하는 통제할 수 없는 우연, 다른 말로 불확정성에서 아이디어를 얻었어요. 이를테면 전체적인 형식을 짜놓고 소리와 음의 길이, 강약 등과 같은 음악적 요소들은 주사위나 동전을 던져 마치 점괘를 조합하듯 작곡하는 기법을 고안한 거죠. 이렇게 음악을 만드는 과정에서 우연을 개입시켰습니다.

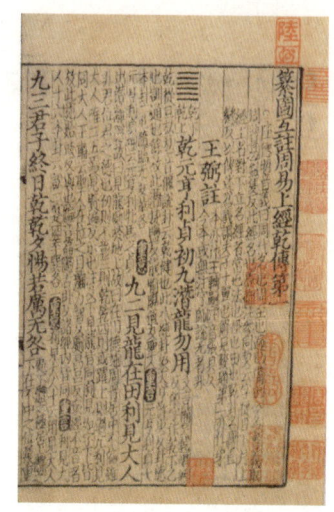

「주역」
만물의 질서를 도식화한 동양 철학서. 『주역』에는 인간과 자연의 질서를 일련의 규칙에 따라 64개의 기호로 나눈 내용이 있는데 존 케이지는 이를 우연성음악에 적용했다. 존 케이지의 작품 원제가 'Music of Changes'인 것도 『주역』을 'The Book of Changes'로 의역하기 때문이다.

그 정도면 작곡이 아니라 작곡을 빙자한 게임이네요.

그래도 작곡에 임하는 자세는 진지했어요. 온갖 변수가 음악의 가능성을 넓힌다고 본 거죠. 심지어 이런 변수를 연주자의 몫으로 남겨두는 작품도 있어요. 한마디로 작곡 과정이 아닌 연주 과정에 우연성을 개입시킨 건데요. 카를하인츠 슈토크하우젠의 《피아노 소품 XI》악보 그 일부를 한번 만나봅시다.

슈토크하우젠 《피아노 소품 XI》 악보 일부
© Copyright 1957 by Universal Edition (London) Ltd., London

악보들이 연결이 안 되고 뚝뚝 끊겨있는데요?

악상이 떠오를 때마다 끄적인 아이디어 노트 같죠? 하지만 한 작품의 악보가 맞습니다. 종이 한 페이지에 들어 있는 19개의 음악 조각으로 이루어진 모음집인데 악보들이 명확한 순서 없이 여기저기 흩어져 있는 모양새죠. 여기에서는 연주자에게 연주 순서의 선택권을 주는 겁니다. 한마디로 슈토크하우젠은 연주자가 순서를 원하는 대로 고르는 것을 음악의 우연성으로 봤어요.

되게 특이하네요. 작곡가가 결정하던 걸 연주자 마음대로 하는 거잖아요.

여기서 재미있는 사실은 연주 방식만큼은 제약이 있다는 거예요. 악보를 자세히 보면 온갖 지시어와 기호 등이 촘촘하게 적혀 있어요. 순서는 '우연'에 맡기지만 그 안에서 지켜야 할 엄연한 규칙은 있는 셈이죠.

현대음악계에선 웬만한 아이디어가 아니고서야 명함도 못 내밀겠네요.

기발한 무언가가 있으면 그보다 한술 더 뜨는 게 현대음악이에요. 얼 브라운의 〈1952년 12월〉 악보를 보면 정말 갈 데까지 간 현대음악을 알 수 있을 거예요.

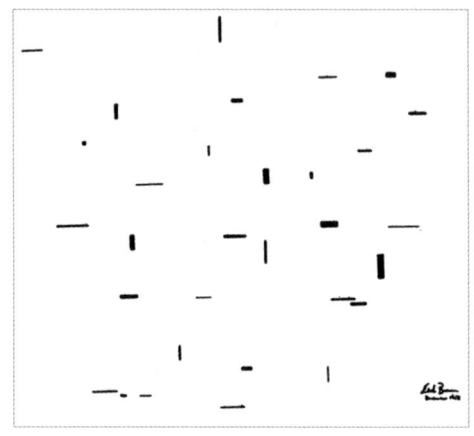

얼 브라운, 〈1952년 12월〉 악보

막대기들뿐인데 이게 어떻게 악보예요?

흔히 악보 하면 오선지를 떠올리는데 그것조차 없앴어요. 얼 브라운은 전통적인 형식 대신 다양한 선들로 음악 요소들을 표현했죠. 각각 다른 길이와 굵기로 음정과 음가, 강세 등을 나타냈고 심지어 연주 지시어는 물론 연주 방향도 명확히 기재하지 않은 채 연주자에게 자유를 주었죠. 그만큼 우연이 개입할 여지도 많은 거고요.

너무 극단적인 거 같아요.

소음으로 빚은 비극

앞서 말한 것처럼 현대음악가들은 작품 자체를 넘어 혁신적인 예술관과 원칙을 만들어내고자 했어요. 그렇다 보니 실험은 계속되었고 이들의 혁신 정신은 강박으로 치달았죠. 눈에 보이지 않는 소리의 질감과 색감에 주목한 음악까지 탄생할 정도였으니까요. 바로 텍스처음악이에요. 텍스처음악은 개별 음이 아닌 여러 음을 한꺼번에 울려 만드는 음의 뭉치, 즉 톤 클러스터를 주요 표현 수단으로 삼았는데요. 여러 음을 동시에 다양하게 연주하면서 새로운 음향을 만들어요. 크시슈토프 펜데레츠키의 〈히로시마의 희생자들을 위한 애가〉를 들어볼게요.

말 그대로 음 덩어리가 마구 날아와 꽂히네요. 듣기 불편할 정도예요.

오랫동안 듣기는 힘들 수 있어요. 그러나 이 불편함은 펜데레츠키가 의도한 거였죠. 그는 새로운 음악 언어를 개발하자는 목표를 가지고 추상적인 아이디어를 옮기기 시작했는데, 작품이 완성된 후 듣는 이를 압도하는 힘을 발견하곤 이를 일본 히로시마 원자폭탄, 즉 원폭 피해자들에게 헌정하기로 합니다. 52대의 현악기가 각각의 속도와 음역으로 연주하다가 갑자기 잠잠해지고, 다시금 강렬하게 휘몰아치는 구조는 한순간도 긴장을 늦출 수 없게 만드는데요. 가차 없이 날아오는 음 다발은 원폭 투하의 참혹성을 연상시키죠.

저도 원폭 투하가 만든 버섯 구름 사진을 본 적이 있어요.

1945년 8월 6일과 9일, 일본의 히로시마와 나가사키에 차례로 원폭이 떨어졌어요. 히로시마 건물의 90퍼센트가 파괴되었고 7만 명이 초기 폭발로 그 자리에서 사망했죠. 살아남은 사람들도 대부분 피폭당해서 수개월 내에 목숨을 잃거나 각종 병에 시달리다가 서서히 죽음에 이르렀을 뿐 아니라 그 피해는 다음 세대까지도 이어졌어요. 당시 미국의 대통령이었던 해리 S. 트루먼은 일본이 항복하지 않으면 "지구 역사상 전례 없는 파괴의 비"를 맞을 거라 공개적으로 경고했는데요. 실제로 당시 원폭이 터진 후 얼마 되지 않아 방사능 낙진이 비에 섞여 말 그대로 '파괴의 비'가 내리는 바람에 피폭 피해는 배가 되고 말죠.

원폭이 만든 버섯구름

희생된 민간인은 안타깝지만 미국을 먼저 공격한 일본이 잘못한 것 아닌가요?

충분히 그렇게 볼 수 있다고 생각해요. 게다가 일본이 제국주의적 영토 확장을 위해 우리나라를 포함해 중국과 동남아시아를 공격하는 과정에서 목숨을 잃은 민간인과 군인의 수는 이와는 비교도 할 수 없을 정도로 많았으니까요. 그리고 원폭 투하 사건이 일어난 뒤 그해 8월 15일, 일본이 항복을 선언함으로써 2차 세계대전이 종식될 뿐만 아니라 우리나라도 광복을 맞았기 때문에 우리는 비교적 일본의 원폭 피해가 덜 와닿는 것도 사실인 것 같아요. 하지만 아무리 전쟁을 끝내기 위해서라고 해도 히로시마 원폭 투하가 민간인을 핵무기로 대량 학살한 전쟁 범죄라는 점은 명백하죠.

이럴 땐 음악이 비극을 생생하게 깨닫게 만드네요.

히로시마 원폭 피해 현장
2차 세계대전 당시 독일의 주요 동맹국이었던 일본은 1941년 12월 7일, 하와이 진주만의 미국 해군 기지를 공격한다. 이를 계기로 공식적으로 참전한 미국은 일본과 태평양 전쟁을 벌이던 중 1945년 8월 6일 오전 8시 15분, 일본 히로시마 시내 상공 580미터 지점에서 원자폭탄을 투하한다. 인류가 개발한 최대의 대량살상무기를 실전에, 그것도 민간인을 대상으로 사용한 최초의 사례였다. 당시 핵폭탄은 5천 도가 넘는 열 폭풍을 일으키며 도시 대부분을 파괴했고 7만 명의 목숨을 즉시 앗아갔다. 더불어 수없이 많은 이들에게 끔찍한 피폭 피해를 안겼다.

고립되거나 살아남거나

내막을 알면 확실히 다르게 들리죠. 마치 작품 해설을 봐야 그제야 고개를 끄덕이는 현대미술처럼요. 하지만 현대음악을 접할 때마다 일일이 배경이나 설명을 찾아볼 수도 없는 노릇이고 그게 자연스러운 일도 아니죠. 우리는 보통 그 자체만으로 감동을 주고 직관적으로 이해되는 음악을 기대하니까요. 게다가 현대음악은 조금 알겠다 싶으면 더 먼 곳으로 도망가기 일쑤예요. 실제로 20세기 중반에 접어들면서 음악계엔 청중을 위한 작품이 아닌, 동료 작곡가들, 그리고 전문적 비평을 의식한 작품들만 주로 쏟아져 나왔어요. 한마디로 엘리트주의에 빠져 자기들끼리만 이해하는 예술을 한 거죠.

어떻게 보면 사람들이 현대음악을 멀리한 게 아니라 현대음악이 사람들을 멀리했군요.

그런 면이 있죠. 사람들이 외면하면 그 이유를 찾으려 노력할 법도 한데, 오히려 작곡가들은 그럴수록 자기 작업에 굉장한 의미를 부여하면서 이를 이해하려 들지 않는 대중을 탓했으니까요. 이러한 경향은 과거 클래식을 소위 배울 만큼 배운 사람들이 즐기는 고급문화로 여기고 성역화했던 태도의 연장선인 셈이에요. 문제는 이제 세상은 완전히 달라져서 그런 엘리트주의가 통하지 않게 되었다는 겁니다.

맞아요. 요즘은 고상하다고 해서 기죽는 사람은 없죠.

독일의 철학자이자 평론가 발터 베냐민은 과학 기술의 발전으로 특정 대상을 복제할 수 있게 된 시대를 '아우라가 파괴된 시대'라고 말했어요. 아우라는 대상에서 뿜어져 나오는 유일무이한 분위기를 일컫는데요. 예술에서 그 아우라는 원본에서만 나와요. 예를 들어 회화 작품들에는 원본만 가질 수 있는 숭고함이 있었지만 사진 기술이 나오면서 이 유일무이한 가치가 무의미해졌어요. 음악 역시 마찬가지로 녹음 기술이 발전함에 따라 음반에 담겨 재생되기 시작하자 언제 어디서나 들을 수 있게 되었고 그 가치가 변했어요. 원본의 아우라가 사라진 거죠.

그래도 시공간의 제약 없이 음악을 듣게 된 건 잘된 일 같아요.

그렇죠. 이제 음악은 언제나 곁에 있는 가장 친한 친구가 된 셈이니까요. 이런 상황에서 지나치게 추상적이고 관념적으로 변해버린 현대음악은 이해조차 하기 힘드니 친구로 두기엔 참 곤란했겠죠. 그 옆자리를 대중의 취향과 정서를 간파한 음악이 꿰

1920년 컬럼비아 그라포놀라 광고
1877년 토머스 에디슨이 축음기를 발명한 이후 미국과 영국에선 이를 산업 아이템으로 삼는다. 1890년대 축음기 회사 설립을 시작으로 20세기 초에 이르면 휴대용 축음기가 등장하여 어디서든 손쉽게 음악을 들을 수 있게 되었다. "당신이 어디에 있든 함께하는 음악"이라는 광고 문구가 눈에 띈다.

찬 거고요. 20세기 대표적인 현대음악가 죄르지 리게티는 "나는 한쪽은 아방가르드, 다른 쪽은 과거라는 벽으로 지어진 감옥에 있다. 이곳에서 달아나고 싶다"라고 고백했는데요. 20세기에는 사실상 예술 음악이 위기에 처했다는 걸 실감케 해요. 더 이상의 혁신을 추구하자니 청중과 더욱 멀어지고, 과거를 답습하자니 예술관을 저버리는 꼴이 되니까요.

예술적으로 훌륭한 것도 중요하지만 사람들은 심오한 것보다 부담 없는 걸 더 좋아하는 것 같아요.

'클래식'이란 경계를 가로질러

잠깐, 사람들이 대중음악을 즐기는 이유가 단지 부담스럽지 않아서일까요? 어쩌면 그것도 편견일지 몰라요. 혹시 클래식도 그때 당시엔 대중음악이었다는 이야기를 들어본 적이 있나요? 과거 200년 동안 서양에서는 음악적 구조 자체가 훌륭한 음악들에 열광했어요. 음악에서 지적이고, 때론 영적인 감동을 받았죠. 무엇보다 교육을 받고 교양이 있는 사람들은 음악을 구조적으로 파헤치며 그 안에서 의미를 찾아내는 걸 즐겼어요.

하지만 그런 교양인이 드물었을 거 아니에요.

18세기에는 그랬죠. 그러나 소수가 누렸던 교육의 혜택은 시민사회가 도래하면서 점차 확대되었고 지적 유희를 위한 장벽도 무너져 갔어요. 즉 오늘날 일컫는 '대중'은 대체로 생활 및 교육에서 일정 수준을 갖춘, 보편화된 집단이에요. 관심의 차이일 뿐, 클래식을 알고 즐기는 데에 무리가 없는 거죠. 다만 20세기 이후 작곡된 예술 음악이 청각적 즐거움을 주기는커녕 구조도 추상적인 걸 넘어 이를 파악하는 것조차 불가능해진 게 문제죠.

사람들이 예술 음악을 이해할 능력이 없어서가 아니라 '들을 만한 음악'을 찾다가 대중음악을 선택한 거네요.

현대음악은 아무리 교육을 받은 사람이라도 좋아하기 쉽지 않았으니까요. 그러니 자연스레 모든 예술 음악이 곧 클래식이라는 등식이 점점 성립하기 어렵게 되었고요. 한마디로 대중이라는 개념부터 음악의 심미성 그리고 영속성에 관한 문제까지 모든 게 흔들리는 오늘날엔 근본적으로 음악의 속성을 자로 재듯 나누는 게 의미가 없죠. 그럼 반대로 대중음악은 어떤가요? 몇몇 대중음악은 단순히 유행에 따라 반짝 등장했다가 사라지는 가벼운 음악이 아니라 오랜 시간이 지나도 잊히지 않고 끊임없이 소환되곤 하죠. 고전주의 시대의 클래식 음악처럼요. 그 대표적인 사례가 비틀스입니다.

그렇다면 비틀스도 클래식이 될 수 있겠네요!

앞서 던졌던 질문이 영 뚱딴지같은 이야기는 아니죠? 비틀스는 이 예술 음악과 대중음악을 구분하는 세태에 도전한 음악가이기도 한데요. 그러면서도 모든 시대적·문화적 판도를 완전히 뒤집어 놓았죠. 현대음악에 대해 살펴봤으니 이제 본격적으로 대중음악을 공부해볼까요?

필기노트
01. 실험대에 오른 음악

20세기 전반 일어난 인류사적 비극은 전통과 질서에 대한 근본적인 회의감을 불러왔고, 이는 급진적 예술실험으로 이어졌다. 음악에서는 아방가르드 경향이 나타났으며 이러한 흐름은 현대음악으로 발전한다. 그러나 현대음악은 엘리트주의에 빠져 청중과 멀어지는 위기에 봉착했고, 반면 일부 대중음악은 시대를 초월해 소비 및 재해석되면서 새로운 '클래식'의 가능성을 시사하고 있다.

반복된 비극
2차 세계대전 1939~1945년 추축국과 연합국 사이 벌어진 세계 규모의 전쟁. 인류 역사상 가장 큰 인명 피해를 낳음.

다름슈타트 현대음악제 전후 아방가르드 음악의 메카. 1946년부터 쇤베르크 음악의 실험정신을 되살리자는 취지로 시작됨.
··→ 음렬주의의 탄생.
참고 쇤베르크: 음악의 전통 형식을 타파한 무조음악의 창시자.

감정 없는 음의 향연
음렬주의 음의 행렬인 '음렬'을 비롯하여 음의 높낮이, 강세, 리듬과 같은 음악의 구성 요소에 특정 규칙을 적용한 작곡법이자 예술관.

존 케이지, 〈주역음악〉 『주역』에서 영감을 받은 곡. 주사위나 동전을 던져 마치 점괘를 조합하듯 작곡함. = 우연성음악
참고 『주역』: 만물의 질서를 도식화한 동양 철학서로 통제할 수 없는 우연에 대해 말함.

크시슈토프 펜데레츠키, 〈히로시마의 희생자들을 위한 애가〉
소리의 질감과 색감에 주목한 곡. 여러 음을 동시에 연주하여 음의 뭉치를 구현함. ··→ 히로시마 원폭 투하의 참혹성을 연상시킴.
= 텍스처음악

20세기의 '클래식'

고음악	클래식 음악	현대음악
1750년 이전의 예술 음악	고전주의 전통을 따르는 예술 음악	20세기 이후의 예술 음악
예) 바흐	예) 모차르트, 베토벤	예) 쇤베르크

- 현대음악의 지나친 추상화 + 녹음 기술의 발전에 따른 음악의 보편화 ⇒ 예술 음악의 위기 / 대중음악의 부상.
- 시대를 초월해 살아남은 대중음악은 과거의 클래식처럼 예술성과 지속성을 지닌 현대의 '클래식'이 될 수 있음. ⇒ 대표적 예가 비틀스.

소리로 찍어낸 황금기

음악은 쉴 틈 없이 흘러나왔다.
익숙함과 새로움이 번갈아 이어졌고,
컨베이어 위를 지나며 각자의 표정을 달리했다.
비틀스는 그 모든 흐름을 관통하는
단 하나의 이름이었다.

음악의 녹음과 재생 기술은
침묵하던 사람들에게 목소리를 부여했고
외면받던 문화를 소통의 사슬로 편입했다.

- 앨런 로맥스

02
만인의 사랑을 받기 위해

#대중음악 #컨트리 #블루스 #미디어의 발전
#원조 아이돌 #비틀스

대중음악은 친숙하지만 막상 그 역사와 이론을 설명하려면 좀 막막한 장르예요. 가까운 사이일수록 오히려 하나의 대상으로서 설명하기 어려운 가족이나 친구처럼요. 대체 대중음악은 뭘까요?

많은 사람이 선호하고 즐기는 음악 아닌가요?

대중이라는 사전적 의미로 따지면 맞는 말이에요. 다수의 청자를 상대로 하는 음악이죠. 그렇다면 오늘날에도 많은 사람이 즐겨 듣는 모차르트나 베토벤 같은 클래식 음악도 대중음악일까요? 반대로 대중음악이라는 이름을 달고 세상에 나왔지만 사람들이 기억하지 못하는 음악은 또 어떤가요?

생각해보니 대중음악을 대중이 듣는 음악 정도로만 정의하면 안 되겠네요.

대중음악의 본질이 그 명칭에 다 담기는 게 아니니까요. 대중음악은 대중성 외에도 더 복합적인 특성을 가진 음악입니다. 대중음악이 본격적으로 출현한 시기는 19세기 말에서 20세기 초인데요. 바로 이때 대중음악을 규정하는 중요한 특성인 매체와 유통 방식이 정해졌어요. 녹음 기술이 발달함에 따라 소리가 무한으로 반복 청취될 뿐만 아니라, 라디오를 통해 시공간을 초월하여 불특정다수에게 전달되기 시작했죠.

아까 공부한 '복제의 시대'가 이때겠네요.

맞아요. 복제의 시대에는 예술의 성격과 목적도 달라질 수밖에 없었죠. 예컨대 미술은 대상을 화가의 주관대로 해석하거나 새로운 화풍을 만드는 식으로 살길을 찾아갔어요. 셔터만 누르면 대상을 얼마든지 똑같이 담아낼 수 있는 사진 기술이 당시 현실을 기록하던 그림의 역할을 위협했으니까요.
하지만 음악은 복제의 시대가 되자 좀 다른 가치를 추구해요. 이를테면 많은 이의 취향을 저격하여 뇌리에 남기고 판매량을 올리는 게 중요해져요. 이제 음악은 음반이라는 물질에 담겨서 사고팔 수 있는 상품으로 그 성격이 확장되는데요. 그렇게 형성된 시장에서 소위 말해 '대중에게 통하는 문법'이 곧 대중음악의 발전을 이끌죠.

시대가 변하니까 자연스럽게 음악도 변했네요.

클로드 모네, 아르장퇴유의 양귀비 들판, 1873년
19세기 말 화가들은 사진 기술로 대체할 수 없는 회화의 역할을 고민하기 시작한다. 사실적 재현보다는 주관적 해석에 초점을 두며 인상을 화폭에 담기 시작했고, 자신만의 독창적인 붓 터치 및 색채를 개발했다. 이렇게 탄생한 미술이 인상주의이며 그중에서도 모네는 모호한 윤곽, 자유로운 색채 표현으로 개성적인 작품세계를 구축했다.

음악 역시 시대의 산물이니 영향을 주고받는 건 당연한 일이었죠. 무엇보다 20세기 초 산업이 폭발적으로 성장한 미국은 대중음악이 꽃피기에 제격인, 풍족하고 기름진 땅이었어요. 게다가 미국이란 나라는 세계 각국에서 온 이민자들에 의해 세워졌기 때문에 새로운 예술이 탄생할 만한 문화적 재료도 충분했죠. 당시 미국에서 즐겨 부르던 노래들이 녹음되기 시작했고 음반의 형태로 퍼져 나가며 대중음악의 뿌리가 되었어요. 그중 오늘날까지 유독 미국에서만큼은 인기가 식지 않는 음악이 하나 있는데요. 바로 컨트리입니다.

'촌뜨기'의 반란

컨트리면 국가라는 뜻 아닌가요? 아, 시골이라는 의미도 있고요.

컨트리는 미국 남부 지역 시골 사람들이 즐겨 부르던 노래인데요. '미국의 트로트'라고 생각하면 이해가 빠를 거예요. 17세기부터 유럽 각지에서 미국으로 이주해 온 초창기 이민자들 중 다수가 미국 남서부 애팔래치아산맥의 척박한 내륙 산간 지역에 정착해 농업이나 임업으로 생계를 유지했어요. 이때 각자의 고향에서 즐기던 음악, 즉 유럽 민속음악으로 노동의 고단함과 외로움을 달랬죠. 컨트리는 이렇게 구전된 음악으로, 시골 사람들의 정서가 그렇듯 가족애 혹은 노동하는 일상이 단골 주제였고, 목가적이며 정겨운 느낌이 가득해요. 컨트리의 아버지인 **지미 로저스의 〈티 포 텍사스〉**를 들으면 그 분위기를 단번에 느낄 수 있을 거예요.

30초쯤 나오는 "요를레이호~" 이 부분은 마치 알프스 소녀 하이디의 노래 같아요!

유럽 민속음악에 뿌리를 둔 장르답게 컨트리엔 알프스 지방 사람들

의 독특한 창법인 요들이 들
어가기도 했어요. 이 노래에
도 요들이 중간중간 추임새
처럼 나와요.

게다가 음악의 반주는 기타
하나가 전부지만, 첫 박에
'딩'하는 소리로 강세를 주고
뒤부터 손가락으로 동시에
기타 현을 훑으며 '징기 징
기' 소리를 내는, 이른바 스
트러밍 주법을 사용하는 형
식은 컨트리의 대표 반주 패
턴으로 자리하게 되죠. 전반

지미 로저스, 1921년
미국 전역에서 인기를 얻은 최초의 컨트리 가수.
이전까지 컨트리는 시골 생활의 무료함을 달래거나
유희의 목적으로 불렸지만 1927년 지미 로저스의
음반 출시를 기점으로 상업화 및 대중화된다.

적으로 재밌고 흥겹지 않나요? 1920년대 라디오와 음반으로 퍼지기 시작한 컨트리는 큰 인기를 끌었는데 도시에서는 이런 초창기 컨트리를 '힐빌리'라 불렀답니다.

힐빌리가 뭔데요?

사실 힐빌리는 그리 좋은 뜻은 아니에요. 두메산골에 사는 '촌뜨기'를 말하거든요. 교육 수준이 낮고 육체노동을 하며 가난하게 사는 백인을 일컫는 멸칭이 곧 음악 장르 이름이 된 거죠. 컨트리는 꽤 오랫동안 힐빌리라 불렸지만 대중적으로는 큰 성공을 거두며 백인 이민자들의 정체성을 대변했어요. 오늘날에도 미국에서 가장 권위 있는 음악 시상식인 그래미 어워즈에는 컨트리 부문이 따로 있을 정도로 그 위상이 대단하죠. 2025년 67회 그래미 어워즈에서 팝스타 비욘세가 흑인 아티스트 최초로 '컨트리 앨범상'을 수상했다는 소식도 눈길을 끌어요.

유명한 흑인 가수가 그렇게 많은데 최초라고요? 좀 충격적이네요.

컨트리 부문에서 흑인이 상을 받는 건 특별한 일이에요. 그만큼 컨트리는 지금껏 백인들의 전유물처럼 여겨지거든요. 컨트리 음악 이야기는 이번 강의 중간중간 다시 나올 거예요.

그런데 흑인들의 음악은 따로 없나요?

애환이 담긴 유행가

백인 이민자들이 고달픈 일상을 컨트리에 녹여냈다면, 아프리카에서 끌려와 노예로 살아야 했던 흑인들은 그 비참한 삶을 블루스에 담았어요. 블루스는 미국 남부 지역의 흑인 노예들이 자신의 서글픈 신세와 노동의 고통을 입에서 입으로 노래하며 탄생했죠. 블루스는 핵심적인 대중음악 장르의 뿌리라고 할 정도로 대중음악사에서 매우 중요해요. 앞으로 차차 만나게 될 재즈, 리듬앤드블루스, 로큰롤

목화 플랜테이션
플랜테이션은 농산물을 생산하는 대규모 농업 방식으로, 특히 식민주의 시대에 성행했다. 이는 식민지의 값싼 노동력을 서구의 기술력과 결합해 경영하는 식이었는데 특히 미국 남부 지역의 목화 농장은 아프리카에서 데려온 흑인 노예들의 주요 일터였다. 이곳에서 부르던 노동요가 블루스의 전신이 되었다.

등 시대를 풍미한 대중음악의 바탕엔 모두 블루스가 있죠.

이름은 들어봤는데 그렇게 대단한 장르인 줄 몰랐어요!

블루스는 음울하면서도 투박한 매력이 있는데요. 이를테면 삶을 둘러싼 절망과 열망을 가사에 노골적으로 담고, 이를 느린 선율에 얹어 한탄하듯 직설적으로 뱉어내죠. 혹시 블루노트라는 용어를 들어봤나요? 재즈 카페나 클럽 이름으로도 종종 볼 수 있는데 이 독특한 음들이 바로 블루스에 우울하고 불안정한 느낌을 더하죠.

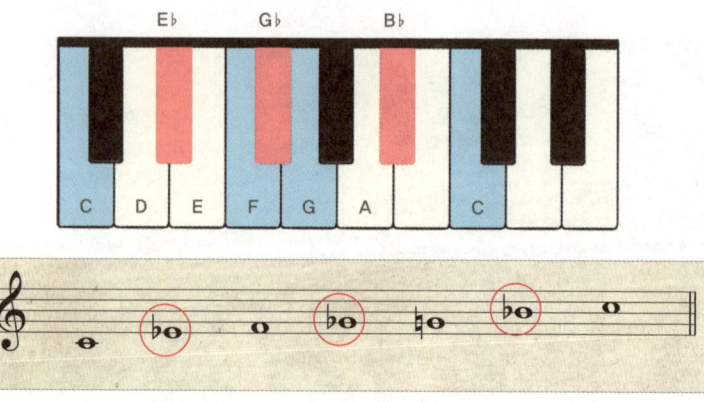

C 블루스 음계

음들로 어떻게 그런 느낌을 주죠?

가장 익숙한 C장조 음계를 두고 설명해볼게요. C장조는 '도·레·미·파·솔·라·시'로 이루어져 있는데요. 이게 바로 우리가 피아노를 친다고 가정했을 때 하얀 건반만으로 연주할 수 있는 음계예요. 그런데 '도'부터 시작되는 C 블루스 음계는 '도·미♭·파·솔♭·솔·시♭·도' 음이 되죠. 이 중에서 피아노 하얀 건반으로 연주하는 음은 '도·파·솔'로 이들이 음계의 주축이 되는 음들이라 할 수 있어요. 그 외에 '미♭·솔♭·시♭'이 바로 블루노트랍니다. 시작 음으로부터 세 번째, 다섯 번째, 일곱 번째인 3음, 5음, 7음에 해당하는 이 음들은 플랫, 즉 반음을 낮춘 음들이라서 독특한 정서를 만들어내는데요. 비록 이해를 위해 피아노로 설명하긴 했지만, 블루노트가 원래 음이 미끄러지듯 이어지기 때문에 음의 높낮이가 명확한 피아노보단 기타에서 더 효과적으로 들을 수 있어요. 기타는 주로 줄을 아래위로 밀어 음정을 자연스레 변화시키는, 밴딩 주법이 가능하니까요.

어딘가 어긋나고 삐딱한 느낌이 났는데 이렇게 만드는군요.

음정에 변화를 주면 낯설 법도 한데 단순한 가사와 리듬이 함께하니까 귀에 착 감기는 중독성까지 생기죠. 블루스 가사는 보통 같은 내용의 1, 2행과 그에 대한 결론이 담긴 3행으로 이루어진 이른바 AAB 구조인데요. 이때 선율과 리듬도 가사에 상응하기 때문에 결국 네 마디씩 묶여 있는 프레이즈가 세 번 반복되는 열두 마디 패턴으로 진행되는 거예요. 블루스는 이러한 구조가 되풀이되다가 묘하게 변하는 구성으로 청자의 감정을 덩달아 흔들어놓죠.

물론 방금 설명한 특징들은 모두 블루스가 하나의 장르로 자리 잡으면서 정리된 양식이에요. 이런 식으로 정립된 건 1912년 미국의 음악가 윌리엄 크리스토퍼 핸디, 이른바 W.C. 핸디가 블루스를 작곡해서 악보로 출판하면서부터였어요. 당시 발표한 〈멤피스 블루스〉, 후속곡으로 만든 〈세인트루이스 블루스〉가 연이어 성공하면서 W.C. 핸디는 뉴욕에 진출했고 백인들마저 매료시켰죠.

그 정도면 W.C. 핸디는 블루스의 아버지라 해야겠어요.

맞아요. W.C. 핸디 스스로가 그 수식어를 붙이곤 했죠. 하지만 초창기 블루스 연주를 제대로 만나보려면 작곡

W.C. 핸디 우표
기념우표 하단에 '블루스의 아버지'라는 문구가 적혀 있다.

가인 W.C. 핸디보다 로버트 존슨의 음악을 추천해요. 로버트 존슨은 1911년 미시시피주에서 태어나 27년이라는 짧은 생을 살다가 간 블루스 음악가예요. 그의 생전 모든 행적이 불분명하고 공식적 활동이라고는 1936년과 1937년 단 2년이 전부인데, 이 2년간의 기록으로 전설이 된 천재죠.

그게 가능하다고요? 말만 들어도 비범하네요.

항간에는 그가 자정에 한 교차로에서 악마에게 영혼을 팔고 엄청난 재능을 얻었다는 소문이 돌기도 했어요. 로버트 존슨은 병의 목 부분을 잘라 만든, 이른바 보틀넥을 손가락에 끼우고선 기타 현을 미끄러지듯 연주했는데요. 울부짖는 듯한 하울링 창법까지 가미해 너무나 독특한 스타일로 이목을 끌었죠.

또 하나 흥미로운 점은 로버트 존슨의 전설적인 블루스 곡들이 전문 스튜디오도 아닌 작은 호텔 방에 설치한 장비로 녹음되었다는 거예요. 다음 페이지의 그림처럼 로버트 존슨은 텍사스주 샌안토니오에 있는 건터 호텔 414호에서 다수의 곡을 녹음했어요.

보틀넥 주법
손가락에 슬라이드 바라고 일컫는 원통 모양의 금속을 끼고 기타 현을 훑는 주법. 본래 병의 목 부분을 잘라 만든 '보틀넥'을 사용했기 때문에 유래한 이름이며, 현을 미끄러지듯 연주하므로 슬라이드 주법이라고도 한다.

호텔에서 녹음이라니, 뭔가 낭만 있는데요.

로버트 존슨은 벽 코너를 바라보고 노래했는데 이를 두고 그가 수줍음을 타서라는 이야기도 있었지만, 사실 그 방법은 기타의 중간 음역이 증폭되기 때문에 의도적으로 한 것 같아요. 오늘날 같으면 녹음을 하고 기계로 소

로버트 존슨, 《킹 오브 델타 블루스 싱어즈 II》 표지, 1970년
로버트 존슨의 두 번째 컴필레이션 앨범 표지다. 컴필레이션이란 과거 발표된 곡들을 엮은 모음집이란 뜻으로, 표지에는 호텔 방에서 녹음하던 로버트 존슨의 당시 모습이 묘사되어 있다.

리를 손봤겠지만 그게 불가능하던 시절 독창적인 방법을 고안해서 완성도를 높인 거죠. 이렇게 1936년 11월 23일부터 25일 사이 탄생한 곡들은 블루스의 정수로 불리는데 그중엔 〈스위트 홈 시카고〉도 있어요. 2012년 당시 미국 대통령이었던 **버락 오바마가 불러 전 세계에 화제가 된 곡**이기도 하죠. 이처럼 로버트 존슨은 초창기 블루스인 델타 블루스의 전형을 확립합니다.

어라, 델타 블루스는 또 다른 건가요?

흑인 노예들이 주로 거주했던 곳이 남부, 그중에서도 미시시피강을 끼고 있는 삼각주, 즉 델타였어요. 이 델타는 목화 재배 중심의 플랜테이션 농업이 발달했던 곳이라 상당한 노동력이 필요해서 노예들

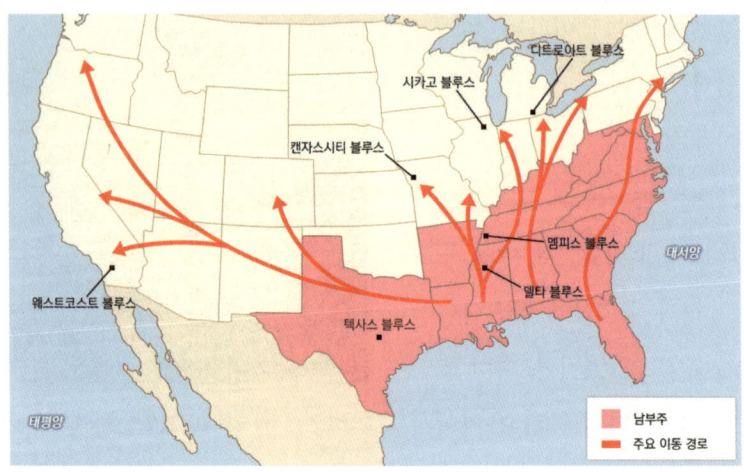

미국의 도시 블루스
1940년대 이전 블루스 음악가들은 주로 미시시피강을 끼고 농업이 발달한 델타에서 활동했기 때문에 이들의 블루스를 '델타 블루스' 혹은 시골 블루스라고 한다. 하지만 20세기 전반 흑인 인구가 대거 북쪽으로 이주하면서 블루스 역시 도시를 중심으로 발전했고 이후 '멤피스 블루스', '시카고 블루스' 등 도시 블루스가 등장했다.

이 아주 많았어요. 거기서 노예들이 부른 노래가 블루스의 시초였기에 초창기 블루스를 델타 블루스라고 불러요. 실제로 미시시피주 출신인 로버트 존슨을 비롯해 이 시기 블루스 음악가들은 전부 이쪽 출신이에요. 한편 1863년 노예 해방 선언과 함께 노예제도가 흔들리고 차츰 목화산업도 축소되자, 남부에 살던 흑인들은 대거 북쪽의 대도시로 이주를 시작합니다. 새로운 일자리를 찾기 위해 인종차별이 비교적 덜한 도시로 향한 거죠. 블루스 음악가들 역시 그 무리에 있었고 차츰 몇몇 도시를 중심으로 특징적인 블루스가 발전했죠.

도시로 갔으면 블루스 가수들의 노래가 음반으로도 나왔겠네요.

권력을 쥔 미디어

네, 그래서 더 널리 퍼졌죠. 녹음 기술은 음악계에 큰 혁명을 가져왔어요. 이제 음반 산업 없는 대중음악은 상상조차 못 할 정도로 녹음된 음악이 대중음악의 본질이 되었고요. 이 시기에는 녹음 기술뿐 아니라 송출, 녹화, 음향 편집 등 다방면의 기술 발전이 이루어졌어요. 무엇보다 20세기 초 소리를 무선으로 전송할 수 있는 라디오의 등장은 언제 어디서든 음악을 들을 기회를 제공했죠. 직접 음반을 구입하지 않더라도 전파를 이용한다면 먼 곳까지 누구에게든 단번에 전송이 되니까요. 여기서 대중음악의 또 다른 특징이 드러나는데요. 음악을 매스 미디어를 통해 접한다는 점이죠.

1920년대 라디오
20세기 초 라디오는 황금기를 맞이한다. 2차 세계대전이 한창일 당시 라디오는 뉴스를 접할 수 있는 주요 매체였으며, 암울한 시기를 달래는 대중의 휴식처였다.

대중이야 좋겠지만 음반 회사 입장에서는 상품을 팔지 못하니까 손해 아닌가요?

실제로 음반 회사는 점점 더 많은 사람이 무료로 라디오에서 음악을 듣자 로열티를 징수하는 식으로 대응했어요. 하지만 곧 라디오가 오히려 음반을 위한 최고의 홍보 수단이라는 걸 깨달았죠. 라디오를 틀어놓기만 해도 대중은 음악에 노출되는 거니까요. 반대로 방송사는 청취율을 올리기 위해 계속해서 새로운 음악이 필요했고요.

음반사와 방송사가 공생 관계가 되었군요.

이론적으로 보면 그런데 현실에선 라디오의 힘이 갈수록 더 막강해졌어요. 지금이야 텔레비전 프로그램부터 음악 스트리밍 서비스, 각종 온·오프라인 플랫폼 등 음악을 유통하고 홍보할 수 있는 미디어가 다양하지만 20세기 초만 해도 음악에 전념한 매체는 라디오가 유일했죠.
라디오는 유명 디스크자키를 스타로 내세우거나 음악 순위를 매기는 프로그램을 운영하는 건 물론, 주파수 변조 및 세분화로 음질을 개선하고 채널마다 다루는 장르를 전문화해서 대중을 끌어모았어요. 라디오 방송사가 '갑'으로 올라서다 보니 나중엔 음반 회사 측에서 방송국 관계자에게 뇌물을 주면서 음반을 홍보하는 관행까지 생겨나요. 이를 페이올라라고 부릅니다.

라디오의 힘이 이렇게 막강할 때가 있었군요.

텔레비전의 등장으로 미디어와 음악 산업은 더욱 떼려야 뗄 수 없는 관계가 되는데요. 1930년대에 보급되기 시작한 텔레비전은 급속한 경제 성장 속에서 빠르게 가정집에 자리 잡습니다. 청각은 물론 시각까지 만족시키는 매체의 등장이라니, 음악 산업은 더 발 빠르게 움직이기 시작했고 이러한 흐름은 다시 대중음악 시장의 엄청난 발전으로 이어졌죠.

페이올라 스캔들, 1959년
라디오의 권력이 커질수록 음반 회사와 가수들은 어떻게든 자신의 음악이 노출되길 바랐고 급기야 뇌물을 주는 관행 '페이올라'가 생기기 시작한다. 뇌물을 뜻하는 '페이'와 당시 축음기나 음악기기에 자주 붙던 접미사 '올라'가 합쳐진 단어 페이올라는 이를 근절하기 위해 의회 청문회까지 열릴 정도로 사회 문제로 대두되었다.

그래서인지 대중음악은 언제나 치열한 경쟁이 함께했어요. 살아남기 위해선 끝없는 차별화는 필수고, 트렌드를 쫓아가는 것에 앞서 직접 트렌드를 만들어야 진정한 성공이라고들 하죠.

그런데 솔직히 아무리 새로 나왔다고 해도 정작 음악들을 들어보면 '다 거기서 거기'라는 생각도 들어요.

예리한 지적이에요. 실제로 대중음악은 새로운 음악을 끊임없이 보

뉴욕 타임스퀘어의 조지 M. 코핸 동상
20세기 초 대중음악은 뉴욕의 W. 28번가 일대의 음악 출판사들을 중심으로 발달했다. '틴 팬 앨리'란 당시 관계자들이 모여 있던 그 거리의 이름이자 그곳에서 탄생한 음악 자체를 일컫는 말이다. 이들은 작곡부터 유통까지 공동작업을 통해 음악을 만들고 악보를 대량 출판했으며 이는 곧 성공 문법으로 연결되었다. 그중 작곡가 조지 M. 코핸은 개개인이 오락으로 즐기던 대중음악의 문법을 극 음악에 적용하여 초기 브로드웨이 뮤지컬의 형식을 다진 인물이다. 오늘날 뉴욕 타임스퀘어 중심부엔 틴 핀 앨리를 브로드웨이, 나아가 미국 대중문화의 중심에 세운 조지 M. 코핸의 공로를 기리기 위해 동상이 세워져 있다.

급하는 것 같지만 추구하는 방향성은 비슷해서 성공 문법을 재생산하는 것에 가까워요. 한마디로 대중의 입맛에 맞는, 잘 팔리는 음악을 만들자는 목적 아래에 조금씩 다른 색깔을 곁들이는 거죠. 그래서 대중음악이 '문화적 정체성의 부재'라는 비판을 받는 거고요. 말이 나왔으니 여기서 대중음악의 특징이자 한계점을 잠시 짚어보고 가죠.

잘 팔리는 음악, 그 이면

먼저 앞서 말했듯이 대중음악은 예술성 자체보다는 일단 인기를 얻고 어떻게든 더 팔리는 것을 지향해요. 대중의 취향을 쫓아서 곡조를 뽑고, 그 안에 깃든 음악적 기법도 안전하고 친숙한 모습을 취하죠. 혹시 송캠프라는 단어를 들어본 적이 있나요? 최근 케이팝 산업이 조명되면서 더욱 부상한 단어인데 말 그대로 여러 사람이 모여 곡을 만드는 분업 시스템을 말해요. 마치 조별 과제를 하듯이 각자 자신의 분야를 맡아서 아이디어를 모으거나 서로 창작한 부분을 비교하면서 더 좋은 부분을 가져다가 편집하여 하나의 창작물로 만드는 식이죠.

모름지기 작곡이라 하면 작곡가 한 사람이 영감을 받아서 악보에 휘갈기는 거 아닌가요?

만인의 사랑을 받기 위해

물론 여전히 창작자가 처음부터 끝까지 오롯이 만드는 음악도 있지만 단기간에 매력적이고 세련된 음악을 최대한 많이 끌어내는 데엔 이런 분업 시스템이 적극 활용되는 추세예요. 그런데 사실 대중음악에 분업 시스템이 도입된 지는 오래되었어요. 20세기 초 미국 대중음악 시장을 주도했던 작곡가들은 히트곡을 빠르게 생산하기 위해 여러 명이 협업하여 곡을 만들었죠. 그 결과물을 굳이 자신들의 명의로 발표하지도 않았고요. 그렇다 보니 대중음악은 좀 더 표준화되고 도식화되는 면이 있어요.

하긴 대중음악을 들을 때 그 곡을 누가 만들었는지 찾아본 적은 거의 없었던 것 같아요.

그게 바로 또 다른 대중음악의 특징이에요. 클래식 음악을 생각해보면, 우리는 자연스레 작곡가를 소환하게 됩니다. "모차르트의 음악", "드뷔시의 음악" 이런 식으로 음악을 규정하고 기억하죠. 반면 대중음악은 가수 중심이라고 할 수 있어요. 작곡가보다 그 음악을 전달하는 가수가 더 주목받고, 심지어 노래의 내용조차 가수의 이미지와 캐릭터에 따라 소비되죠. 이에 대중음악은 자기 고백적으로 사랑, 이별과 같이 사적인 감정을 다루는 경우가 많아요. 청자가 비록 익명의 대중이지만 가수와 내밀한 대화를 나누는 것 같다는 착각이 들 정도로요. 이런 착각에는 가수들의 창법도 한몫하는데요. 이들은 굳이 쩌렁쩌렁한 성량을 자랑하지 않고 속삭이듯 친근하게 노래를 하죠.

아무래도 자기 감정을 고백하는 데에 동네가 떠나가라 소리지를 필요는 없죠.

다행히 마이크가 목소리를 작게 내도 소리를 증폭시켜줬어요. 1930년대에 상용화된 마이크의 정식 명칭은 마이크로폰인데요. 소리를 전기 에너지로 변환하는 원리의 마이크가 소리의 크기를 책임져주니 가수는 호흡과

마이크 앞에 선 빙 크로스비
미국의 인기 영화배우이자 가수였던 빙 크로스비는 목소리 톤을 최대한 살려 부드럽게 속삭이듯 노래하는 크루닝 창법으로 인기를 얻는다. 이는 마이크가 발명되었기에 가능한 일이었다.

음색의 표현만 신경 쓰면 됐고, 덕분에 자신의 감정과 서사를 더 섬세하게 전달할 수 있었어요. 이후 음향 신호를 관장하는 기계인 오디오 믹서와 함께 음량 및 음향을 자유자재로 조절하거나 편집하는 식의 시너지를 내게 되죠. 한마디로 기술의 발달로 음악적 표현의 가능성이 엄청나게 확장되었어요.

하긴 요즘 가수들을 보면 반드시 가창력이 뛰어나야 성공하는 것 같진 않아요.

가창력은 이제 기계의 힘을 빌릴 수 있으니 외모나 쇼맨십, 퍼포먼스 등 다른 부분에 공을 들이곤 하죠. 음반에 담긴 음악의 기본 성격

역시 복잡한 편집 과정을 거친 스튜디오 레코딩으로 바뀌었는데요. 녹음실에서 여러 차례 녹음하는 건 물론, 곡의 마디마디를 미세하게 조정하고 여기에 다채로운 음향 효과를 넣는 등 엄청난 변신을 거쳐 한 곡이 탄생하게 됩니다. 오히려 콘서트나 라이브 무대 실황을 녹음한 음반은 제목이나 마케팅 문구에 이를 부각할 정도로 특별한 이벤트가 되었죠. 반면 라이브 무대에서는 가수들이 녹음실 표 음악, 즉 '이미 만들어진 음악'을 최대한 비슷하게 재현하려는 아이러니도 눈길을 끌고요.

뭐가 원본 음악인지 따지는 게 무의미해졌네요.

그래서 일찍이 독일의 사상가 테오도어 아도르노가 문화 산업을 "사이비 개성"이라 일갈했어요. 겉으로는 차별화되고 자유와 개성을 강조하는 듯 보이지만 실상은 표준화, 도식화된 산물들의 향연이 대중음악, 나아가 대중문화라는 겁니다. 그러니 자꾸 음악을 진지한 예술과 가벼운 상품이라는 이분법적 시각으로 보고 급을 매기려는 태도도 이해가 갈 수밖에요. 그만큼 지향점이 다르니까요.

대중음악도 현대음악 못지않게 나름대로 문제가 많네요.

글쎄요. 세상 모든 일이 그렇듯이 음악은 꼭 이래야 한다는 법은 없으니까 이것도 대중음악의 문제라기보다 하나의 속성이라 이해하는 편이 좋을 것 같아요. 일련의 발전과 그에 따른 논쟁만 봐도 20세기가 얼마나 변화의 한가운데에 있었는지 짐작할 수 있는데요. 우리의 주인공 비틀스가 활발히 활동한 1960년대가 바로 대중음악이 폭발적으로 성장한 시기였답니다. 비틀스는 사회적·문화적 변화를 온몸으로 흡수하면서도 당시 장르가 가지고 있던 한계를 끝없는 실험 정신으로 돌파했어요. 한마디로 대중성과 예술성, 두 마리 토끼를 다 잡은 덕에 한철 스타로 지나가지 않고 대중음악의 역사를 바꾸었죠. 후대에 대중음악의 위상과 가치를 제고하고 더 많은 꿈을 꿀 기회를 제공했달까요.

이제 드디어 비틀스를 만나는 건가요?

리버풀에 있는 비틀스 동상
비틀스는 영국 리버풀이 낳은 슈퍼스타로, 리버풀에는 비틀스 관련 기념물 및 명소가 즐비해 있다.

원조 아이돌의 등장

비틀스 강의인 만큼 비틀스 노래를 하나 먼저 듣고 시작할게요. 설령 이 밴드를 잘 모르더라도 지구인 이라면 누구나 아는 노래예요. 〈Yesterday〉입니다.

와, 저도 이 노래 알아요!

비틀스는 워낙 유명한 곡이 많지만 그중에서도 〈Yesterday〉는 가장 사랑받는 곡 중 하나죠. 세상에서 가장 많이 커버된 곡이라는 기록 도 가지고 있을 정도니까요. 공식적으로만 2천 2백 회가 넘는 커버 버전이 집계가 되었으니 실제로는 셀 수도 없이 많을 거예요. 그런 데 이 곡은 놀랍게도 2분여의 짧은 발라드에 코드 진행과 가사도 반 복되는 비교적 단순한 구조로 되어 있어요. 걸작이라면 모름지기 복 잡하고 어려울 것 같다는 편견을 깨는 작품이죠.

감미로우면서도 좀 쓸쓸한 느낌이 나요.

연인과의 이별을 얘기하는 가사가 음악적 분위기와 아주 잘 어울리 죠. 사랑, 이별, 그리움 같은 매우 개인적인 감정을 감상적으로 다룬 다는 점에서 〈Yesterday〉는 대중음악의 전형적인 문법을 따르지만 여타 통속적인 발라드들과는 분명 차이가 있어요. 좀 더 귀를 기울 여보면 어쿠스틱 기타 한 대로 시작한 노래가 이후 바이올린, 첼로,

비올라 소리가 덧입혀지면서 풍성해지는 걸 알 수 있죠. 바로 클래식 악기가 반주로 참여한 건데요. 오늘날 대중음악에선 종종 찾아볼 수 있는 풍경이지만 당시만 해도 다른 음악 장르에 클래식 악기가 등장한다는 건 생소한 일이었어요. 이런 점이 바로 비틀스를 특별하게 만들죠.

뭐든지 처음 시도한다는 건 대단한 일이죠.

비틀스는 언제나 단순히 듣기 좋은 음악을 만드는 것을 넘어서 어떤 방법으로 새로운 청각적 경험을 선사할지 고민했어요. 대중은 익숙함에 혁신 한 스푼을 너한 비틀스 음악에 열광하지 않을 수 없었죠. 뻔해 보이면서도 뻔하지 않은 그들의 음악은 너무나 신선했으니까요. 게다가 비틀스는 멀끔한 외모와 위트 있는 언변으로 대중의 마음을 사로잡았어요. 요즘은 아이돌이라는 단어를 흔히 쓰지만 아이돌의 원래 의미는 우상이에요. 그래서 과거엔 종교적인 맥락에 국한해서 사용했죠. 20세기 중반 대중문화가 발전하면서 아이돌은 대중적인 인기를 얻은 주인공을 가리키는 단어로 부상하는데요. 비틀스야말로 명실상부 시대를 주름잡은 아이돌이었답니다.

비틀스가 원조였네요!

비틀스는 존 레논, 폴 매카트니, 조지 해리슨, 링고 스타로 구성된 4인조 밴드예요. 비틀스를 이해하려면 비틀스 열풍의 신호탄이 된 곡부터 만나보는 게 좋겠네요. 1963년 비틀스에게 첫 1위를 안겨준 〈Please Please Me〉입니다.

반응이 엄청난데요? 음악 반, 함성 반인 것 같아요.

1963년 1월 11일 두 번째 싱글로 발매된 곡으로, 각종 영국 차트 1위에 오르면서 비틀스는 성공 가도를 달리기 시작해요. 같은 해 3월 22일 발매된 동명의 첫 번째 정규앨범 《Please Please Me》엔 일곱 번째로 수록되어 있는데, 이 앨범 역시 30주 연속 1위를 차지할 정도로 대박이 나죠. 앞서 본 라이브 무대 영상은 다음 해 미국에서 선보인 건데요. 영국 출신 밴드가 미국까지 가서 저렇게 열광적 환호를 받을 정도니 인기가 얼마나 대단했는지 알겠죠?

그런데 이 노래도 꽤 단순하고 쉽네요?

비틀스의 초창기 곡들은 귀에 착 감기는 경우가 많아요. 대중의 눈과 귀를 사로잡으려면 반복되는 선율과 친숙한 가사를 경쾌하고 밝은 분위기로 노래하는 게 중요했죠. 실제로 이 곡은 레논이 만든 초안보다 두 배는 빠르게 편곡했다고 해요. 게다가 제목 및 가사에 나오는 'Please'라는 단어는 누군가에게 간청하는 뜻도 있고 타인을 기쁘게 해준다는 뜻도 있어서 이런 중의성이 곡의 분위기를 한층 더 띄워주죠. 당시 이 곡의 녹음이 끝난 후 담당 프로듀서 조지 마틴은 "축하해, 자네들 방금 첫 번째 넘버원 곡을 완성했어"라는 말을 건넸어요. 세

기의 스타가 될 재목을 전문
가가 인정한 역사적 순간이
었죠.

청년 시대의 리더

옛날 가수라고만 생각했는
데 풋풋한 모습도 있었네요.

할리우드 명예의 거리에 있는 비틀스 이름
1958년 미국 로스앤젤레스에 조성된 할리우드 명예의 거리는 대중문화에 기여한 인물들을 기리는 공간이다. 별 모양의 명판 중앙에는 분야별 심볼이, 그 위로는 이름이 새겨진다. 비틀스는 1998년 단체로 헌정되었으며 멤버 개인도 각기 다른 시기에 별을 받았다.

20세기 인물을 다루다 보니 이런 점이 좋은 것 같아요. 사진과 영상 자료가 남아 있는 덕에 그때 그 시간과 공간을 붙잡아둘 수 있으니까요. 무엇보다 젊은 시절의 비틀스를 생생하게 만날 수 있는 건 의미가 더 깊어요. 비틀스와 청년이라는 키워드는 떼려야 뗄 수 없기 때문이죠. 그들이 마음껏 열정을 표출한 1960년대는 청년 문화가 꽃핀 시기로, 이때 '히피'도 출현했어요.

히피라면 좀 자유분방한 사람들 아닌가요?

히피는 1960년대 미국 청년층을 중심으로 형성된 탈사회적인 문화이자 이를 따르는 사람들을 말해요. 기성 사회의 통념과 관습을 부정하고 사랑, 자유, 그리고 평화를 추구하는 에너지로 충만했던 이 흐름은 유럽에까지 영향을 미칠 정도로 큰 반향을 일으켰죠. 기성세

히피와 대치하고 있는 군인, 1968년

대를 향한 배신감과 실망이 청년의 입을 열게 했고 히피라는 특이한 청년 문화를 탄생시킨 건데요. 산업화를 비롯한 도시 문명의 발달은 인류에게 윤택한 삶을 허락했지만 그만큼 그림자도 짙었어요. 전쟁으로 폐허가 된 삶의 터전, 정치적 긴장감과 사회적 갈등 상황은 청년들의 눈엔 기성세대의 실패작이었죠.

세대 간 갈등은 예나 지금이나 똑같군요.

그때는 지금보다 훨씬 격렬했죠. 무엇보다 이런 분위기는 당시 역사적 사건들과 엮어서 생각해볼 필요가 있어요. 일단 1945년을 끝으로 2차 세계대전이 막을 내렸지만 워낙 큰 전쟁이었던 만큼 모두 극심한 후유증에 시달리고 있었어요. 경제적 타격이나 물리적 피해는 물론 사실상 여전히 전쟁이 끝나지 않았다는 현실이 모두를 진 빠지게 했죠.

전쟁이 끝났는데 또 한편으론 끝나지 않았다는 게 무슨 소리인가요?

전 세계가 아직 정치적 이념과 권력을 두고 계속 다투고 있었기 때문인데요. 냉전이 대표적이에요. 우리도 보통 누군가와 사이가 틀어졌을 때 "나 지금 냉전 중이야"라는 말을 쓰곤 하잖아요. 여기에서의 냉전은 미국을 중심으로 한 자유 민주주의 진영과 소비에트 사회주의 공화국 연방, 즉 소련을 중심으로 한 공산주의 진영 간의 국제적 긴장을 뜻하죠. 냉전 시대는 1947년부터 1991년까지 이어졌으니 총성 없는 정치적·사회적·문화적 갈등이 반세기 가까이 계속된 거예요. 삐끗하면 다시 전쟁이 일어날 수 있다는 위기를 품고 살아가야 했던 끔찍한 시절이었죠.

따지고 보면 인류는 20세기 내내 전쟁을 했네요.

게다가 냉전 시대는 실제로 베트남 전쟁이라는 또 다른 비극을 낳았어요. 베트남 전쟁은 베트남이 프랑스로부터 독립 및 통일하는 과정에서 미국과 벌어진 전쟁이에요. 세계적으로 수백만 명의 사상자가 발생했죠.

베트남이 프랑스에서 독립하는 건데, 미국이 왜 튀어나오죠?

(왼쪽)베트남 메콩 삼각주에 제초제가 살포되는 모습 (오른쪽)반전 시위 현장

19세기 말 프랑스의 식민지였던 베트남은 1954년 비로소 프랑스로부터 독립한다. 당시 독립운동의 핵심 인물은 공산당 소속의 호찌민으로, 미국을 비롯한 자유 민주주의 진영 국가들은 베트남이 공산주의 국가가 되는 걸 막기 위해 베트남을 남과 북으로 나눠 대립하도록 부추겼다. 그러나 민심이 '영웅' 호찌민이 이끄는 북베트남으로 기울자 위기의식을 느낀 미국은 북베트남을 공격했고 전쟁은 대규모로 확대된다. 수많은 사상자를 낳은 이 전쟁에서 미국은 공산주의 군사 조직 '베트콩'의 거점을 말살하기 위해 독극물이 포함된 제초제, 즉 고엽제를 공중에 살포하는 등 반인륜적인 만행을 저질렀다. 고초 끝에 1976년, 베트남은 남북통일을 이룩했고 베트남사회주의공화국이 수립된다. 한편 전쟁이 한창이던 시기 미국과 유럽 각지에선 반전 운동이 거세게 일어났다.

미국은 자유 민주주의 진영의 중심국으로서 한 나라, 한 세력이라도 더 자신의 진영으로 끌어들이는 데에 앞장섰어요. 당시 베트남이 독립운동 영웅이었던 호찌민의 정치 성향에 따라 공산주의 국가가 될 것을 우려한 미국이 전쟁에 개입했고 그 규모가 확대되면서 엄청난 피해를 낳았죠. 전쟁이 1960년부터 1975년까지 지속되면서 세계대전의 아픔이 치유되기도 전에 다시 수많은 목숨이 희생당한 거예요. 한마디로 60년대 청년층은 이 혼란스러운 시대를 관통한 세대였어요. 전후 눈부신 경제 성장을 이룩한 덕에 텔레비전을 틀면 화려한 쇼 무대가 화면을 가득 채웠지만 채널을 하나만 돌려도 심각한 얼굴의 앵커가 오늘의 전쟁 소식을 전하고 있었으니 그 괴리감이 엄청났 겠죠.

그래서 청년들이 새로운 해답을 찾으려 전면에 나선 거군요.

인류 문명에 환멸을 느끼고 있던 이들 앞에 바로 비틀스가 등장합 니다. 젊음을 노래하고 사랑을 외치는 보이 밴드는 단지 오락의 대 상이 아니었어요. 닮고 싶은 이상향이자 살아갈 힘을 북돋는 존재였 죠. 비틀스는 어른들이 들고 있던 마이크를 빼앗고 목소리를 내기 시작한 청년들, 시대의 주요한 결정권자로 서고자 한 청년들의 리더 였던 거예요. 예컨대 비틀스가 1967년 발표한 〈All You Need Is Love〉는 유행가를 넘어 당시 청년들의 송가에 가까웠죠.

이게 비틀스 노래였어요? 캠페인 같은 데서 들어봤어요. 결혼식에서 도요.

"필요한 건 오직 사랑뿐"이라는 보편적이면서도 가장 중요한 메시 지 덕분이죠. 비틀스는 그해 BBC 방송국이 주관하는 세계 최초의 위성 생중계 프로그램 〈아워 월드〉 출연 요청을 받고 이 곡을 선보 였는데요. 방송 2주 전에 급히 만든 곡이 시대를 막론하고 사랑받는 것을 보면 그들의 재능이 얼마나 반짝이는지 알 수 있죠. 프랑스 국 가인 라 마르세예즈가 흘러나오면서 시작되는 이 곡은 여러 악기 소 리와 함께 멤버들의 짤막한 애드리브 노래가 섞이면서 마무리되는데요. 마치 흥겨운 축제에 온 듯한 분위기죠. 청년 특유의 열정과 젊음이 만들어낸 음악다워요.

보통 사회 문제에 반기를 들면 거칠고 과격한데 오히려 밝고 생동감이 넘치네요.

전쟁에 반대하는 기조에서도 드러나듯, 히피들은 이 세상엔 폭력을 쓰지 않고도 해결할 수 있는 문제가 많다고 제창했어요. 그런 의미에서 〈All You Need Is Love〉는 유쾌하고 대중적인 항거 방식인 셈이죠. 이처럼 비틀스는 자기 목소리를 내는 청년들의 선봉장이었어요. 게다가 그들은 직접 작사·작곡·연주까지 다 해냈는데 이것이야말로 자신들의 가치를 직접 결정하고 그 행보를 스스로 개척하는 가장 이상적인 젊은이의 모습으로 비쳤죠. 자신들이 만든 음악으로 내는 목소리인 만큼 더 진정성 있게 어필되었고요. 비틀스는 또한 언론에 주눅 들지 않고 당당하고 유쾌한 태도로 일관하면서 더더욱 청년들의 '워너비'가 되었어요.

슬로건으로 쓰이는 비틀스의 음악
'All You Need Is Love'는 오늘날 인권 운동의 문구로도 자주 사용될 만큼 영향력이 있다.

알면 알수록 단순한 아이돌 그 이상이었네요.

예술가가 된 대중음악가

잘 생각해보면 시대를 풍미한 연예인들은 언제나 차고 넘쳤어요. 하지만 잔인하게도 인기는 영원하지 않은 법이죠. 오죽하면 '반짝스타'라는 말이 있을까요. 그렇기에 그때 그 시절 빛바랜 추억이 아닌, 언제나 현재 진행형 전설로 자리한다는 건 거기에 더욱 특별한 비결이 있다는 뜻일 거예요. 비틀스에겐 대중문화가 꽃피던 시기에 등장했다는 기가 막힌 타이밍과 음악을 잘 만든다는 재능도 있었지만, 한 가지가 더 있었죠.

운과 재능 말고도 뭐기 더 있다고요?

비틀스는 현실에 안주하지 않았어요. 끝없는 실험정신을 발휘했고 예술적 완성도에 집착했죠. 한마디로 가장 상업적인 성공을 거두었을 뿐만 아니라 가장 아방가르드한 작품세계를 추구한 행보가 비틀스를 지금까지 '살아있게' 만든 거죠. 예컨대 1967년 6월 1일 발매한 여덟 번째 정규앨범 《Sgt. Pepper's Lonely Hearts Club Band》는 대중음악계의 분기점과 같은 작품이라 할 수 있어요. 당시 『타임』지는 "팝을 예술의 경지에 올려놓은 앨범"이라고 극찬할 정도였죠. 앨범 구성부터가 남달랐는데요. QR코드를 찍어서 앨범 표지 이미지를 한번 볼까요?

알록달록하면서도 복잡해서 현대미술을 보는 것 같아요.

제복을 입고 중앙에 선 네 명이 바로 비틀스 멤버들인데 그 주변으로 여러 인물이 옹기종기 모여 있죠. 그런데 그 모양새가 좀 어수선하지 않나요? 누구는 흑백, 심지어 그림으로 표현했고요. 조금만 유심히 보면 모두 잡지에서 이미지들을 오려 붙여놓은 듯한 연출이 가미된 걸 알 수 있어요. 피카소가 신문지, 우표, 상표 등을 붙이는 콜라주 기법으로 미술의 새로운 개념을 제시한 것처럼 대중음악 앨범 표지에 한 폭의 예술 작품이 구현되었죠. 이 이미지가 한층 더 재미있는 건 그 안에 이야기가 깃들었기 때문이에요. 앨범 제목에 힌트가 있답니다.

안 그래도 제목이 엄청 길다고 생각했어요.

직역하자면 '페퍼 상사의 외로운 마음 클럽 밴드'라는 뜻으로 보통 줄여서 Sgt. Pepper, 즉 '페퍼 상사'라고들 부르죠. 이 앨범에서 멤버들은 비틀스가 아닌 다른 밴드가 된 것처럼 연기하고 있어요. 과거 빅토리아 여왕 시대 가상의 군악대가 되어 한 편의 쇼를 펼친다는 설정이죠. 아까 봤던 콜라주 형식의 인물들은 자연스레 관중으로 자리하고요. 이전까지 앨범이라는 개념이 그저 음악들을 엮은 모음집이었다면 비틀스를 계기로 앨범은 특정 세계관을 가지고 그에 따른 콘셉트와 이미지 등이 결합해 하나의 종합 예술로 진화한 거예요. 워낙 참신하고 기발한 앨범이라 비틀스 역사상 가장 많이 팔린 앨범으로 기록되기도 했죠.

(위)20세기 초 브라스 밴드 (아래)오늘날 왕실 근위대
19세기 빅토리아 여왕 시대는 제국주의의 팽창과 산업화가 절정에 이른 시기이자, 대영제국의 영광을 고취하는 문화가 꽃피던 시절이었다. 당시 화려한 제복을 입은 채 위풍당당한 모습을 뽐낸 군악대는 시대의 상징과도 같았고, 이러한 문화는 점차 대중화되어 1960년대에 이르면 미학적으로 차용 및 재해석되곤 했다. 오늘날에도 군악대의 전통을 잇는 왕실 근위대의 행진은 영국을 대표하는 풍경으로 여겨진다.

요즘 아이돌 앨범도 비슷해요. 그룹마다 세계관이 없으면 섭섭할 만큼 콘셉트에 공을 들이잖아요.

물론 비틀스가 보이는 것에만 신경을 쓴 건 아니었어요. 비틀스답게 노래 또한 신박했죠. 앨범 이름과 동명의 곡인 〈Sgt. Pepper's Lonely Hearts Club Band〉를 들어볼게요.

축제 분위기가 물씬 나네요. 마치 '페퍼 상사 밴드'의 콘서트에 온 것 같아요.

비틀스가 의도한 게 딱 그런 반응이었죠. 앨범의 첫 번째를 장식한 이 곡은 독립된 곡이면서도 마치 오페라 서곡처럼 기능해요. 전체 앨범의 분위기를 제시하면서 앞으로 이런 일이 일어날 거야 예고하는 것과 비슷하죠. 곡의 도입부에 나오는 관중의 환호와 박수 소리는 마치 라이브 공연의 오프닝에 함께 있는 기분을 내고요. 실제로 이런 재기발랄한 비틀스의 음악적 시도에 클래식 음악가들 역시 감탄하지 않을 수 없었는데요. 미국의 세계적인 지휘자이자 작곡가 레너드 번스타인은 비틀스를 "우리 시대의 슈베르트"라고 칭송했어요. 사실상 클래식의 시대가 저물어가고 대중음악이 그 자리에 들어서는 순간이라 할 수 있죠.

대중음악과 클래식은 분야가 완전히 다르다고 생각했는데 꼭 그런 것도 아닌가봐요.

어떤 대중음악은 그저 스쳐 지나가는 유행가가 아니에요. 비틀스를 기점으로 대중음악은 시대를 표현하는 매개체이자 세대를 대표하는 도구, 나아가 사회를 변화시키는 큰 파도가 되었죠. 그래서 비틀스 현상과 그 음악들을 비평의 대상이자 탐구의 목적으로 삼는 거고요. 이를테면 사람들은 비틀스의 노래가 품은 의미를 토론하기 시작했어요. 실제로 대학 수업 과정으로도 포함될 만큼 비틀스에 관련된

학술 연구는 계속되고 있는데요. 대표적으로 2009년 영국 리버풀 호프 대학교에서는 '비틀스학과'를 개설하여 이목을 끌었습니다.

학과 자체가 비틀스라고요? 공부하는 기분이 안 들 것 같아요.

정치적·사회적·문화적 맥락에 따라 비틀스와 대중음악을 탐구하는 석사과정이라고 해요. 우리나라에도 2015년 경희대학교 포스트

모던음악학과에서 '비틀스 클래스'를 개설한 적이 있으니 국내외 비틀스를 대하는 태도가 생각보다 더 진지하고 깊다고 할 수 있죠. 당연히 연구서와 논문, 전기를 비롯한 서적은 셀 수 없이 많고요. 이처럼 비틀스는 상업적으로만 취급된 대중음악을 예술적 상상력의 영역으로 끌어들인 최초의 대중음악가였어요. 비틀스로 인해 대중음악의 위상이 달라졌죠. 여기서 다시 한번 오늘날의 '클래식'인 비틀스의 면모를 확인할 수 있겠죠?

이렇게 위대한 예술가를 여태 알아보지 못했네요.

비틀스가 대단한 그룹인 건 맞지만 이들 역시 젊은 청년들이었어요. 성장하는 내내 좌충우돌하는 일이 많았고 그 과정에서 생긴 시행착오와 갈등도 수두룩하죠. 드디어 비틀스의 모든 걸 만나볼 시간이 왔습니다. 그들이 알을 깨고 나오기 전, 세상 누구도 '비틀스'라는 존재를 알지 못하던 시절부터 함께 가볼까요?

필기노트
02. 만인의 사랑을 받기 위해

대중음악은 19세기 말에서 20세기 초, 미국에서 본격적으로 등장했다. 녹음 기술 발전에 따라 음악이 음반의 형태로 대량 생산 및 유통되기 시작하자, 대중음악은 상품으로서의 가치가 중요해진다. 컨트리와 블루스를 비롯한 다양한 대중음악이 오늘날 우리가 향유하는 음악의 뿌리가 되었으며, 그중 비틀스는 상업성과 예술성을 모두 잡은 최초의 대중음악가로 끝없이 소환되고 있다.

대중이 사랑한 음악

대중음악 다수의 청자를 대상으로 하는 음악. ⋯→ 19세기 말 음악을 녹음하여 음반 형태로 만들고 이를 대량 생산 및 유통함에 따라 발전함.

컨트리
- 백인 이민자들의 일상을 노래함.
- 유럽 민속음악적 요소와 어쿠스틱 기타 사운드.
- 1920년대 말 음반에 담겨 확산됨.

블루스
- 흑인 노예들의 울분과 고단함을 노래함.
- 블루노트, 노골적 가사.
- 1930년대 농촌인구의 이주에 따라 도시 블루스가 탄생함.
  → 대중음악 파생의 뿌리.

음악을 사고파는 시대

미디어의 권력화 20세기 초 라디오의 발달로 음악이 불특정다수에게 전달되기 시작함. → 음악 산업 내 경쟁 본격화.

대중음악 산업의 이면

(1) 상품이 된 음악: 전통적 창작 기법에서 벗어나 대중의 취향에 맞는 문법과 분업 노동이 바탕이 됨.

(2) '가수'의 음악: 가수의 이미지, 캐릭터에 따라 음악이 소비됨.

(3) 원본 없는 음악: 스튜디오 레코딩이 발달하면서 창법부터 녹음까지 모두 편집이 가능해짐.

20세기의 '클래식'

청년 시대의 리더
- 기성세대 및 관습에 반하여 개인의 자유와 사랑을 추구하는, 청년 하위문화가 본격화한 1960년대. ⇒ '자기 목소리를 내는 청년'의 대표주자가 된 비틀스.

예술가가 된 대중가수
- 상업적으로 취급받던 대중음악을 예술의 경지로 끌어올린 최초의 대중음악가. ⇒ 비틀스를 '클래식'으로 보는 이유.

II

변두리에서 중심으로

- 비틀스의 결성

로큰롤이 갈라놓은 시간

항구의 바람은 오래된 멜로디를 밀어냈다.
소년들은 손끝으로
전혀 다른 시간을 연주하기 시작했다.
거칠고 빠른 기타 소리에 맞춰
세대의 경계가 흔들렸다.

로큰롤은 여러 음악적 물줄기가 한데 모인 강과 같다.
리듬앤드블루스부터 재즈, 래그타임,
카우보이 송, 컨트리, 포크까지
모든 음악이 이 엄청난 비트에 기여했다.

- 앨런 프리드

01

시대가 허락한 반란

#리버풀 #쿼리멘 #스키플 #로큰롤 #로커빌리
#홍키통크 #블루그래스 #틴에이저 문화

아무리 목청 좋고 화려한 개구리라도 올챙이 적이 있는 법이죠. 비틀스 역시 평범한 소년 시절이 있는데요. 이들이 제대로 된 밴드로 거듭나기까지의 여정을 따라가볼까요?

비틀스의 어린 시절이라니 무척 궁금해요!

워낙 전설적인 그룹이라 비범한 신동이었다거나 하다못해 명문가 자제였을 것 같지만, 놀랍게도 비틀스의 출신 배경은 그와는 거리가 좀 있어요. 멤버들은 모두 영국 리버풀에서 태어나 평범하게 자랐어요. 리버풀은 런던에서 북서쪽으로 300킬로미터 정도 떨어진 곳에 있는데 오늘날 축구로도 유명한 도시죠. 리버풀 여행을 꿈꾸는 사람들 중 절반은 비틀스 팬, 나머지 절반은 축구 팬이라고 해도 과언이 아닐 거예요.

하긴 저도 축구 말고는 리버풀에 대해 아는 게 없어요.

영국 리버풀 전경

리버풀의 위치

리버풀은 오래전부터 해상무역이 활발했던 영국 최대 항구도시예요. 바닷길이 열린 곳이다 보니 세계대전 당시에는 물자를 나르는 보급 요새 역할을 했죠. 그만큼 이곳은 적군의 주요 표적이라서 결국 2차 세계대전 이후 폐허가 되었어요. 게다가 리버풀 주민 대부분이 노동계급이었던지라 이들은 생계에 큰 타격을 입었죠.

앞서 비틀스의 멤버가 네 명이라고 했죠? 존 레논과 링고 스타가 1940년생, 폴 매카트니가 1942년생, 그리고 조지 해리슨이 1943년생이에요. 2차 세계대전이 1945년에 끝났으니 멤버들은 한마디로 전쟁의 포화 속에서 태어난 셈이죠. 여타 리버풀 사람들처럼 이들 역시 노동계급 출신이었고요.

노동계급이면 노동자 집안이었다는 거죠?

네, 계급이라는 말이 다소 어색하게 들리죠? 그런데 영국은 알게 모르게 여전히 계급의식이 존재하는 나라입니다. 대놓고 사람들을 분리하거나 심각한 차별을 하지는 않지만, 은근히 출신 지역과 가문, 경제 수준, 문화, 생활 환경 등에 따라 급을 나누고 무리 지어 지내는 경우가 많아요. 왕족, 귀족과 같은 상류층의 일상을 우러러보는 시선이 남아 있는 것도 사실이고요. 현대에는 주로 직업에 따라 계층이 분류되는데, 그중 노동계급은 상류층, 중산층보다 아래에 있는 계급이에요. 노동을 해야 생계를 이어갈 수 있고 보수 또한 그리 높지 않은 집단이죠. 비틀스가 유년기를 보낼 당시는 전쟁 직후였으니 더욱더 살기 팍팍했겠죠.

설마 학교도 못 다닐 정도로 어려웠던 건 아니죠?

다행히 영국은 사회보장제도가 발달한 복지국가여서 학교 가는 데엔 문제가 없었어요. 1940년대부터 무상으로 중고등교육을 제공하기 시작했으니 비틀스 멤버들이 이 제도의 초창기 수혜자였던 셈이죠. 예컨대 영국 아이들은 초등 교육의 마지막 해에 치르는 표준 시험에 통과하면 학비 걱정 없이 중학교에 갈 수 있었어요. 보통 11살에 보게 되는 이 시험을 '일레븐 플러스'라고 불렀는데요. 특히 매카트니와 해리슨은 공부도 곧잘 하는 학생이라 리버풀 명문 학교였던 리버풀 인스티튜트에 합격해 시내로 통학하며 양질의 환경을 보장받았죠. 레논의 상황은 이보다 조금 더 복잡했지만요.

주목받고 싶은 골목대장, 레논

1940년 10월 9일에 태어난 존 윈스턴 레논은 노동계급보다는 중산층에 가까운 환경에서 성장했어요. 비록 친부모는 아니었지만 레논을 키운 이모네가 낙농업을 한 덕분에 큰 부족함 없이 지낼 수 있었죠.

저런, 부모를 일찍 여읜 건가요?

존 레논의 아버지인 프레드 레논은 뱃사람이었어요. 자주 항해를 떠나 집을 비웠고 나중엔 연락마저 두절되었죠. 어머니 줄리아 스탠리는 당시 아이를 혼자 낳았고 이후 재혼 문제로 존 레논을 키울 여력이 되지 않자 아이를 언니에게 맡겼어요. 자식이 없던 미미 이모네는 어린 레논을 지극정성으로 양육했고 재혼한 줄리아 역시 레논을 방치하지 않고 종종 보러 왔어요. 이모는 좀 엄격했지만 이모부는 항상 너그러워서 아이의 응석을 다 받아주었다고 해요. 그런데 레논이 15살이 되던 해 자상했던 이모부가 사망하고 맙니다.

가정환경이 최악은 아니었지만 어릴 때부터 사연이 많았네요.

사랑받으며 성장했어도 마음 한 켠에는 채워지지 않은 공허함이 있었던 것 같아요. 쿼리뱅크 중고등학교에 입학한 12살의 레논은 공부에는 흥미를 못 붙인 채 반항적이고 공격적인 비행 청소년이 되었거든요. 사실 도버 데일 초등학교를 다닐 때부터 골목대장이었던 레논은 훗날 "주목받고 싶어서 일부러 아이들에게 싸움을 걸기도 했다"고 회상했죠.

유독 관심받고 싶어 하는 아이들이 있긴 하죠. 그래도 연예인 성격으론 제격 아닌가요?

재밌는 발상이네요. 이모부가 돌아가신 이후 레논은 친엄마인 줄리아와 더 가깝게 지냈어요. 엄격했던 이모와 달리 줄리아는 상냥하고 자유로운 영혼의 여성이었는데요. 자기를 닮아 자유분방하고 창의적인 레논이 때로 엇나가는 행동을 해도 관대했고 그만큼 엄마라기보단 젊은 이모나 큰누나 같은 존재였죠. 레논에게 벤조를 가르쳐주고 처음으로 어쿠스틱 기타를 사준 것도 줄리아였어요.

환상의 모자지간이네요.

안타깝게도 어머니와의 추억은 그리 오래가지 않았어요. 레논이 18살이던 1958년, 줄리아가 경찰차에 치여 사망하고 말죠. 레논은 엄청난 충격을 받았고 이 상실감은 성인이 된 이후에도 큰 상처로 자리합니다. 예컨대 1968년에 그는 어머니를 그리며 〈Julia〉라는 곡을 만들었죠. 사랑하는 엄마를 잃었을 때 어린 레논의 마음을 달래주었던 것도 음악이었어요. 그는 2년 전 조직했던 밴드 활동에 온전히 몰입하기 시작해요.

밴조
미국의 대표적인 민속악기로 기타처럼 줄을 뜯어서 소리를 내는 발현악기다. 서아프리카 악기에서 유래된 것으로 보며, 흑인 노예들로부터 유입된 후 대중적인 사랑을 받는다. 줄리아에게 밴조를 배운 레논은 쿼리멘 시절에도 이를 연주에 활용했다.

드디어 음악가 레논의 모습이 나오는 건가요?

아직까진 아마추어 학교 밴드였지만 전설의 시작인 건 맞죠. 레논은 친한 친구였던 피트 쇼턴, 아이반 본 등과 함께 이 밴드를 결성했는데 다니고 있던 학교가 쿼리뱅크라서 밴드 이름을 '쿼리멘'으로 지었어요. 한창 멋부리기를 좋아했던 나이인 만큼 쿼리멘 멤버들은 일명 테디보이 스타일을 고수했는데요. 달라붙는 바지에 헐렁한 재킷을 입고 끝이 뾰족한 신발을 신었던 아이들은 일제히 당대 최고 스타 엘비스 프레슬리처럼 머리에 기름을 발라 뒤로 넘기고 다녔죠.

테디보이 스타일이라니 이름이 특이해요!

테디보이 스타일
1950년대 영국 런던의 청소년들 사이에서 유행했던 스타일. 에드워드 7세 시대의 의복 스타일을 따라 입기 시작하며 번진 하위문화다.

테디는 에드워드 7세의 애칭으로, 이 스타일 자체가 에드워드 7세 통치기에 유행했던 옷에서 유래했어요. 1950년대 영국 노동계급 청소년들이 과거 상류층의 전유물이었던 패션을 모방한 게 바로 테디보이 스타일이죠. 앞머리를 포마드로 바짝 올린 헤어스타일과 통이 좁은 바지 등은 그때의 의복을 한껏 과장한 형태로, 은연중에 상류층을 동경하면서도 반항하고 싶은 마음이 공존한다고 볼 수 있죠. 지금 보면 촌스럽고 과할지 몰라도 좀 꾸밀 줄 안다 싶은 아이들은 모두 저렇게 입었어요.

쿼리뱅크 학교 친구들끼리 그렇게 입고 몰려다니는 모습이라니, 상상만으로도 재밌네요.

사실 쿼리멘의 멤버 전원이 같은 학교에 다닌 건 아니었어요. 예컨대 아이반 본은 리버풀 인스티튜트 학생이었죠. 비록 다른 학교로 진학했지만, 어린 시절부터 친구였던 레논과 방과 후 계속 어울리면서 쿼리멘 활동도 같이 한 거예요. 아이반 본은 자기가 다니는 리버풀 인스티튜트에서 재능이 있는 친구들을 종종 쿼리멘에 데려오곤 했는데, 그러다가 역사적으로 굉장히 중요한 만남을 주선하게 돼요. 바로 존 레논과 폴 매카트니의 만남이었죠.

음악에 빠진 범생이, 매카트니

레논과 매카트니는 1957년 7월 6일에 처음 대면했어요. 그날 쿼리멘은 리버풀 교외에 있는 울턴 교구의 성 베드로 교회 가든파티에서 공연이 있었는데 중간 쉬는 시간에 매카트니와 만나게 되죠. 매카트니는 기타를 조율하고선 노래 몇 곡을 불렀고 그의 기타 실력을 눈여겨본 레논은 쿼리멘 영입을 제안했어요. 그렇게 매카트니는 쿼리멘 멤버가 된답니다.

아이반 본 입장에선 자기가 데려온 친구가 오디션을 통과한 거니까 뿌

성 베드로 교회에 있는 기념 명판
울턴 교구의 성 베드로 교회에 가면 레논과 매카트니의 첫 만남을 기념하기 위한 명판이 설치되어 있다. 명판 끝자락엔 "폴을 만났던 날, 그날이 모든 게 굴러가기 시작한 때였다"라는 레논의 말이 적혀 있다.

듯했겠어요.

맞아요. 사실 아이반 본은 이때 음악에 별 관심이 없었기 때문에 쿼리멘에 오래 함께하진 않았어요. 하지만 레논과 여전히 친한 동네 친구였고, 이들이 비틀스로 성공한 후에도 인연을 이어갔죠. 훗날 1993년 세상을 떠났을 때 매카트니가 그의 장례식에서 노래를 부르기도 했답니다.

그맘때는 적성보단 친구 따라 하는 일이 많긴 하죠. 그래도 덕분에 레논과 매카트니의 인연도 시작되었네요.

재밌는 건 그렇게 평생 친구이자 동료로 지낸 레논과 매카트니의 성격이 완전 달랐다는 거예요. 1942년 6월 18일에 태어난 제임스 폴 매카트니는 모범생 그 자체였죠. 14살의 나이로 어머니를 일찍 여읜 매카트니는 남동생과 함께 아버지의 손에서 자랐는데 영특하고 명석한 두뇌를 자랑하는 학생이었어요. 면화 세일즈맨이었던 아버지는 나름 안정된 돈벌이로 아들 둘을 잘 키워냈죠. 매카트니는 공부는 물론 글쓰기에도 뛰어난 재능을 보였다고 해요. 일레븐 플러스 시험도 잘 본 덕에 명문 학교인 리버풀 인스티튜트에 들어갔고요.

공부를 싫어하고 비행을 일삼던 레논과는 완전 다르네요.

하지만 매카트니도 리버풀 인스티튜트에 들어가서는 점점 공부에 흥미를 잃었어요. 대신 음악을 하기 시작했죠. 이런 타이밍에 레논을 만났으니 얼마나 신이 났을까요. 그 둘은 학교는 뒷전으로 미루고 매카트니의 아버지가 집을 비운 사이 거기서 기타 코드를 연습하며 시간을 보냈어요. 다만 성적도 우수하고 모범생이었던 아들이 점점 기타만 붙잡고 불량 청소년과 어울리고 있으니 매카트니 아버지 눈에는 탐탁지 않았겠죠.

세상 모든 아버지가 그랬을 거예요.

다행히 매카트니의 음악 사랑은 빠르게 지나가는 바람 같은 게 아니었어요. 그만큼 밴드 활동에도 열의가 넘쳤고요. 1958년 무렵 매카트니는 밴드에 멤버 한 명을 영입하고 싶어 직접 제안까지 하죠. 그게 바로 비틀스의 막내 조지 해리슨이었어요. 한 학년 아래였지만 같은 통학 버스를 타고 다니며 알게 된 해리슨은 기타라는 공통점으로 매카트니와 친해졌는데요. 매카트니는 해리슨의 기타 실력이 당시 스타들을 흉내 내며 폼만 잡던 여느 아이들과 차원이 다르다고 생각했어요.

자유로운 영혼, 해리슨

쿼리멘에 들어온 해리슨은 16살이 채 되지 않았던 어린 학생이었어요. 3살 차이 나던 레논의 눈에는 훨씬 더 앳되어 보였죠. 그럼에도

리버풀 공연예술 전문학교
1996년 폴 매카트니가 설립한 학교이며 영문 약자로 리파(LIPA)라고도 부른다. 매카트니와 해리슨이 다니던 리버풀 인스티튜트가 그 전신으로, 1985년 폐교된 이후 방치된 상태였다. 매카트니가 옛 학교 건물을 어떻게 활용할 수 있을지 고민하다가 공연예술 전문학교로 탈바꿈시켰다.

워낙 실력이 출중해서 레논 역시 멤버가 되는 걸 환영했어요.

와 벌써 비틀스의 3명이 모였네요! 게임 캐릭터를 모으는 기분이에요.

과연 언제 완전체가 될지 지켜봅시다. 그사이 우여곡절이 꽤 있었거든요. 다시 해리슨 이야기로 돌아가자면, 1943년 2월 25일 태어난 조지 해리슨은 밴드뿐만 아니라 가족 중에서도 막내였어요. 다른 비틀스 멤버들이 외동 아니면 형제가 둘밖에 없던 것과 달리 해리슨은 유일하게 형제가 본인 포함 네 명이나 되었어요. 전형적인 노동자 집안으로 아버지는 버스 운전사였고 어머니는 상점 점원이었죠. 해리슨 역시 매카트니처럼 공부를 곧잘 해서 리버풀 인스티튜트에 들어갔지만 점차 공부에 흥미를 잃었어요.

해리슨도 음악에 빠져버렸군요.

그것도 있지만 해리슨은 꽤 반항심이 있는 아이였어요. 특히 선생들이 강압적이고 비상식적으로 아이들을 교육한다는 데 불만이 많았죠. 레논처럼 대놓고 싸움이나 탈선행위를 하진 않았어도 괴상한 옷차림을 하고 머리를 기르는 등 외모를 튀게 꾸미는 게 해리슨이 유일하게 반항하는 방식이었어요.

멋진데요. 뭔가 태생부터 예술가인 느낌이에요.

사실 비틀스 하면 사람들은 존 레논과 폴 매카트니를 우선 떠올려요. 그에 비해 해리슨의 존재감은 가려진 듯한 경향이 있죠. 하지만 해리슨은 두 멤버 못지않게 천부적인 재능이 있는 음악가였어요. 비틀스 대표곡 중에 알고 보면 그의 자작곡인 것도 꽤 있고 솔로 활동에서 세운 업적도 대단하죠. 1969년 발표된 비틀스의 〈Something〉이 대표적이에요. 앞서 만나본 〈Yesterday〉에 이어 비틀스 곡 중 두 번째로 많이 커버된 곡이기도 하죠.

어디서 들어봤는데 이 노래가 해리슨이 만든 곡이군요!

해리슨의 곡들은 그가 워낙 뛰어난 기타리스트였기 때문에 기타 연주가 돋보이는 경우가 많아요. 14살쯤 학교 친구에게서 산 중고 기타가 해리슨의 첫 기타였는데요. 이후 친구들과 밴드를 만들거나 다른 그룹에 끼어서 음악을 하다가 쿼리멘을 만나게 된 거죠.

멤버들 모두 캐릭터가 확실하네요.

성격도, 취향도 모두 달랐지만 이런 차이가 오히려 비틀스의 음악을 풍부하고 다양하게 만들었어요. 무엇보다 비틀스 음악의 대부분을 작사·작곡했던 레논과 매카트니는 성향이 완전히 정반대였는데요. 서로 부족한 점을 채워주면서 곡의 균형을 잡는 데엔 그 역할을 톡톡히 했죠. 학생 신분으로 처음 만나 음악을 시작한 두 소년이 대중음악 역사에 한 획을 그은 거장으로 함께 성장했다는 게 신기하지 않나요?

환상의 콤비

그럼 레논과 매카트니가 곡마다 작사와 작곡을 분담한 건가요?

명확히 분담했다기보단 모든 걸 긴밀하게 협업해서 곡을 만들었어요. 비틀스 음악 상세 정보를 보면 '레논-매카트니'라는 표기를 자주 볼 수 있는데요. 초창기부터 작업을 함께하던 둘은 기여도를 따지지 않고 모든 곡의 명의를 '레논-매카트니'로 하자고 약속했어요. 그래서 설령 곡 대부분을 한 명이 만들고 나머지는 의견만 보탰어도 작사·작곡은 '레논-매카트니'로 나갔죠. 매카트니가 혼자 다 만든 〈Yesterday〉가 그 예시겠네요.

레논이 직관적으로 곡의 아이디어를 떠올리고 가사로 표현하는 데에 탁월했다면 매카트니는 대중적인 선율을 붙이고 화성을 구성하는 재능이 있었어요. 각자 잘하는 게 다른 만큼 지향하는 곡 스타일도 달랐죠. 레논은 인터뷰에서 "내가 슬픔, 불화, 우울한 면에 대해 노래할 때 매카트니는 밝고 긍정적인 면을 불어넣었다"고 할 만큼 둘은 상호보완적 관계였어요.

정말 말 그대로 환상의 콤비네요.

이처럼 기타 연습에 열중했던 둘은 점차 작곡·작사에도 뛰어들었고, 쿼리멘 시절 만들었던 곡을 훗날 비틀스 앨범에 싣기도 했어요. 〈One After 909〉이 대표적이죠. 이 곡은 1957년 17살이던 레논이 만들었는데 오랫동안 습작품으로 남아 있다가 비틀스 결성 이후인 1963년 싱글 발매를 목표로 녹음을 마친 상태였어요. 그러나 당시 프로듀서와 멤버들의 반응이 영 좋지 않던 탓에 6년 후인 1969년에서야 라이브 공연으로 처음 선보였고, 그다음 해 정규앨범 《Let It Be》에 정식 수록되죠. 사실 《Let It Be》는 비틀스의 공식적인 마지막 정규앨범이에요. 마지막 앨범에 초창기 곡을 실은 거죠.

해산할 시기에 나왔다고 해도 역시 10대였을 때 만든 곡답게 밝고 신나요.

강렬한 리듬과 빠른 박자감이 쿼리멘 시절 대중음악에 돌풍을 일으키고 있던 로큰롤과 비슷하죠. 레논이 노래를 끄적이던 그해, 즉 1957년에 나온 척 베리의 〈로큰롤 뮤직〉을 들어보면 비슷한 느낌을 받을 수 있을 거예요. 음악의 소재 자체도 향수를 불러일으키는데, 이 〈One After 909〉은 "나는 909호 그다음 열차를 타겠다는 그녀를 따라갈 테야"라는 내용을 담고 있어요.

기차를 탄다는 게 노래 내용이라고요?

다소 생뚱맞아 보이지만 당시만 해도 기차가 사람들을 원하는 곳으로 데려다주는 첨단 교통수단이었기 때문에 이를 소재로 한 노래들이 많이 나왔어요. 유행에 민감한 10대 소년답죠?
그런 의미에서 매카트니의 초창기 곡도 만나보죠. 매카트니가 갖고 있던 풋풋한 음악적 감성을 엿볼 수 있을 거예요. 바로 〈Michelle〉이라는 곡으로, 매카트니가 1959년쯤 인생 첫 기타로 만든 노래 중 하나예요. 프랑스풍 발라드곡이라고 알려지면서 각별히 프랑스어권 나라의 사랑을 많이 받는데요. 실제로 가사를 보면 프랑스어가 섞여 있는 걸 볼 수 있죠.

매카트니가 프랑스어도 잘했나요?

Michelle, Ma belle.
Sont les mots qui vont très bien ensemble.

사실 이 곡은 귀여운 허세가 깃들어 있어요. 이때 리버풀에서는 프랑스 보헤미안의 문화가 유행했어요. 특히 파리 센강의 좌안인 리브 고슈에서 보헤미안 문화가 유독 발달했는데, 이곳의 자유로운 분위기가 매카트니같은 리버풀 청년들 눈에는 멋있어 보였던 거죠. 그래서 그는 레논이 다니던 대학교 파티에 갔을 때 프랑스어처럼 들리게 끔 노래를 만들어서 주목을 끌었다고 해요. 반은 장난식으로 시작했던 시도였지만, 시간이 한참 흐른 1965년에 비틀스의 여섯 번째 정규앨범 《Rubber Soul》을 제작하던 중 그때 일이 생각난 레논이 다시 작업해볼 것을 권유했고 그렇게 세상에 나오게 되었죠. 이때 매카트니는 제대로 된 곡을 만들려면 진짜 프랑스어 가사가 필요하다고 생각했는데요. 오랜 친구였던 아이반 본의 아내가 프랑스어 선생님이어서 그녀에게 도움을 청합니다. 미셸(Michelle)이라는 프랑스어 여자 이름과 운율이 잘 맞는 프랑스어 'Ma belle'을 엮은 가사가 이렇게 탄생하죠.

아이반 본이 여기서 또 등장하네요. 가사 뜻이 점점 궁금해지는데요?

프랑스 파리의 레프트 뱅크
레프트 뱅크는 강의 왼쪽 기슭 즉 좌안이라는 뜻이다. 한편 고유명사로의 레프트 뱅크, '리브 고슈'는 센강을 기준으로 왼편에 자리한 지역을 말한다. 20세기 초중반 이곳에는 파블로 피카소, 어니스트 헤밍웨이, 장폴 사르트르 등 예술가와 지식인들이 모여 살면서 자유분방한 문화와 분위기가 꽃폈다. 에펠탑, 오르세 미술관, 봉 마르셰 백화점 등 주요 관광 명소들 역시 모여 있어 오늘날에도 인기가 많다.

"미셸, 나의 사랑 / 두 단어는 참 잘 어울려요."라는 뜻이에요. 프랑스에서 만들어진 샹송 가사였다면 조금 싱거울 수 있지만 영어 노래에 삽입된 프랑스어다 보니 색다른 매력이 있어요. 모국어가 아닌 외국어로 하는 서툰 고백이 더 진솔하게 들리는 것처럼요. 중간에 "I Love You"가 세 번 반복되는 구절은 레논이 채워 넣은 건데 〈Michelle〉이 한층 더 로맨틱한 곡으로 발돋움하는 데 포인트가 되었죠.

한국 가요에 나오는 영어 가사가 귀에 꽂히는 것과 비슷한 거네요!

'레논-매카트니' 콤비는 오랜 시간 함께 하며 엄청난 시너지를 냈어요. 성향이 너무나 달랐기 때문에 나중엔 결국 각자의 길을 가게 되지만 가장 반짝이던 젊은 시절을 서로의 존재와 재능으로 가득 채웠다는 사실은 변함없죠. 우린 그 일부를 비틀스의 음악으로 느낄 수 있고요.

정말 멋진 관계네요. 어릴 때부터 자작곡을 냈다니 대단하고요.

그래도 쿼리멘 시절에는 기본적으로 당시 유행하던 음악들을 커버할 뿐 자작곡은 거의 연주하지 않았어요. 이들 역시 1950년대 영국에서 스키플 붐이 일 때 탄생한 아마추어 스키플 밴드였으니까요.

리버풀을 휩쓴 스키플

20세기 초 미국에서 시작된 스키플은 오히려 이후 영국에서 큰 인기를 끈 음악이에요. 스키플은 음악적 장르로 확연히 규정된다기보단 포크 음악을 바탕으로 컨트리, 재즈, 블루스 등에 영향을 받은 말 그대로 '짬뽕된 음악'이에요. 기타와 벤조 등 제대로 된 악기 외에도 빨래판이나 항아리, 담뱃갑처럼 일상적인 물건을 악기 삼아 연주하는, 소위 말해 전문 지식이 없어도 누구든 음악을 즐길 수 있다는 게 큰 특징이죠.

아마추어가 하기 딱 좋은 음악이군요.

맞아요. 1950년대면 전쟁의 상흔이 남아있던 시기라 저렴하고 쉽게 구할 수 있는 악기가 눈에 들어왔을 거예요. 음악을 하고 싶은 청소년들에겐 더욱이요. 때마침 영국에서 가수 로니 도니건이 발매한 곡 하나가 대박 나면서 영국에 스키플 붐이 일었죠. 바로 〈록 아일랜드 라인〉이라는 노래인데요. 말 그대로 '록 아일랜드 라인'이라는 철도 노선에 대한 노래입니다. 마치 열차가 속도를 내서 신나게 달리는 모습처럼 처음엔 천천히 시작하다가 점점 박자가 빨라지면서 흥을 돋우는 구성인데 청소년들은 그 속도감 있는 비트에 열광했어요. 앞서 레논이 10대였던 시절 기차를 주제로 한 노래들이 유행이었다고 했죠? 〈록 아일랜드 라인〉이 그 유행의 중심에 있다고 해도 과언이 아닐 거예요. 그렇게 자리 잡은 스키플은 단지 한 장르의 인기를 넘어 영국 대중음악사의 큰 전환점이 되죠.

기차 얘기를 한다는 것 빼고는 제가 듣기엔 평범한 노래 같은데, 그 정도로 인기를 끌었다니 신기하네요.

새로운 음악이 매일 쏟아지는 오늘날은 말하자면 상다리가 휘어진 밥상과도 같아요. 어떤 반찬이 특출난 지 집어내기가 참 힘들죠. 하지만 1950년대를 살던 영국 청소년들은 여전히 1920년대에 유행한 미국의 재즈나 전형적인 팝 음악을 듣고 있었어요. 한마디로 케케묵은 음악만 있던 환경이었죠. 신선한 자극을 갈망하던 이때 마침 나온 로니 도니건의 음악은 빠른 속도감으로 절로 어깨를 들썩이게 했고, 열차가 내달리는 이미지의 가사까지 찰떡으로 붙으면서 청소년들을 단숨에 사로잡은 거예요. 스키플의 붐은 스키플 밴드의 유행으로 번졌고요.

아이들이 스키플을 좋아하다 못해 직접 하겠다고 나선 거네요.

〈록 아일랜드 라인〉을 들어보면 음악이 신나면서도 전혀 어렵지 않아요. 이처럼 밝고 통통 튀는 분위기와 단순한 가사의 반복은 누구든 기

'스키플의 왕' 로니 도니건
영국은 런던을 중심으로 역사적으로 중요한 장소들에 블루플라크라는 명판을 설치하는데 그중엔 〈록 아일랜드 라인〉의 녹음 장소에 대한 마크도 있다. "스키플의 왕", "대중음악사상 가장 영향력 있는 음악가 중 하나"라는 로니 도니건의 수식어가 눈길을 끈다.

타만 있으면 음악을 시작할 수 있다고 속삭이는 것 같았죠. 실제로 스키플이 그렇게 아마추어적인 악기와 연주에서 시작된 음악이기도 하고요. 그 당시 리버풀은 미국 문화가 런던보다 더 빨리 들어오는 곳이었어요.

수도인 런던보다 빨랐다고요?

2차 세계대전 이후 미국 무역의 활로를 되찾기 위해 주 1회 대서양 횡단 노선을 갖추고 있던 터라 그만큼 미국에서 건너온 모든 것들은 리버풀 땅을 먼저 밟았죠. 그러니 리버풀 청소년들은 누구보다 최신 유행에 민감했어요. 1950년내에만 3만 개가 넘는 밴드가 만들어져서 이때 리버풀을 중심으로 활동했던 밴드 음악을 따로 지칭할 정도였죠. 리버풀을 따라 흐르는 강인 머지강의 이름을 따서 머지비트, 머지사운드라고 부르면서요.

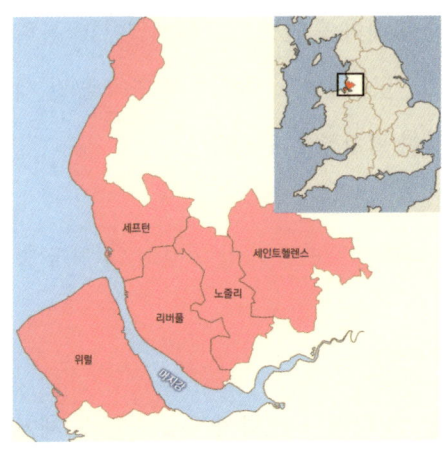

머지사이드
머지강에 인접한 영국 잉글랜드의 주, 머지사이드는 다섯 개의 광역 자치구가 있으며 그중 리버풀이 경제와 문화의 중심지 역할을 한다.

당연히 비틀스가 대표적인 머지사운드였겠어요.

맞아요. 〈록 아일랜드 라인〉이 영국 음악 차트에서 인기를 끈 것을 시작으로 영국 대중음악의 문을 열었다면, 스키플 밴드로 시작한 비틀스는 최고의 밴드로 성장하며 대중음악이라는 거대한 산 정상에 깃발을 꽂았죠. 이제 영국이 세계의 대중음악을 꽉 잡고 가겠다는 선언처럼요.

혹시 2012년 개최되었던 런던 올림픽을 기억하나요? 올림픽은 언제나 개막식과 폐막식을 얼마나 근사하게 준비했는지에 이목이 쏠리곤 하는데요. 런던 올림픽은 여느 때보다 화려한 무대와 출연진으로 화제였어요. 특히

『머지비트』 표지
리버풀 로컬 밴드들의 소식을 다루는 음악 잡지. 1960년대 초 존 레논의 친구 빌 해리가 창간한 가운데 비틀스와 관련한 독점 소식도 다수 실렸다. 당시 리버풀이 속한 행정 구역 '머지사이드'는 연간 500여 개의 밴드가 결성 및 해체를 반복할 만큼 음악적 활기로 가득했다.

🔊 **폴 매카트니의 개막식 무대**가 인상 깊었죠. 비틀스의 명곡을 전 세계인이 입 모아 부르는 진풍경이 펼쳐졌으니까요.
[21]

넋 놓고 봤던 기억이 나요. 세계적인 스타들이 알고 보니 다 영국 출신이어서 놀랐어요.

비틀스는 물론 더 후, 퀸, 뮤즈, 원 디렉션, 스파이스 걸스 등 20세기

와 21세기를 주름잡은 가수들이 모두 영국 출신이라는 점에서 영국이 얼마나 음악 강국인지를 확실히 각인시켰죠. 비틀스 이후에도 영국은 계속해서 훌륭한 가수들을 배출하면서 일명 '브리티시 밴드'라는 브랜드를 공고히 해왔어요. 대중음악 종주국이 미국이라는 말이 무색할 정도로요. 사실 쿼리멘 시절에 레논과 매카트니가 빠져 있던 음악도 미국에서 건너온 음악이었는데 말이죠.

로큰롤 '혁명'

10대 시절 레논과 매카트니가 학교 수업을 빠지면서까지 심취한 미국 음악은 로큰롤이었어요. 특히 매카트니는 새로운 로큰롤 레코드가 미국에서 건너왔다고 하면 수단을 가리지 않고 가사와 코드를 따와서 레논과 연습했죠.

로큰롤이 정확히 뭔가요? 엄청 많이 들은 말이긴 한데…

로큰롤은 우리가 흔히 아는 록의 전신이라고 하는데 사실 로큰롤과 록의 경계를 명확히 구분하기는 어려워요. 1960년대로 넘어가면서 로큰롤(Rock'n Roll)의 사운드가 점차 거칠어지자 '앤 롤(and roll)'이라는 부드러운 느낌의 단어를 빼고 강한 어감만 남긴 채 '록(Rock)'으로 이름이 굳어진 거니까요. 그래서 이 강의에선 로큰롤을 1950년대 록 음악 정도로 이해하면 좋을 것 같네요.

'Rock'n Roll'이라 하면 무슨 바위를 굴린다는 뜻인가요? 장르 이름 치고는 이상한데요.

사실 그다지 좋은 의미는 아니에요. 직역하면 '흔들고 구른다'라는 뜻이지만 흑인들이 쓰는 속어에서 유래했기 때문에 원래는 성관계를 연상시키는 표현이죠.

그럼 더 이상한 거잖아요. 대체 어쩌다가 이런 이름을 갖게 된 거죠?

1951년 미국 클리블랜드의 인기 디스크자키였던 앨런 프리드가 자신이 진행하는 프로그램을 '로큰롤 파티'라고 부른 것이 그 시초예

앨런 프리드
미국 오하이오주 클리블랜드 라디오방송국에서 일한 앨런 프리드는 로큰롤이라는 용어를 최초로 쓰면서 유행을 이끌었다. 그는 "1950년대 미국 대중문화의 인종적 장벽을 허물었다"는 공로를 인정받아 1986년 로큰롤 명예의 전당에 이름을 올렸다.

로큰롤 명예의 전당
로큰롤 발전에 기여한 인물들의 업적을 기리기 위한 기념관으로 미국 오하이오주 클리블랜드에 있다. 로큰롤의 역사와 관련 자료를 가장 광범위하게 보유한 곳이며 이곳에 이름을 올리는 일은 굉장한 명예로 통한다.

변두리에서 중심으로

요. 리듬앤드블루스 음악을 소개하는 방송에서 백인 청취자들의 관심을 확 끌 만한 자극적인 워딩이 필요했죠.

리듬앤드블루스가 뭐길래 이름까지 새로 붙인 거죠?

앞서 미국 흑인들이 대거 도시로 이동하면서 델타 블루스, 즉 시골 블루스가 바쁜 도시 생활의 정서에 맞는 도시 블루스로 발전했다고 했죠? 도시 블루스는 시골 블루스에 비해 빠르고 격렬했으며 사운드도 강력했는데요. 1940년대를 지나며 스윙 재즈의 영향으로 신나는 리듬감이 더해지더니 그에 따라 주로 인생의 쾌락과 재미를 노래하게 되었죠. 그러면서 '리듬앤드블루스'라고 불리게 된 거예요.

결국은 블루스인 거네요.

맞아요. 블루스가 이렇게 경쾌하고 리드미컬하게 변하자 백인 청소년들까지 관심을 기울이기 시작해요. 이런 기류를 읽은 앨런 프리드가 인종 분리 정책이 횡행하던 당시 차별과 멸시의 대상이었던 흑인 음악에 대한 접근성을 높이기 위해 새 이름을 붙였고요.

아니, 그럼 이전에는 백인은 백인음악만 듣고 흑인은 흑인음악만 들었다는 거예요?

더 정확하게 말하면 초창기에는 음악 산업의 주체가 백인이어서 흑

루이스 조던의 팀파니 파이브
루이스 조던이 1938년에 결성한 팀파니 파이브는 1940년대 대표적인 리듬앤드블루스 그룹이다. 루이스 조던과 팀파니 파이브 멤버들은 흥겨운 연주와 더불어 탁월한 무대매너로 백인 청중들에게도 인기가 있어, 로큰롤 발전에 큰 영향을 미쳤다.

인을 위한 음악 시장 자체가 존재하지 않았어요. 이미 1920년대에 재즈 같은 흑인음악이 대중음악으로 소비되고 있었지만, 그 소비자는 엄연히 백인이었기 때문에 무대에 서는 사람이 흑인일 뿐 백인 청중의 입맛에 맞게 만들어졌죠. 하지만 점차 흑인 소비자층이 형성되면서 흑인 청중을 겨냥한 이른바 레이스 레코드(Race records) 산업이 생겨납니다.

그렇게 거리감이 있었는데 로큰롤이 그 인종의 벽을 허문 거네요.

그래서 로큰롤을 얘기할 때 "혁명"이란 표현을 자주 써요. 하지만 이런 표현은 마치 로큰롤이 갑자기 출현한 것 같은 인상을 준다고 비판받기도 하죠. 엄연히 리듬앤드블루스가 있음에도 그 흔적을 지우고 새 음악이 등장한 것처럼요.

오케 레코드사의 레이스 음악 광고지, 1927년
1920년대에 접어들면서 음반 산업은 아프리카계 미국인을 새로운 청중이자 소비층으로 인식하기 시작했다. 이 무렵 오케 레코드사는 흑인 커뮤니티에 흥보한 음반이 높은 판매량을 기록한 데서 가능성을 보았고 '레이스 음악'이라는 단어를 처음 사용하며 레이스 레코드 사업을 본격화했다.

이런 문제 의식은 곧 음악이 대중화되는 과정에서 장르의 이름을 붙이고 산업을 굴리는 주체가 어디까지나 백인이었다는 점으로 이어져요. 즉 흑인들의 정서와 언어를 존중해서 장르를 받아들였다기보다, 단지 유희의 대상으로 여기고 상업적 이득을 추구하는 과정에서 오히려 인종적 맥락을 희석했다고 볼 수 있죠.

미처 거기까진 생각하지 못했어요. 널리 퍼지면 무조건 좋은 줄 알았죠.

비록 로큰롤이 리듬앤드블루스를 다르게 부르면서 탄생한 장르라고 해도, 로큰롤의 등장 자체가 사회에 준 파장은 분명 혁명적이었어요. 지역적이고 인종적으로 나뉘어 있던 음악 산업 구조를 '세대별 시장'으로 재편시켜 버렸거든요.

음악의 내용 자체는 혁명적이지 않은데 시장의 판도를 바꾼 면에서 혁명적이라는 건가요?

좀 복잡한 내용일 수 있는데 잘 따라오고 있군요. 로큰롤은 그 위력을 아주 급작스럽고 요란하게 알리면서 부상했는데요. 그 신호탄이었던 최초의 로큰롤 히트곡을 들어볼게요. **빌 헤일리 앤드 코메츠의 〈록 어라운드 더 클락〉**입니다.

댄스파티에서 흘러나올 법한 아주 흥겨운 노래네요!

이 곡은 1954년 싱글로 발매되었지만 별로 빛을 보지 못하다가 그 다음 해 개봉한 영화 〈폭력 교실〉에 삽입되면서 엄청난 반향을 일으켰어요. 원제가 '블랙보드 정글'인 이 영화는 폭력이 난무하는 학교에서 고군분투하는 교사의 이야기로 우리나라에서는 10대 청소년들의 비행 장면이 문제가 되어 몇 년간 상영이 금지되기도 했죠. 그런데 막상 주목을 받은 건 영화보다 이 노래였어요. 빌보드 차트 8주 연속 1위를 기록하며 코메츠라는 밴드 이름 속 혜성(Comet)처럼 떠올랐죠. 극장을 찾은 관객들이 이 곡이 나오면 벌떡 일어나 음악에 맞춰 춤을 추었다고 해요.

백인 청소년들이 흑인음악에 뿌리를 둔 음악을 그렇게 좋아했다니 신기하긴 하네요.

로큰롤의 황제

블루스에 관심을 보인 것은 백인 청중만이 아니었어요. 컨트리 음악을 하는 백인 가수들도 리듬앤드블루스를 부르기 시작했죠. 물론 자기식으로 바꾸기는 했지만요. 로큰롤의 황제라 불린 엘비스 프레슬리가 바로 흑인음악을 잘 소화했던, 대표적인 컨트리 가수였어요. 그래서 로큰롤 시대를 풍미했던 스타들의 대표곡 중엔 블루스를 리메이크한 곡이 많은데요. **엘비스 프레슬리의 〈하운드 도그〉**도 그렇죠. 이 노래는 1952년 나온 블루스 가수 **빅 마마 손턴의 〈하운드 도그〉**를 1956년에 리메이크한 거예요.

직접 들어보니 로큰롤 스타일이 뭔지 알겠어요. 엘비스 프레슬리 버전이 훨씬 빠르네요.

울부짖는 창법과 함께 유연하게 리듬으로 '밀당'하듯 노래하는 블루스와 달리, 로큰롤은 전체적으로 속도감을 더해서 신나고 경쾌해요. 앨런 프리드가 로큰롤이라는 말을 만들었다면 로큰롤 음악과 이미지의 정석은 엘비스 프레슬리가 정립했다고 해도 과언이 아닐 거예

엘비스 프레슬리
1935년 미국 미시시피주 투펠로에서 태어난 엘비스 프레슬리는 1948년 테네시주 멤피스로 이주해 성장한다. 당시 흑인음악을 친숙하게 접한 덕에 '흑인 창법으로 노래하는 백인'으로 유명해졌으며, 이러한 혼종적 정체성은 새로운 남성 이미지의 탄생으로도 이어졌다. 원초적이고 거친, 다소 부정적이었던 흑인의 표상에 백인이라는 인종적 혜택이 결합하면서 시너지를 낸 것이다.

요. 엘비스 프레슬리는 대중음악 역사상 최초의 슈퍼스타로, 이후 대중음악계를 주름잡은 많은 가수들이 그를 보며 꿈을 키웠죠. 10대 학생이었던 레논과 매카트니 역시 엘비스 프레슬리를 동경해서 쿼리멘 시절 그의 곡을 많이 커버했어요.

연예인의 연예인 같은 느낌이네요.

게다가 수려한 외모의 엘비스 프레슬리는 관능적으로 엉덩이를 흔들면서 춤을 추는 등 남성 육체의 섹슈얼리티를 노골적으로 부각해 화제를 불러 모았는데요. 여기에 젊음이 주는 반항적인 이미지까지 매력적으로 소비되면서 그가 가는 곳마다 팬들이 구름떼처럼 몰렸죠.

그래서인지 노래에서도 뭔가 원초적인 에너지가 느껴져요.

엘비스 프레슬리의 외적인 이미지가 너무 강렬하다 보니 오히려 그의 음악적 재능이 가려지곤 하는데요. 요즘 말을 빌리자면, 사실 그는 다양한 장르를 모두 소화할 수 있는 '올라운더'였어요. 미시시피주 투펠로라는 농촌에서 태어난 엘비스는 전형적인 힐빌리 집안 출신이었어요. 그의 어머니는 목화밭과 공장에서 일하며 생계를 유지했는데 돌이켜보면 이런 환경이 엘비스에겐 오히려 좋은 기회가 되었죠.

멤피스의 선 스튜디오
미국 테네시주 멤피스에 있는 음반 스튜디오. 직접 트랙을 녹음해 자신만의 음반을 만들 수 있는 서비스를 운영한 가운데, 1953년 18살의 엘비스 프레슬리는 이곳에서 4달러를 내고 생애 첫 녹음을 했다. 선 스튜디오는 현재 로큰롤 팬들의 성지로 불린다.

로큰롤의 아이콘 엘비스 프레슬리

가난한 노동자 집안이 오히려 기회였다고요?

어린 엘비스는 어머니를 따라 목화밭에서 많은 시간을 보냈는데 그곳은 주로 흑인들의 일터였어요. 이때 흑인영가나 블루스 같은 흑인 음악들을 자연스럽게 익혔죠. 그래서 엘비스는 훗날 '하얀 피부의 흑인'이라 불릴 정도로 흑인음악을 능숙하게 부르는 백인으로 주목을 받아요. 온갖 장르의 노래를 창법을 바꿔가며 자유자재로 부를 수 있었고 이런 점이 엘비스만의 강점이 되죠.

그냥 스타라고만 생각했는데 노래도 잘하는 가수였군요.

괜히 대중음악사에 한 획을 그은 게 아니겠죠. 묵직한 저음은 저음

대로 매력적이고 가성으로 부르는 고음은 고음대로 매혹적이었어요. 무엇보다 백인의 컨트리 창법과 흑인의 블루스 창법을 자연스럽게 융합하는 능력이 가장 놀랍죠. 앞서 만나본 〈하운드 도그〉 무대를 보면 엘비스 프레슬리가 기타를 치며 노래하는 걸 볼 수 있는데요. 이 또한 블루스에 컨트리 스타일 기타를 가미한 사례죠.

한편, 엘비스 프레슬리와 동시대에 싱어송라이터이자 배우로 큰

조니 캐시
1932년 미국 남부 아칸소주 킹스랜드에서 태어난 조니 캐시는 어린 시절 목화밭에서 일하며 자연스레 다양한 음악을 접했다. 1955년 가수 활동을 시작한 그는 로커빌리로 이름을 날렸고 이에 로큰롤 시내 초창기를 연 스타로 기억되고 있다

인기를 끌었던 조니 캐시 역시 비슷한 길을 걸었어요. 그는 미국 남부의 가난한 집안 출신으로 목화밭에서 일을 하며 다양한 음악을 접했고 컨트리 가수로 시작해서 로큰롤 스타가 되었죠.

정말 비슷하네요! 당시 이런 로큰롤 스타들이 많았나봐요.

네, 오죽하면 흑인음악인 로큰롤을 부르는 백인 컨트리 가수를 칭하는 용어까지 생겼을까요. 로큰롤과 힐빌리를 합쳐 로커빌리라고 불렀죠. 그렇게 로큰롤의 시대는 로커빌리로 그 뜨거운 포문을 열었답니다.

그런데 아직도 컨트리가 아니라 힐빌리로 불리네요.

촌스러운 컨트리는 안녕

예리하게 그걸 알아챘네요. 주로 남부 시골에 정착한 백인 이민자들의 노래에서 시작한 컨트리는 줄곧 멸칭인 힐빌리라 불렸는데요. 이들의 노래가 음반을 통해 퍼져나가며 컨트리에도 변화가 찾아옵니다. 이번에도 이름 세탁이 먼저였어요.

대중음악은 장르 이름이 정해지는 과정도 재밌는 것 같아요.

대중음악은 결국 다수가 대상을 어떻게 인식하고 소비하느냐에 성패가 달려있어요. 그러니 음악 업계에서는 음악의 특징을 대표할 뿐 아니라 이미지를 결정하는 이름에 공을 들일 수밖에 없죠. 1948년 초라하게 힐빌리라 불리던 컨트리에게 새 이름을 지어준 건 바로 『빌보드』지였어요. 시골 민요를 토대로 한 장르라고 소개하면서 컨트리앤드웨스턴이라고 명명한 거죠. 이름이 워낙 길다 보니 자연스럽게 줄여 부르기 시작한 게 오늘날의 '컨트리'가 되었고요.

시골이라는 뜻의 컨트리에 웨스턴이란 말이 붙었네요.

웨스턴은 미국 서부를 말하는데요. 당시 미국 할리우드에선 카우보이를 주인공으로 한 서부영화들이 대세였죠. 챙이 넓은 모자를 쓰고 부츠를 신은 채 말을 타고 달리는 카우보이는 무뚝뚝하지만 정의롭고, 항상 싸움에서 승리하는 강인한 남성으로 표상되었어요. 기타를 둘러메고 요들을 부르

카우보이 부츠와 모자

는 시골 남부의 소박한 힐빌리와는 정반대의 이미지였죠. 힐빌리는 컨트리앤드웨스턴이라고 불린 순간부터 카우보이의 노래가 되었고, 이때부터 컨트리 가수들은 카우보이의 이상적인 이미지를 그대로 차용하기 시작해요. 덕분에 컨트리는 진취적이고 반듯한 이미지까지 덤으로 얻게 되었죠.

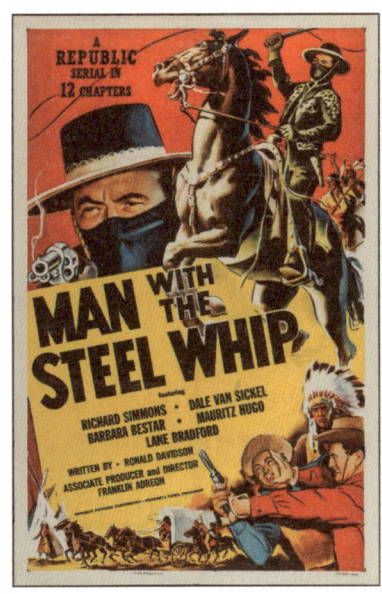

서부영화 포스터, 1954년

미국의 서부개척시대를 배경으로 하는 서부영화들은 오늘날까지 대중문화의 모티브가 될 만큼 영향력이 크다. 서부개척시대는 19세기 미국이 서부 지역을 개척하며 영토를 확장하던 때로, 법의 보호를 받지 못하는 혼란스럽고 거칠었던 시기인 만큼 영화에서도 용감하고 싸움에 능한 남성 캐릭터를 중심으로 이야기가 펼쳐진다. 서부영화들의 성공으로 강인한 남성상인 카우보이가 선망의 대상이 되었기에 당시 컨트리 가수들은 이 이미지를 적극 차용했다.

그럼 음악 스타일도 이름 따라 변했나요?

블루스가 시골에서 도시로 간 다음에 로큰롤이라는 이름대로 더 강렬한 음악으로 재탄생한 것처럼, 컨트리도 말 그대로 촌티를 벗고 세련미를 더해갔어요. 산업화에 따른 도시로의 인구 이동이 영향을 미쳤고요. 평생 시골에 살면서 가족들과 함께 농사만 짓던 사람들이 도시에서 새 일자리를 얻고 유흥을 즐기게 되자 노래할 거리도 달라진 거죠. 음악적으로도 다듬어지지 않은, 거칠고 단순한 가락으로 부르던 산골짜기 노래가 듣기에 점차 매끄럽고 편안한 느낌으로 변했고요. 이처럼 컨트리가 발전하면서 다양한 하위 장르가 탄생했는데요. 홍키통크와 블루그래스가 대표적이에요.

이름들이 참 특이하네요. 다 처음 들어봐요.

두 장르는 같은 컨트리지만 스타일이 정반대예요. 홍키통크는 싸구려 선술집이나 홍등가를 일컫는 속어로, 그런 장소를 가리키는 말이 거기서 연주하던 음악의 장르 이름으로 굳은 거예요. 홍키통크는 텍사스와 오클라호마 지역을 중심으로 발달했는데, 이 지역은 철도 건설과 석유 산업이 성장하면서 소위 말해 돈이 활발히 돌아갔던 곳이에요. 사람들은 일을 마치고 술집에서 한잔하며 스트레스를 풀었고 이런 문화와 함께 음악도 발달한 거죠. 당연히 시골이 아닌 도시 생활의 욕망과 쾌락에 대해 노래했고요. 이게 바로 홍키통크의 스타일이에요. 시끌시끌한 선술집에서도 음악이 들려야 하니 주로 금속의 현으로 된 스틸기타나 전기 앰프를 통해 소리를 증폭한 기타로 연주를 했죠.

컨트리의 도시 버전이군요.

반면 블루그래스는 남부 지역의 컨트리 음악이 가진 전통을 상당히 계승하고 있어요. 산골 생활 속 애환과 가족애에 대해 노래하며 음악적으로도 잉글랜드, 스코틀랜드 같은 영국 민속음악과 북미 토속 음악 등이 결합하면서 발전했죠. 연주 역시 벤조, 피들, 기타 등 어쿠스틱 악기들로 편성되어 소박하고 순수한 느낌이 물씬 풍기고요. 블루그래스는 무엇보다 보컬의 톤도 특이한데, 이 장르의 원조인 빌 먼로라는 켄터키주 출신 가수의 날카롭고 높은 보컬이 곧 표준 창법이 되었기 때문이에요. 사실 장르의 이름도 빌 먼로가 만든 밴드 이름 '빌 먼로와 블루그래스 보이스'에서 비롯되었죠. 그들의 대표곡 〈블루 문 오브 켄터키〉를 들으면 감이 올 거예요.

컨트리도 생각보다 종류가 많네요.

시작은 민속음악이었지만 오늘날까지 대중음악으로 살아남은 이유가 분명히 있는 거죠. 게다가 1950년대 말 엘비스 프레슬리를 필두로 로커빌리 열풍이 불어오자 컨트리 음악가들도 더욱더 대중적이고 상업적으로 변했어요. 특히 미국 테네시주 내슈빌의 음반 회사들은 가장 대중적으로 선호되는 팝 사운드를 컨트리에 가미하면서 그

내슈빌 거리
1950년대 내슈빌은 컨트리를 대중화하기 위해 부드럽고 세련된 악기 편성 및 보컬을 내세운다. 이러한 장르는 내슈빌 사운드로 굳어졌다. 컨트리의 고장이라 불리는 이곳의 중심가 브로드웨이에 가면 저마다의 공연을 펼치는 라이브 음악 카페들이 즐비해 있는 걸 볼 수 있다.

선봉장이 되었죠.

예컨대 흥겹고 대중적인 홍키통크의 날카로운 소리를 부드럽고 섬세한 악기 구성으로 다듬는 식이었어요. 소음에서도 살아남기 위해 자극적으로 변했던 음색은 호불호가 갈릴 수 있으니 팝 음악의 성공 문법을 받아들여 누구나 듣기 편안한 컨트리로 거듭난 겁니다. 이 시기에 등장한 대중성 짙은 컨트리를 내슈빌 사운드라고 불러요. 내슈빌은 오늘날에도 컨트리의 성지로서 관광객들의 사랑을 받죠.

대중음악의 장르들은 가만히 있지 않고 계속해서 진화하네요.

주인공이 된 '청춘'

비틀스의 학창 시절 이야기를 하다가 간략하게나마 20세기 전반의 대중음악 역사를 훑어보게 되었네요. 이 시기부터는 들을 게 넘치기 시작했는데요. 대중음악 산업은 조금이라도 대중의 눈길을 더 끌기 위해, 음반을 한 장이라도 더 팔기 위해 고군분투했고 그 노력을 알기라도 하는 듯 사람들은 여느 때보다 음악에 열광하고 지갑을 열었죠.

트랜지스터라디오
트랜지스터라디오 기술은 1948년 미국에서 발명되었으나 이후 1950년대에 일본의 소니사가 출시한 라디오 모델이 세계적으로 인기를 얻으면서 미국으로 역수출되었다.

물론 1920년대 이후 라디오와 텔레비전이 대중문화 성장을 촉진했듯, 1950년대 음악 산업이 폭발적으로 성장한 데엔 기술 발전이 큰 역할을 했어요. 이를테면 음질이 더욱 좋아지는 건 물론, 레코드 앞뒤로 녹음이 가능한 양면 음반이 등장했고 이동 중에도 음악을 들을 수 있는 트랜지스터라디오가 탄생했죠.

새로운 대중음악과 신기술이 만나 시너지를 냈겠어요.

그 가운데서도 로큰롤은 아주 특별했어요. 음악적 측면을 넘어 사회적으로도 아주 독특한 현상을 불러왔죠. 앞서 로큰롤이 음악 산업의 구도를 지역과 인종 중심에서 세대 중심으로 바꿔났다고 했죠? 그건 바로 로큰롤이 10대라는 계층이 직접 선택해 듣고, 내가 좋아하는 것에 대해 말하기 시작한 첫 음악이었기 때문이에요.

대중음악은 당연히 주로 10대가 좋아하는 거 아닌가요?

지금이야 용돈을 모으거나 아르바이트를 해서 자기가 좋아하는 가수의 앨범을 사고 콘서트를 가는 학생들의 모습이 자연스러울 거예요. 하지만 1950년대 이전까지만 해도 청소년의 생활 방식은 기성세대와 크게 다르지 않았어요. 집안의 가업을 물려받으며 대부분의 인생 설계가 관습에 따라 이루어졌고 취향 역시 자연스레 부모의 길을 좇아갔죠. 하지만 로큰롤 세대는 역사상 최초로 기성세대와 구별되는, 각자의 취향과 개성을 가지고 음악을 향유하며 자기 삶을 주창한 세대였어요. 10대, 즉 틴에이저(teenager)라는 개념은 새로운 정체성의 탄생을 알리는 신호탄이었죠.

갑자기 10대가 반항심이라도 생긴 걸까요?

이번에도 2차 세계대전 이야기를 꺼내지 않을 수가 없네요. 전쟁이 온 세계를 휩쓸고 간 후 모든 것이 변했어요. 혼란하고 부조리한 사회 속에 사람들은 불안하거나 또 공허해질 수밖에 없었는데 이를 새로운 자극과 쾌락으로 채우고 싶어 했죠. 그 와중에 대중음악은 더 다채롭게 변신을 거듭하며 사람들의 필요에 응답했고 그렇게 날로 위상이 올라간 거예요.

게다가 아이들의 눈에는 기성세대가 전쟁을 비롯해 대학살, 인종차별, 경제 대공황 등의 실수를 반복하는 것처럼 보였다고 했죠? 그러니 이런 비극과 작별하고 자신만의 새 시대를 바랄 수밖에요. 한마디로 로큰롤은 여러 음악적 융합과 확장뿐만 아니라 새로운 세대의 몸부림이자 환호성이었던 겁니다. 제자리에 머무를 수 없는, 계속 앞으로 나아가야 할 것 같은 강박적인 열정의 가장 뜨거운 표출, 이게 바로 로큰롤이에요. 그러니 비틀스가 로큰롤에 매료된 건 필연적이었을지도 모르죠.

필기노트

01. 시대가 허락한 반란

비틀스 멤버들은 모두 영국의 항구도시 리버풀에서 태어나고 자란다. 이들은 노동계급 출신으로 경제적으로 풍족하진 않았지만 음악을 향한 열정만큼은 뜨거웠다. 1956년 학교 밴드 '쿼리멘'을 중심으로 모인 멤버들은 성격도, 음악적 취향도 모두 달랐으나 이러한 '다름'이 훗날 비틀스의 색깔을 풍부하게 만든다. 스키플, 로큰롤, 컨트리 등 당시 발전한 대중음악들 역시 이들의 자양분이 된다.

음악을 사랑한 리버풀 소년	**리버풀** 영국 런던에서 북서쪽으로 300킬로미터 떨어진 곳에 위치한 항구도시. **존 레논** 1940년 10월 9일생. 언제나 아이들의 우두머리가 되고 싶은 골목대장이었음. 1956년 재학 중인 쿼리뱅크 학교 이름을 따 '쿼리멘' 밴드를 결성함. **폴 매카트니** 1942년 6월 18일생. 공부와 글쓰기에 재능을 보였지만 리버풀 인스티튜트에 진학한 후 음악에 빠짐. **조지 해리슨** 1943년 2월 25일생. 학교 선배인 매카트니의 소개로 쿼리멘에 들어감. 괴상한 옷차림이나 헤어스타일로 반항심을 표출함.
환상의 콤비	**'레논-매카트니' 콤비** • 1957년 7월 6일, 레논과 매카트니가 친구 소개로 처음 만남. ⋯→ 학생 시절부터 이루어진 협업은 훗날 기여도에 상관없이 '레논-매카트니' 명의로 곡을 발표하는 관행으로 이어짐.
로큰롤 혁명	**로큰롤의 시대** • 1951년 리듬앤드블루스 장르를 새로 명명한 게 시초. ⋯→ 흑인음악에 뿌리를 둔 로큰롤에 백인들도 열광함. • **로커빌리** 로큰롤 + 힐빌리. 백인 컨트리 가수들이 리듬앤드블루스를 차용하면서 유행한 초기 과도기적 로큰롤 장르. 참고 힐빌리 컨트리의 주 소비층인 백인 노동 계층을 일컫는 멸칭으로 초창기 컨트리 장르 이름으로 굳어짐. 예시 엘비스 프레슬리, 〈하운드 도그〉 블루스 가수 음악을 속도감 있게 리메이크한 것. → 흑인음악에 능숙한 백인 가수로 주목받기 시작해 '로큰롤 황제'라 불림. ⇒ 로큰롤 시대 = '10대 문화'가 처음 등장한 시기. 기성세대와 선을 긋고 자기만의 취향과 삶을 개척하는 새로운 정체성 및 문화의 탄생.

스포트라이트를 향해

어둑한 클럽에 주어진 한 칸의 무대,
무관심과 소음의 장막을 뚫고
울려 퍼진 꿈의 노래.
리버풀의 소년들은
게임처럼 세상을 배우고 있었다.

술 취한 독일 선원들 앞에서 연주하며
맥주 한두 잔이라도 더 들게 만드는 일이야말로
밴드가 비로소 음악적 힘을 갖게 된 계기였다.

- 폴 매카트니

02

무대라는
신성한 밥벌이

#쿼리멘 #비틀스 #함부르크 #캐번 클럽
#브라이언 엡스타인

아름드리나무도 뿌리가 있어야 단단히 설 수 있듯, 쿼리멘 소년들은 계속 무대에서 기반을 다지고 싶어 했어요. 새롭게 움트는 시대의 문화와 음악을 자양분 삼으면서 말이죠. 하지만 분명 실력과 경험이 쌓였음에도 결성된 지 2년이 지나도록 큰 성과를 거두진 못했죠. 허름한 클럽이나 테디보이들의 댄스 파티에나 불려 다니던 쿼리멘에게 돈벌이가 될 만한 건 스키플 경연대회 정도였습니다.

역시 학생 밴드는 한계가 있는 걸까요.

부모님들은 점점 아이들의 미래를 걱정하기 시작했어요. 예나 지금이나 자식이 안정된 직장을 갖길 원하는 건 만국 공통의 바람일 테니까요. 심지어 레논은 1957년 10월 리버풀 예술대학교에 입학하며 이제 대학생이 되었어요. 레논보다 두세 살 어린 매카트니와 해리슨은 아직 리버풀 인스티튜트 학생이었지만요.

보통 누가 먼저 대학생이 되면 사이가 멀어지지 않나요? 대학생과 고등학생이 노는 물이 완전히 다르니까요.

미술학도와 음악가

하지만 이들에게는 음악이라는 단단한 연결고리가 있었기에 여전히 함께였어요. 레논이 대학에 갔어도 리버풀 예술대학교와 리버풀 인스티튜트는 워낙 거리도 가까웠죠. 레논은 대학 입학 자격시험조차 통과하지 못할 만큼 성적이 좋지 않았지만 예술적 재능이 뛰어나 학교장 추천으로 예술대학교에 미술 전공으로 진학했는데요. 그곳에서 공부에 정진했다기보단 예술대 특유의 자유롭고 저항적인 문화에 심취했죠. 실제로 영국 출신 가수 중에 유독 예술대 출신이 많은 것도 흥미로워요. 롤링스톤스의 키스 리처즈, 더 후의 피트 타운센드, 퀸의 프레디 머큐리 등 모두 미술을 전공했답니다.

우와 신기하네요! 예술은 하나로 통하는 게 있나 봐요.

아무래도 영향이 없진 않겠죠. 당시 영국의 예술대학교는 급진적인 흐름에 휩싸여 있었어요. 물론 예술은 언제나 독창성을 추구하며 혁신의 선봉에 서곤 하지만 1950년대는 청년이 주인공으로 나서기 시작한 때라 예술은 가장 활발한 자기표현의 장이었죠. 특히 노동계급 청년들에겐 쳇바퀴 같은 현실이 주는 갑갑함을 떨쳐버릴 수 있는 마

존 레논 아트 앤드 디자인 빌딩
리버풀 존 무어스 대학교에는 존 레논의 이름을 딴 빌딩이 있다. 이 대학교의 전신이 레논이 다녔던 리버풀 예술대학교였으며, 2013년 그의 예술성을 기리기 위해 '아트 앤 디자인 아카데미 빌딩'의 명칭이 '존 레논 아트 앤드 디자인 빌딩'으로 변경되었다.

지막 탈출구였을 거예요. 하지만 레논은 관습을 거슬러 자유분방한 삶을 즐기는 보헤미안 유형은 또 아니었어요. 어떤 억압에도 굴하지 않고 자기만의 방식으로 목소리를 내는 '준 예술가'라기보단 여전히 불량 청소년 같은 테디보이 스타일의 학생이었죠.

비슷한 반항에도 은근히 차이가 있군요.

레논은 예술대학교 시절을 "돈 벌러 일하는 것보단 학교가 나았기에 버텼다"고 회상했어요. 수업도 바보 같다고 생각했던 레논은 별 감흥 없이 학교에 다녔고 다음 해 어머니 줄리아가 교통사고로 세상을 떠난 후엔 더더욱 제멋대로 행동했죠. 그래도 이 시기 레논은 인생에서 중요한 친구 둘을 만났어요.

하긴 학교가 친구 사귀러 가는 곳이긴 하죠.

먼저 레논이 대학에서 만난 첫 번째 친구는 훗날 그의 아내가 되는 신시아 파웰이었어요. 이 결혼 이야기는 뒤에서 더 다루기로 하고 여기에서는 스튜어트 서트클리프라는 두 번째 친구 이야기부터 할게요. 레논은 매카트니와 금세 친해진 것처럼 성향이 꽤 다른 서트클리프와도 그랬어요. 서트클리프는 미술적 소양이 뛰어나고 전형적인 예술가 기질을 가진 학생이었는데 오히려 레논의 특이한 예술적 상상력과 재능에 매료되어 바로 절친이 되죠. 레논은 대학을 2년 정도 다니다가 결국 1960년경 중퇴하고 밴드에 매진하지만 둘의 관계는 계속 이어졌어요. 무엇보다 레논과 붙어 다니던 서트클리프는 자연스레 쿼리멘 연습도 지켜보았고 이후 아예 밴드에 합류하죠. 비록 연주를 전혀 할 줄 몰랐지만 친구들이 가르쳐주면 된다는 레논의 설득에 베이스 기타까지 사면서요.

그야말로 친구 따라 강남 갔네요.

서트클리프는 얼결에 쿼리멘이 된 것치고 꽤 진심이었던 것 같아요. 그는 3년씩이나 베이스 주자로 무대에 섰고 해외로 연주 여행을 떠날 때도 함께 했죠. 그래서 서트클리프를 비틀스 초기 멤버로 보기도 해요. 아무튼 큰 수확이 없는데도 꿋꿋하게 활동을 이어가던 쿼리맨에게 드디어 1959년 8월, 정기적으로 공연을 할 수 있는 무대가 생깁니다. 웨스트 더비에 있는 카스바 커피 클럽이었죠.

새로운 이름이 필요해!

커피 클럽이요? 카페에서 공연을 한 건가요?

1950~1960년대 영국에는 10대 청소년들을 대상으로 한 커피 클럽들이 있었어요. 말 그대로 커피를 파는 곳이었지만 전면에 밴드를 위한 무대가 있어서 음악을 함께 즐기는 클럽 개념이었는데요. 청소

1963년의 런던 커피 바
영국은 차의 나라로 유명하지만 일찍이 커피 문화도 발달했다. 특히 1950년대엔 에스프레소 전문점들이 들어서기 시작했고 그곳에서 라이브 연주와 젊은이들의 만남이 이루어지면서 커피 바는 새로운 커뮤니티로 거듭난다. 그중 1970년까지 운영했던 '투 아이스 커피 바'는 런던의 대표 커피 바로, 오늘날 그 자리엔 "영국 로큰롤과 대중문화 산업의 탄생지"라는 문구와 함께 영국의 역사적 명소임을 알리는 그린 플라크가 붙어 있다.

년들의 만남의 장소이자 핫플레이스였던 거죠. 1990년대 한국에서 술 대신 콜라를 팔며 성업했던 청소년들의 클럽, 콜라텍과 비슷하죠. 커피 클럽은 로컬 밴드들에겐 일거리는 물론 이름도 알릴 수 있는 곳이었는데요. 쿼리멘도 카스바 커피 클럽에서 활동한 덕분에 리버풀 청소년들 사이에서 알려지기 시작했어요. 이렇게 밴드 활동이 좀 본격화되자 멤버들은 자신의 이미지와 음악적 색깔이 잘 드러나는 밴드 이름을 갖고 싶어 했죠. 무엇보다 이제 아무도 쿼리뱅크를 다니지 않았으니 쿼리멘이라는 이름도 버릴 때가 되었고요.

하긴 언제까지 고등학교 이름으로 활동할 수는 없죠.

다양한 밴드 이름이 나왔지만 딱히 마음에 드는 것이 없어 이것저것 사용하고 있던 상황이었어요. 멤버들이 여러 색깔의 셔츠를 입고 온 걸 보고 즉흥적으로 '레인보우스'라고 짓는다거나 오디션에 나가기 전에 급하게 '조니 앤 문독스'라는 이름을 붙이는 식으로요.

좀 유치하고 웃긴 이름들이네요. 저라도 마음에 안 들었을 것 같아요.

영락없는 10대들 같죠? 그러다가 1959년 말부터 진지하게 밴드 이름을 고민하면서 멤버들은 평소 좋아하던 '버디 홀리 앤 더 크리케츠'라는 로큰롤 밴드의 이름에서 번뜩이는 아이디어를 떠올려요. 자신들의 그룹 이름 역시 곤충 이름이 들어가면 어떨까 생각한 거예요. 크리케츠(Crickets)는 '귀뚜라미들'이라는 뜻이니, 딱정벌레

(Beetles)와 같은 이름이 어떨까 하는 의견이 나왔죠. 그러자 레논이 비트(Beat) 음악을 연상할 수 있게 한 번 더 이름을 꼬아볼 것을 제안했어요. 그렇게 'Beetles'는 'Beatles'가 됩니다.

전설적인 이름이라 어떤 의미일지 궁금했어요.

처음엔 실버 비틀스라는 이름도 사용했어요. 1960년 5월, 멤버들이 로큰롤계 유명

버디 홀리 앤 더 크리케츠
1956년 버디 홀리가 결성한 4인조 로큰롤 밴드로 미국과 영국에서 모두 성공을 거뒀다. 1959년 2월 버디 홀리가 비행기 추락 사고로 갑작스럽게 세상을 떠났지만 밴드는 멤버 영입을 반복하며 2000년대까지 지속되었다.

매니저였던 래리 판스가 주최한 오디션에 참가했을 때인데요. 그때까지도 이름을 정하지 못한 터라 어렴풋이 밴드 이름은 길수록 좋다는 주변인의 말을 떠올려 '키다리 존과 실버 비틀스'와 같은 말장난을 하고 있었어요. 오디션 현장에 가서야 덜컥 '실버 비틀스'라는 이름으로 참가를 했던 거죠. 그래도 몇 달 후 '비틀스'가 밴드의 평생 이름으로 완성됩니다.

실버 비틀스보단 훨씬 나아요.

리버풀 밖으로

이제 새 이름도 달았으니 새 여정을 떠나야겠죠? 래리 판스가 주최한 그 오디션은 본래 리버풀 출신의 로커빌리였던 빌리 퓨리 노래를 반주할 밴드를 뽑기 위한 거였는데요. 오디션에는 떨어졌어도, 멤버들은 신인 가수 조니 젠틀의 스코틀랜드 투어 백 밴드 역할을 따냈어요. 비록 야심 차게 냈던 실버 비틀스라는 이름이 아닌, 조니 젠틀과 그의 밴드라고 불렸지만요.

그래도 우물 안 개구리가 리버풀 밖으로 나왔네요!

얼마나 간절했는지 해리슨은 연주 여행을 하는 동안 학교를 결석했고 매카트니는 대학 입학 자격시험에도 불참했어요. 아버지에겐 학교에서 휴가를 얻었다고 거짓말을 하면서요. 멤버들은 이 경험을 계기로 전문 음악인으로 활동하겠다는 마음을 더 굳게 먹었어요. 이런 일을 하려면 매니저가 정식으로 필요하겠다고 생각하던 차에 마침 그들에게 오디션을 연결해줬던 앨런 윌리엄스가 자연스레 비틀스를 관리하게 됐죠. 앨런 윌리엄스는 오디션이 열렸던 블루엔젤 클럽의 주인이기도 했어요. 그는 당시 리버풀 밴드들을 독일 함부르크의 클럽에 알선하는 일도 하고 있었는데요. 앞서 보낸 밴드의 반응이 좋아서 차기 진출 가수를 고르고 있던 참에 눈에 들어온 밴드가 바로 비틀스였죠. 그렇게 5명의 비틀스는 다시 더 멀리, 함부르크로 향합니다.

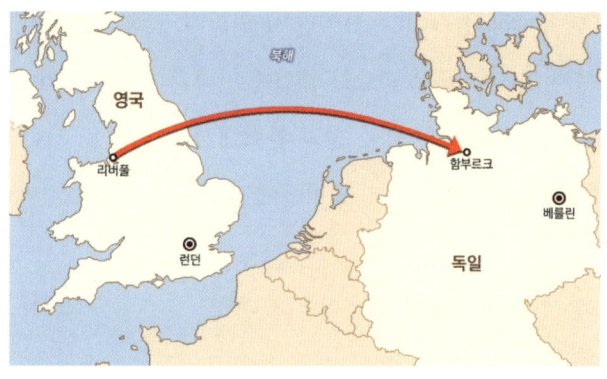
리버풀과 함부르크의 위치

비틀스는 4명 아니었나요?

맞아요. 하지만 함부르크 측이 원하는 밴드 구성이 5인조였기 때문에 갑자기 한 명을 영입해 5인조 밴드로 급조되었죠. 이때 영입된 드러머는 리버풀 인스티튜트의 동창이자 카스바 커피 클럽 주인장의 아들이기도 한 피트 베스트였어요. 당시 비틀스엔 고정 드러머가 없어서 그때그때 사람을 구하던 터라 어차피 드럼 치는 멤버가 필요하기도 했고요.

그런데 왜 하필 함부르크인가요?

함부르크는 리버풀처럼 큰 항구도시였어요. 대신 면적 자체가 리버풀보다 두 배 이상 컸고 그만큼 유흥 산업도 발달해서 공연 기회가 많았죠. 1960년 8월부터 12월까지 멤버들은 함부르크에 머물며 이틀에

한 번꼴로 무대에 섰습니다. 하지만 사실 말이 무대지 저급한 스트립 클럽 수준이었죠. 처음엔 인드라 클럽에 있다가 2개월 후 카이저켈러 클럽으로 장소를 옮겼는데요. 술과 환락에 취해 아무도 그들의 음악을 경청하지 않았지만 오히려 멤버들에겐 도움이 되었죠.

그냥 속상했을 것 같은데, 도움이 되었다뇨?

난감하긴 했겠죠. 왁자지껄한 클럽에는 '진짜 음악'이 아니라 흥을 돋울 만한 배경음이 필요한 사람들밖에 없었을 테니까요. 고성이 오가고 모두가 산만하게 술을 마시고 있었지만 비틀스는 이런 최악

함부르크의 카이저켈러 클럽
1959년 10월 개관한 카이저켈러 클럽은 그다음 해 비틀스와 연주 계약을 했다. 클럽을 찾는 사람들은 대부분 뱃사람, 폭력배, 성매매 여성들이었고 그만큼 분위기도 거칠었다. 비틀스는 소란스러운 이곳에서 살아남기 위해 더 열심히 노래와 연주를 했고 이는 오히려 실력을 키우는 계기가 된다.

의 공간에서 엄청난 소음을 뚫고 공연을 이어 갔어요. 시끄럽고 거친 환경이다 보니 말 그대로 살아남기 위해 격렬한 연주와 열정적인 무대매너를 선보였죠. 게다가 워낙 장시간 무대에 섰기 때문에 목이 상하지 않도록 서로 번갈아 가면서 노래를 하기 시작해요. 밴드는 보통 프론트맨, 즉 밴드의 리더 역할을 하는 이가 무대에서 보컬과 멘트를 주로 담당하고 나머지 인원은 악기 연주와 코러스를 맡는 경우가 많아요. 반면 비틀스는 척박한 환경에서 훈련된 덕분에 멤버 전원이 연주와 보컬을 모두 수준급으로 소화할 수 있게 되었죠.

요즘 말하는 육각형 인재네요. 어느 하나 모자람 없이 모든 분야에서 평균 이상을 해내는 능력자들이요.

클럽은 인연을 싣고

비록 활동 과정이 순탄하진 않았지만 이런 고난 덕에 실력이 일취월장했죠. 카이저켈러 클럽은 실력 향상에 도움을 주었을 뿐만 아니라 비틀스에게 있어 중요한 인연들을 만나게 해주었어요. 클럽의 손님들은 대부분 일을 마치고 스트레스를 풀러 온 거친 뱃사람들이었지만 간혹 인근 학교의 학생들도 있었는데요. 그중엔 우연히 클럽에 들러 비틀스를 보게 된 클라우스 부어만이 있었죠. 부어만은 비틀스 무대에 푹 빠졌고 끈질긴 설득 끝에 여자친구인 아스트리드 키르허도 데려왔어요. 예술대생이었던 이 커플은 1960년 무렵 학교를 그만두고 각자 재능을 살려 일을 하던 중이었는데 비틀스의 공연이 끝난 후 백스테이지에 찾아가 대화를 나누면서 그들과 가까워져요.

초짜 비틀스의 팬미팅이었네요!

이들이 비틀스의 공식적인 1호 팬인 셈이죠. 특히 키르허는 사진기사의 조수로 일하고 있었는데 당시 비틀스 멤버였던 서트클리프와 눈이 맞고 맙니다. 나중에 그와 연인이 되었고요.

아니, 그럼 부어만은 괜히 클럽에 데려갔다가 여자친구만 뺏긴 거잖아요.

다행히 부어만과 키르허가 별로 진지한 사이가 아니었는지 이후에도 다 같이 문제없이 계속 어울렸어요. 무엇보다 키르허는 비틀스의 초창기 모습들을 카메라에 담곤 했는데 이 사진들이 밴드의 중요한 초기 자료로 남게 되었죠.
참 안목의 소유자답게 비틀스의 스타일이나 이미지에 관해서도 적극적으로 조언하면서 어떻게 하면 대중에게 어필할 수 있는지를 알려주었는데요. 이를테면 남자친구인 서트클리프에게 청바지와 카우보이 부츠 대신 몸에 딱 달라붙는 가죽옷을 입혔고 바짝 세웠던 앞머리도 단정히 내렸죠. 멤버들은 처음엔 그 모습을 놀리다가 이내 너도나도 '키르허 표' 스타일을 따라 하게 됩니다. 부어만 역시 나중에 멋진 디자이너가 되어 비틀스 앨범 디자인을 맡기도 하죠.

유럽은 역시 연애 관계에 있어서 쿨하네요.

사람 인연은 참 신기한 것 같아요. 당시 부어만이 비틀스를 처음 본 것도 완전 우연이었지만, 그마저도 원래 부어만은 비틀스가 아니라 또 다른 리버풀 출신 밴드였던 '로리 스톰 앤드 더 허리케인'의 공연을 보러 간 거였어요. 이들의 무대가 끝난 후 클럽을 나가려다가 그 다음으로 올라온 비틀스를 보고 더 머물렀던 건데, 공교롭게도 앞서 공연한 밴드의 드러머가 바로 리처드 스타키였답니다.

리처드 스타키가 누군데요?

비틀스의 영원한 드러머이자 마지막 합류 멤버 링고 스타예요. 링고 스타는 활동명이고 리처드 스타키가 그의 본명이죠. 링고가 합류하게 된 비하인드는 이후 차차 풀어볼게요.

정말 묘한 인연이네요. 함부르크에서 많은 걸 얻었군요.

어쨌든 금의환향

1960년 12월 27일, 리버풀 인근에 있는 리더랜드 회관. 함부르크에서 돌아온 비틀스가 무대에 오르자 사람들은 깜짝 놀랐고 이내 함성이 터져 나왔어요. 엄청난 실력으로 돌아온 멤버들이 새롭고 강렬한

리더랜드에 있는 비틀스 벽화
리더랜드 회관 근처에 있는 건물 벽화로, 2008년 리버풀이 '유럽 문화 수도'로 선정된 것을 기념하기 위해 제작되었다. 리더랜드 회관 공연이 비틀스의 초창기 활동이었던 만큼 벽화에는 스튜어트 서트클리프와 피트 베스트의 모습도 새겨져 있다.

사운드와 무대매너로 관객들을 사로잡은 거죠.

금의환향한 비틀스의 귀국 공연인가요?

금의환향이라는 말이 딱 들어맞는 건 아니었어요. 사실 함부르크에서 리버풀로 돌아온 것 자체가 쫓겨난 거였으니까요. 일이 좀 잘 풀릴 것 같더니 도로 꼬여버렸죠. 카이저켈러 클럽에서 점차 이름이 알려지자 비틀스는 카이저켈러와 경쟁 관계에 있던 톱텐 클럽에서 더 좋은 조건을 제안받았고 이적을 결정했어요. 하지만 이에 화가

난 카이저켈러 클럽 사장이 멤버 중에 미성년자가 있다고 신고해버리는 바람에 막내 해리슨이 추방당하고 말았죠. 매카트니와 피트 베스트 역시 화풀이로 당시 머물던 숙소를 떠나기 전에 불장난을 했다가 구금 및 강제 출국 조치당했고, 사실상 밴드 활동이 무산되자 레논도 어쩔 수 없이 리버풀로 돌아오게 돼요.

사고를 제대로 쳤네요.

비록 요란한 귀환이었지만 리더랜드 회관에서 워낙 멋진 무대를 선보였으니 어쨌든 모양새는 금의환향 같았어요. 1960년 연말을 그렇게 화려하게 장식한 후 새해가 밝자 비틀스에겐 연주 요청이 물밀듯이 들어옵니다. 그중 비틀스의 선택은 바로 리버풀 중심가 최고 라이브 무대인 캐번 클럽이었어요. 비틀스는 여기에서 1961년 2월부터 1963년 8월에 걸쳐 총 292번 공연을 했죠. 캐번 클럽의 첫 무대는 점심시간을 활용한 막간 무대로 개런티를 5파운드 받았는데요. 마지막 날에는 300파운드를 받으며 공연을 마무리했어요.

와, 너무 멋진데요. 말 그대로 폭풍 성장이잖아요.

그래서 캐번 클럽은 지금도 리버풀 관광에서 빼놓을 수 없는 명소예요. 직접 가보면 발 디딜 틈이 없이 관광객들로 꽉 차 있는데 당시에도 비틀스를 보기 위해 몰려든 팬들로 인산인해를 이뤘다고 하죠. 물론 이 시기에 비틀스가 캐번 클럽에서만 공연한 건 아니었어요.

캐번 클럽
1957년 문을 연 캐번 클럽은 1960년대에 리버풀 로큰롤 가수들의 꿈의 무대였다. 비틀스는 1961년부터 1963년까지 캐번 클럽 무대에 선 만큼 이곳은 비틀스의 성장기가 담긴 역사적인 공간이라 할 수 있다. 캐번 클럽은 1973년 폐업했으나 1984년 복원되어 오늘날 리버풀 필수 관광 명소가 되었다.

1961년 4월, 그 사이 비틀스는 다시 함부르크로 떠났는데요. 법적으로 성인이 된 해리슨은 이제 독일 입국이 가능했고 당당히 톱텐 클럽 무대에 섰죠. 주중엔 저녁 7시부터 새벽 2시까지, 주말엔 저녁 8시부터 새벽 4시까지 연주하는 게 계약 조건이었다고 해요. 비틀스는 당시 인기 있던 로큰롤 명곡들을 커버하면서 관객들을 무아지경으로 만들었어요. 그중 가장 많이 커버한 가수는 척 베리인데, 멤버들은 15곡 이상을 자기만의 스타일로 재해석했죠.

엘비스 프레슬리만큼 유명한 가수인가요?

그럼요. 특히 엘비스 프레슬리가 흑인음악에 능숙한 백인으로 유명했다면 척 베리는 백인 취향을 저격하는 흑인으로 이름을 날렸어요. 블루스부터 컨트리까지 당시 핫한 음악들을 세련되게 조합하여 가장 경쾌한 방식으로 소화한 게 척 베리였어요. 목소리 자체가 다른 블루스 가수들처럼 끈적하지 않고 깔끔하면서 에너지 넘치는 창법을 구사하는 게 특기였죠. 무대 퍼포먼스도 탁월해서 빠른 음악의 느낌을 굉장히 흥겹게 잘 살렸어요. 1956년에 나온 척 베리의 대표곡 〈롤 오버 베토벤〉을 들어볼게요.

노래만 잘하는 게 아니라 기타 실력도 엄청나네요.

척 베리는 아주 실력 있는 기타리스트였어요. 게다가 기타를 가만히 서서 연주하는 게 아니라 온 무대를 누볐죠. 이때 쪼그리고 앉아서 걷는 특유의 '오리걸음' 스텝까지 밟으니 사람들이 열광할 수밖에요. 노래 제목과 가사 내용이 상당히 도발적이라 이런 부분도 이목을 끌었어요.

무슨 뜻인데요? 베토벤이 제가 아는 그 베토벤인가요?

클래식 음악가 베토벤이 맞습니다. "베토벤은 저리 비켜 / 차이콥스키에게 이 소식이나 전해주라지"라고 외치는 가사엔 로큰롤이 결국 클래식의 자리를 차지하게 될 거라는 의미가 담겨 있어요.
"저는 항상 클래식이 거북했어요. 베토벤, 차이콥스키, 쇤베르크 같은 거대한 이름들 때문에 듣기 꺼렸죠. … 하지만 팝이 지금 하고 있는 것이 그때와 별반 다르지 않아요. 팝이 곧 오늘날의 클래식이죠". 흥미롭게도 훗날 비틀스가 최고의 자리에 올랐던 1968년, 매카트니가 한 인터뷰에서 밝힌 소신과 절묘하게 맞아떨어지는 내용이죠. 로큰롤이 본격적인 대중음악의 시대를 알렸다는 말이 다시금 실감나지 않나요? 그런 의미에서 1964년 **비틀스가 커버한 버전**도 한번 들어볼게요.

원곡이 솔로 가수의 노래라 그런지 거의 혼자 부르네요.

보통 척 베리의 노래들은 레논의 몫이었지만 이 곡은 해리슨이 가져갔어요. 관중의 함성이 워낙 커서 음악 소리가 거의 들리지 않을 지경인데 이 시기는 비틀스의 인기가 고공 행진하다 못해 미국까지 닿았던 때였죠. 미국 진출 후 공식적으로 선보인 첫 라이브 무대를 이 곡으로 장

척 베리, 1958년경
미국 미주리주 세인트루이스 출신인 척 베리는 로큰롤 초창기의 대표적인 스타이자 기타리스트다. '흑인 로큰롤'의 선구자였던 그는 기타를 연주하면서 한쪽 다리를 든 채 다른 쪽 다리로 가볍게 뛰며 앞으로 나아가는, 일명 '오리걸음' 퍼포먼스로 유명했다.

식했는데, 클럽에서 공연하던 시절부터 꾸준히 해온 레퍼토리라 그런지 여유가 넘치죠?

워낙 대단한 스타라서 이런 풋풋한 순간이 있을지 상상을 못 했어요.

부단히 준비하고 실력을 갈고닦고 나니 기회가 찾아왔어요. 다시 함부르크 이야기로 돌아가자면, 점차 프로 뮤지션의 면모를 갖춰 가던 비틀스는 두 번째 함부르크 연주 여행 때 드디어 음반을 녹음할 일이 생기는데요. 토니 셰리던이라는 톱텐 클럽 소속 가수의 세션 밴드로 참여한 거였죠. 비록 비틀스라는 이름이 복잡한 것 같다는 관계자의 말에 '비트 보이스'라는 이름으로 기록되었지만 어쨌든 음반을 남겼으니 멤버들은 분명 다음 단계로 나아가고 있었어요.

비틀스라는 이름으로 홀로서기까지 꽤 오래 걸리네요.

게다가 이 무렵 비틀스는 존 레논, 폴 매카트니, 조지 해리슨, 피트 베스트만으로 다시 4인조가 되었어요. 서트클리프가 미술에 전념하기 위해 밴드에 복귀하지 않고 함부르크에 남겠다고 선언하죠. 애초 미술에 더 재능이 있었지만 친구 때문에 베이스를 꾸역꾸역 배운 셈이니 이제라도 다시 자신의 길을 걷기로 한 거죠. 실제로 베이스는 매카트니가 더 잘 치기도 했고요. 그렇게 1961년 7월, 비틀스는 네 명이 되어 리버풀로 돌아옵니다.

비틀스의 다섯 번째 멤버

이제 음반까지 냈으니 리버풀에서 더 알아줬겠어요.

리버풀에선 손꼽히는 밴드가 되긴 했지만 비틀스에겐 분명 다음 단계가 필요했어요. 언제까지나 로컬 밴드로만 머물 수 없으니까요. 그러던 어느 날 드디어 비틀스의 운명을 완전히 바꿔줄 귀인이 등장했죠. 바로 브라이언 새뮤얼 엡스타인입니다.

브라이언 엡스타인
레코드 가게를 운영하던 엡스타인은 가게에 비틀스의 음반을 찾는 고객들이 몰려들면서 비틀스를 처음 알게 되었다고 얘기했지만, 훗날 매카트니는 이미 엡스타인이 비틀스에 대해 완벽히 파악하고 있었다고 회상했다. 그는 리버풀 음반 동향을 꿰고 있었을 뿐 아니라 리버풀 음악 잡지 『머지비트』에 칼럼까지 기고하던 전문가였다.

누구길래 운명까지 바꿀 정도였나요?

브라이언 엡스타인은 대중음악사에서 가장 유명한 매니저라 해도 과언이 아닐 거예요. 오늘날의 비틀스라는 밴드, 나아가 브랜드가 있기까지 중심축이 되어 왔으며 '비틀스의 다섯 번째 멤버'라 불리는 게 브라이언 엡스타인이니까요. 실제로 엡스타인이 사라진 이후 비틀스는 갈등과 균열을 반복하다가 해체하고 말아요. 엡스타인이 얼마나 중요한 존재였는지 알 수 있는 대목이죠.

엡스타인은 부유한 유대인 가정 출신으로 얌전한 아이였지만 파란

만장한 유년 시절을 보냈어요. 학교에 좀처럼 적응하지 못해 자주 전학을 갔고 군대에 징집되었을 때도 공동체 생활에 어려움을 겪었죠. 그러나 조기 전역 후 가족 회사에 들어가 일을 시작한 엡스타인은 레코드 가게를 경영하면서 놀라운 사업수완을 발휘한 덕에 음반상으로 크게 성공합니다. 노스 앤드 뮤직 스토어, 일명 넴즈(NEMS)라 불리는 곳이었죠.

음반상이었으니 그때 비틀스를 알게 된 거군요.

엡스타인이 어떻게 비틀스에 관심을 두게 되었는지에 대해선 여러 설이 있어요. 그중 본인이 직접 밝힌 건 하나지만요. 어느 날 엡스타인이 일하는 레코드 가게에 한 손님이 비틀스가 독일에서 녹음한 《My Bonnie》라는 음반을 찾게 됩니다. "《My Bonnie》, 비틀스, 월요일에 확인할 것". 엡스타인은 이렇게 메모해두죠. 손님이 찾는 음반은 아무리 구하기 힘들어도 준비한다는 본인만의 철칙에 따라 주변을 수소문했지만 그 수입 음반을 얻지 못하고 있었어요. 그런데 이후에도 비틀스 음반을 찾는 손님들이 종종 나타났어요. 엡스타인은 비틀스가 대체 누구인지 궁금해서 아예 이들을 직접 보러 가기로 했고, 1961년 11월 9일 캐번 클럽을 방문해 비틀스 무대를 '직관'합니다. 그리고 신선한 충격을 받죠.

직업 정신이 투철하네요.

브라이언 엡스타인과 비틀스
엡스타인이 있었기에 비틀스가 존재했다는 말이 나올 만큼 이들 밴드가 최고의 스타로 발돋움한 데엔 엡스타인의 공이 컸다. 무엇보다 엡스타인은 비틀스의 스타일과 언행까지 전략화하여 깔끔하고 세련된 도련님 이미지로 대중적인 성공을 거둔다.

엡스타인은 비틀스에게 빠져버렸고 급기야 이들의 매니저가 되고 싶다고 생각했어요. 3주간 공을 들인 결과 비틀스도 서서히 마음을 열기 시작했죠. 그렇게 1962년 1월 24일, 비틀스는 엡스타인과 정식으로 매니지먼트 계약을 맺었고, 엡스타인은 비틀스의 일을 본격적으로 하기 위해 레코드 가게 이름을 딴 넴즈 엔터프라이즈 회사도 차립니다.

뭔가 어벤져스가 만들어지는 느낌인데요?

엇갈린 운명들

엡스타인은 비틀스를 알게 된 순간부터 열정이 넘쳤어요. 잘 나가는 사업가답게 인맥을 십분 활용해 비틀스를 알렸죠. 마치 자기가 너무 좋아하는 가수를 세상 사람들이 다 알아줬으면 하는 것처럼요. 예컨대 영국의 대표 레코드 회사인 데카와 연락해서 1962년 1월 1일 데카 스튜디오 오디션을 성사시켰어요. 하지만 무대 실전파였던 비틀스는 아쉽게도 기량을 발휘하지 못했고 다른 대형 음반 회사들에도 모두 퇴짜를 맞았어요. 엡스타인은 그럼에도 절대 실망하지 않았죠. 이들이 "엘비스 프레슬리보다 더 성공할 것"이라고 확신했기 때문이에요. 도전과 실패를 거듭하는 와중에 비틀스는 1962년 4월 세 번째 함부르크 연주 여행을 떠납니다. 그런데 이때 함부르크 공항에서 멤버들은 충격적인 소식을 듣고 말아요.

또 오디션 탈락 소식이었나요?

그보다 더 비극적인 일이 일어났어요. 함부르크에서 미술 공부를 하겠다고 남았던 서트클리프가 4월 10일 뇌출혈로 사망한 거예요. 친구가 세상을 떠났다는 소식은 언제나 안타깝고 슬픈 일이지만 젊은 나이에 들이닥친 갑작스러운

함부르크에 있는 비틀스 광장 표지판
함부르크는 비틀스가 성장하는 데에 결정적인 역할을 한 도시답게 곳곳에 이들과 관련된 장소와 기념물이 있다. 그중 비틀스 광장은 장크트 파울리 지구에 위치한 원형 광장으로, 표지판 하단에는 이들의 경력이 "1962년 함부르크의 스타 클럽에서 시작되었다"고 적혀 있다.

이별이었으니 더욱더 받아들이기 힘들었어요. 특히 서트클리프와 절친이었던 레논이 크게 상심했죠. 하지만 비틀스는 일생일대의 기회 앞에 서 있던 만큼 당시 가장 핫했던 함부르크 스타 클럽에서 공연하며 슬픔을 딛고 일어섭니다.

그동안 엡스타인은 비틀스의 데카 오디션 테이프를 들고 음반 회사 문을 두드리고 있었는데요. 대형 레코드사 EMI의 자회사인 팔로폰 소속 프로듀서 조지 마틴이 여기에 반응했죠. 앞서 비틀스 대부분의 앨범에 참여했다는 그 프로듀서를 이때 만난 거예요.

리버풀 비틀스 박물관 외관
2018년 개관한 비틀스 기념 박물관. 피트 베스트의 이복동생인 로아그 베스트가 설립한 박물관으로, 건물 외관에 쿼리멘 멤버였던 '피트'와 '스튜어트'의 이름과 얼굴이 들어가 있는 게 특징이다. 전시품 대부분이 피트의 가족 소장품인 만큼 쿼리멘 시절, 즉 초창기 비틀스의 역사를 만날 수 있다.

비틀스가 대성할 재목임을 알아본 그 프로듀서인가요?

맞아요. 가만 보면 비틀스도 인복이 있는 것 같죠? 아무튼 멤버들은 이 소식에 굉장히 기뻐했고 6월 초 영국으로 돌아와 EMI 스튜디오에서 오디션을 진행했어요. 이때 이미 멤버들의 자작곡이 포함된 곡리스트들이 있었는데 조지 마틴은 엡스타인에게 건네받은 리스트 가운데 몇 곡을 골라서 녹음을 해봐요. 그리고 팔로폰은 이 첫 녹음 이후 계약서를 준비하기 시작했어요. 그런데 그사이 드러머였던 피트 베스트의 이름이 빠지게 되죠.

데뷔를 눈앞에 두고 탈퇴라니 너무 아까운데요.

사실 피트 베스트가 빠지게 된 과정은 지금까지도 확실히 밝혀지지 않았어요. 그 일에 대해 멤버마다 약간씩 해석이 다른데요. 다만 당시 조지 마틴이 피트 베스트의 드럼 실력을 문제 삼았고 엡스타인과 멤버들 역시 드러머 교체를 생각하고 있던 터라 이에 동의했다는 게 보편적으로 알려진 이야기입니다. 퇴출 통지를 받은 피트 베스트가 분개한 건 물론이고, 이때 그가 밴드 내 최고로 인기 있는 멤버였기 때문에 팬들도 거세게 항의했어요. 무엇보다 소식을 직접 전한 매니저 엡스타인이 노골적인 비난을 받아야 했죠.

제가 팬이었어도 그럴 것 같아요.

하지만 아이러니하게도 피트 베스트가 밴드를 떠났기 때문에 우린 링고 스타를 만나게 된 거죠. 피트 베스트가 나가자 레논은 로리 스톰 밴드의 링고 스타에게 영입을 제안해요. 앞서 함부르크의 카이저켈러 클럽에서 비틀스와 나란히 공연했던 그 밴드 기억나죠? 마침 그때 링고는 자기 밴드에서 떠날지 말지 고민 중이었다고 해요. 그렇게 링고는 비틀스의 제안을 받아들이고 드디어 비틀스의 마지막 멤버로 합류합니다.

천재들 사이에서 살아남기, 링고

링고 스타는 천운을 타고났네요.

그래도 링고 역시 나름의 고충이 있었죠. 1940년 7월 7일, 전형적인 노동계급 집안에서 태어난 리처드 스타키 주니어는 어린 시절 병약해 종종 병원 신세를 지던 아이였고 이 때문에 학교생활도 띄엄띄엄 했어요. 공부를 굉장히 싫어했지만 그렇다고 음악에 크게 관심 있는 것도 아닌 유년 시절을 보냅니다. 그나마 13살의 나이로 병원에 장기 입원했을 당시 드럼에 관심을 가졌고 퇴원 후 새아버지가 사준 첫 악기, 중고 드럼 세트로 음악을 시작하죠. 그렇게 흘러온 삶이 비틀스의 드러머로 꽂힌 겁니다. 참고로 링고는 비틀스에서 유일하게 활동명을 사용하는 멤버예요. '스타'라는 예명은 본인이 솔로로 연주하는 순간을 '스타 타임'이라고 소개하는 데서 비롯되었죠.

들어오자마자 데뷔 준비라니, 정신이 없었겠어요.

밴드에 합류한 이후에도 한동안 링고는 전전긍긍했다고 하는데요. 1962년 9월 4일 녹음 이후 조지 마틴에겐 링고 스타의 실력 역시 성에 차지 않았던 모양이에요. 결국 데뷔 싱글곡 〈P.S. I Love You〉에서 드럼을 앤디 화이트라는 세션 드러머가 대신하고 링고는 옆에서 마라카스와 탬버린만 흔들었다고 하죠. 실제로 그는 자신이 피트 베스트처럼 교체될까 봐 두려웠다고 회상했어요.

역시 프로의 세계는 냉정한 법일까요.

다행히 또 다른 싱글곡 〈Love Me Do〉에는 링고의 연주가 들어갔어요. 이후 정규 1집에 이 곡을 실을 때는 다시 앤디 화이트 버전이 실리긴 했지만요. 이런 상황에서 링고가 가진 특유의 낙천적이고 너그러운 성격은 여러모로 도움이 되었어요. 링고 스타는 보통 비틀스에서 다소 존재감 없는 멤버로 통해요. 미국의 유명 애니메이션 〈심슨 가족〉에선 호머 심슨이 자신이 링고 스타처럼 무시당했다는 뉘앙스의 대사를 하기도 하죠. 하지만 멤버 모두 개성과 성격이 워낙 뚜렷해서 링고처럼 묵묵히 할 일을 하고 웃어넘기는 멤버가 꼭 필요했어요. 무게 중심을 잡고 중간 역할을 해주는 멤버였던 거죠. 링고 덕분에 밴드가 유지될 수 있었다는 평도 많아요.

눈에 크게 띄진 않아도 없어선 안 될 존재였군요.

심지어 인기도 제일 많았어요. 링고 역시 비틀스 명곡을 여럿 남긴 훌륭한 싱어송라이터이기도 했고요. 이렇게 링고 스타까지 드디어 우리가 아는 비틀스가 완성되었네요. 비틀스가 처음부터 완전체로 등장해 인기를 얻은 줄 알지만 이들 역시 우여곡절이 많았어요. 요즘 아이돌들을 보면 연습생 기간을 몇 년씩 거쳐 데뷔하는데, 당시 비틀스는 무대에서 직접 부딪히고 느끼며 값진 훈련을 했죠. 자, 이제 비틀스에게 날개를 달아줄 시간이에요. 어쩌면 가장 흥미로운 강의가 될지도 모르겠네요. 가장 친숙한 듯하면서도 파헤칠수록 새로운, 비틀스의 데뷔부터 정상에 오르기까지의 이야기를 살펴볼게요.

필기노트
02. 무대라는 신성한 밥벌이

1959년 말, 쿼리멘은 '비틀스'라는 이름을 쓰면서 본격적인 활동에 돌입한다. 리버풀에서 이름을 알린 비틀스는 1960년 8월부터 독일 함부르크 클럽 무대에 서면서 실력을 키운다. 1961년엔 리버풀 최고 인기 클럽이었던 캐번 클럽에서 정기 공연을 했으며 매니저 브라이언 엡스타인을 만나 정식 데뷔의 기회를 잡는다. 이때 링고 스타를 새로운 드러머로 영입하면서 오늘날의 비틀스가 마침내 완성된다.

'비틀스'가 되기까지
- 여러 이름 후보를 거쳐 딱정벌레들이라는 뜻의 'Beetles'에서 비트(beat) 음악을 연상시키는 의미를 넣은 비틀스(Beatles)로 확정됨.

  카스바 커피 클럽 1959년 8월, 정기 연주를 시작한 최초의 장소. …▸ 리버풀 청소년들에게 각인됨.

  함부르크 카이저켈러 클럽 1960년 8월, 리버풀보다 유흥 산업 규모가 더 큰 함부르크로 진출함. …▸ 멤버 전원이 연주와 보컬을 소화하면서 실력이 월등히 늘었음.

  캐번 클럽 1961년 1월, 리버풀 중심가 클럽. …▸ 리버풀 최고의 인기 밴드로 자리매김함.

새로운 인연들
신시아 파웰 레논이 리버풀 미술대학 시절 만난 여자친구로, 1962년 레논과 결혼함.

스튜어트 서트클리프 레논의 리버풀 미술대학 친구이자 초창기 비틀스 멤버. 함부르크 시절까지 함께 활동하다가 미술 공부를 계속하기 위해 밴드를 탈퇴함. …▸ 1962년 4월 뇌출혈로 요절함.

아스트리드 키르허 함부르크 시절 비틀스의 팬이자 친구였던 예술대생. …▸ 비틀스 초기 모습들을 사진으로 많이 남김.

4명의 비틀스
브라이언 엡스타인 오늘날의 비틀스가 있기까지 중심축이 된 매니저. 리버풀의 음반상이었던 그는 1961년 캐번 클럽에서 비틀스 무대를 직접 보고 매니저 일을 시작함.

링고 스타 1940년 7월 7일생. 피트 베스트 탈퇴 이후 데뷔 직전 새로 영입된 멤버이자 비틀스의 드러머. 개성과 성격이 강한 멤버들 사이에서 중심을 잡아주는 역할을 함.

III

세계를 장악한 보이 밴드
― 아이돌, 혹은 아이콘

국경을 지워낸 음악

리버풀 거리에서 시작된 노래가
대서양을 건너 미국에 닿았다.
네 명의 청년은 소리로 세계를 여행했고,
그들의 음악은 모두의 심장을
같은 박자로 뛰게 했다.

존 레논, 폴 매카트니, 조지 해리슨, 링고 스타는
미국 땅에 움트는 봄을 알리는 전령들이었고
깨어나는 시대의 거대한 울림이었다.

- 제임스 올콧

01

'브리티시 인베이전'

#비틀스 데뷔 #영국 침공 #비틀마니아 #새로운 남성상의 등장

1962년은 아마 비틀스 팬들에겐 잊을 수 없는 해일 거예요. 그 해에 비틀스는 매니저 브라이언 엡스타인, 프로듀서 조지 마틴과 일을 시작했고 10월 5일, 드디어 첫 데뷔 싱글을 발매했으니까요.

어떤 데뷔곡일지 궁금해요.

앞서 잠깐 언급했던 〈Love Me Do〉가 바로 데뷔 싱글의 A면 곡이에요. 여기서 싱글이란 한두 곡을 담은 음반을 말하는데 보통 양면으로 한 곡씩 들어가는 형식이었죠. 데뷔 싱글의 B면에는 〈P.S. I Love You〉가 수록된 것처럼요. 이미 로컬 밴드로 유명했던 만큼 이 노래가 처음 나왔을 때 지역에서는 반응이 빨랐어요. 이후 점점 소문이 나더니 12월 27일 기준, 영국의 레코드 리테일러 차트 17위까지 올라가죠. 이 곡은 무엇보다 '신인 비틀스'의 포부와 무모함을 담고 있는데요. 아무래도 데뷔이다 보니 당초 조지 마틴은 조금 안전한 길을 가려고 했어요. 이미 히트곡을 내본 작곡가 밋치 머레이의 곡으로 비틀스를 데뷔시키고 싶어 했죠. 하지만 레논과 매카트니가 자작곡으로 싱글을 내야 한다고 강하게 주장한 덕에 비틀스는 데뷔 싱글부터 '레논-매카트니' 명의의 곡으로 승부를 걸 수 있었어요.

뭔가 귀엽고 정겨운 곡이네요.

확실히 풋풋한 느낌이 있죠? 특히 도입부를 장식하는 레논의 하모니카 연주가 이 곡의 시그니처라고 할 수 있어요. 이렇게 비틀스라는 이름을 세상에 알린 멤버들은 다음 해 1월 11일, 두 번째 싱글 〈Please Please Me〉를 발매합니다.

그럼 이 싱글도 두 곡이 들어 있는 거예요?

맞아요. 그렇게 두 곡씩 싱글로 먼저 발표했던 총 네 곡과 또 다른 열 곡을 합쳐 1963년 3월 22일, 대망의 첫 번째 정규앨범《Please Please Me》를 발매했죠. 흥미로운 건 새로 수록되는 열 곡을 단 하루 만에 녹음했다는 거예요. 멤버들만큼 열의가 넘쳤던 마틴이 스튜디오 앨범을 마치 라이브 음반처럼 만들고 싶다고 해서 시작된 강행군이었죠. 실제로 마틴은 캐번 클럽에서 작업하길 원했는데 그곳의 음향이 도저히 녹음으로는 잡히지 않아서 그 대안으로 하루 만에 모든 음악을 연이어 작업하게 된 거예요. 그래서 멤버들은 애비로드의 EMI 스튜디오에서 12시간이 넘게 노래를 했고, 이후 믹싱과 편집 과정까지 고작 25시간을 들여 끝낸 게 바로 첫 번째 정규앨범이랍니다. 실

애비로드의 EMI 스튜디오의 과거와 현재
1931년 설립된 세계 최초의 녹음 전용 스튜디오이자 현재까지도 세계적으로 유명한 레코딩 스튜디오. 비틀스를 비롯해 시대를 주름잡던 아티스트들이 작업한 곳으로 오늘날에도 이곳에서의 녹음은 굉장한 명예로 통한다. EMI 그룹 소유의 스튜디오인 만큼 처음엔 'EMI 스튜디오'로 불렸으나 1969년 비틀스의 정규앨범 《Abbey Road》가 엄청난 인기를 끌면서 '애비로드에 있는 비틀스의 스튜디오'답게 '애비로드 스튜디오'로 명칭을 변경했다.

력과 경험이 뒷받침되었기 때문에 가능했던 일이겠죠.

대박나지 않으면 억울할 정도인데요?

비틀스의 유일한 라이벌은 비틀스

비틀스의 첫 앨범은 나오자마자 고공행진을 했어요. 1부에서 잠시 소개했던, 비틀스 열풍의 시작을 알린 바로 그 앨범인데요. 이제 비틀스는 그간 클럽을 전전하며 쌓아왔던 음악 욕심을 마음껏 펼치기 시작했죠. 정규앨범이 나온 지 한 달 만에 세 번째 싱글을 냈고 이후 8월엔 네 번째 싱글 〈She Loves You〉를 발표했으니까요. 이 곡이 처음 공개되었을 때 최악의 곡이라는 혹평도 있었지만 그 부정적인

'브리티시 인베이전'

반응이 무색하게 오늘날엔 비틀스 대표곡으로 사랑받고 있어요. 무엇보다 발매일 기준 영국에서 가장 많이 팔린 싱글 기록을 세웠고 이 기록은 무려 14년 동안 깨지지 않았죠.

이 곡도 사랑 노래네요. 'Love'가 빠지질 않는군요.

대중이라는 불특정다수를 만족시키기 위해선 '사랑'만큼 효과적인 주제가 없으니까요. 그래도 가만 살펴보면 가사와 곡의 구성이 조금은 색다르다는 걸 알 수 있어요. 곡의 화자는 독특하게도 사랑의 당사자가 아닌 3자예요. "그녀가 널 사랑한대"라고 외치는 사랑의 큐피드인 셈인데요. "그녀는 지금 상심했어 / 하지만 네가 나쁜 사람이 아닌 걸 이젠 안대"라고 말을 전하거나 "괜히 자존심을 부리다간 상처받을 수 있으니 그녀에게 사과해"라고 조언까지 하죠.

설정이 재밌네요. 커플인 친구에게 연애 상담을 해주는 것 같아요.

곡의 구성도 그만큼 흥미로워요. 이 곡의 특별한 점을 알려면 먼저 일반적인 대중음악의 노래 구조를 알아야겠죠? 버스(Verse), 코러스(Chorus), 그리고 브리지(Bridge)가 대중음악을 이루는 가장 기본적인 요소들이에요. 우리말로는 보통 순서대로 절, 후렴구, 연결구라고 부르죠.
먼저 '버스'는 노래의 주제를 소개하고 서사를 전개하는 핵심 요소로, 보통 곡의 초반부에 먼저 나와서 청자에게 기대감을 심어줘요.

대중음악의 기본 노래 구조

이후 자연스레 연결되는 '코러스'는 다음에 또 나올 새로운 버스와의 사이를 메우며 노래의 주제를 강조하고 감정을 고조시키는 역할을 하죠. 버스는 매번 선율이 같더라도 가사가 나올 때마다 달라지는 것과 달리, 코러스는 후렴이라 언제나 똑같아요. 마지막으로 '브리지'는 코러스와 코러스 사이에 나오는, 말 그대로 연결구인데요. 주로 앞서 나온 노래의 다른 부분과 조성이나 음의 높낮이, 강약 등에 변화를 줘서 대비를 이루죠.

그래서 정리하자면 대중음악은 버스가 곡의 포문을 연 후 코러스와 서로 주고받고를 반복하는 구조인데, 이 패턴이 익숙해질 때쯤 다소 이질적인 브리지를 등장시켜 신선함을 더하는 겁니다. 곡의 시작과 끝은 인트로(Intro)와 아우트로(Outro)라 불리는 도입과 종결구로 장식하고요.

용어들이 많이 나와서 조금 긴장했는데 생각보다 간단하네요. 평소 듣던 노래들에 대입하면 어떤 느낌인지 알 것 같아요.

대중음악은 귀에 친숙한 게 우선인 만큼 노래 구조가 표준화되는 경향이 있는데요. 〈She Loves You〉 같은 경우엔 곡의 인트로가 따로 없고 냅다 코러스부터 시작해요. 그러니까 이미 진행되고 있던 노래의 중간부터 듣는 느낌이 들죠. 그래서 좀 당황스럽기도 하고 한편으론 더 신선해요. 특히 이 인트로에서는 코러스에 나오는 짧은 문장 "She loves you, yeah, yeah, yeah"를 세 번이나 반복하기 때문에 더 강렬하게 다가옵니다. 마치 훅(hook)처럼요.

훅이 뭔데요? 설마 갈고리라는 뜻은 아니죠?

갈고리가 맞아요. 동화 『피터팬』의 후크 선장 기억나죠? 후크 선장의 손에는 갈고리가 달려 있어서 무엇이든 쉽게 걸어서 낚아채는데요. 노래 속 훅이 바로 그 역할을 해요. 귀에 걸려서 머릿속에 오래도록 남는, 중독성이 강하고 짧은 구절을 말하거든요. 훅은 보통 코러스에 삽입되지만 때에 따라 인트로나 아웃트로 등에도 나와요. 훅이 아예 없는 경우도 있고요. 한국에선 한때 '후크송'이 유행했는데 별 의미 없는 음절이 반복되고 가사 내용이 너무 단순해지자 사람들이 질린다는 반응을 보이기도 했죠.

아, 그 후크송의 '훅'이군요! 그런데 비틀스 노래는 똑같은 가사가 세 번씩 반복되는데도 희한하게 지겹지 않네요?

이 구절은 정확하게 같은 가사와 선율이 세 번 반복되지만 그때마다 코드가 바뀌기 때문이에요. 코드란 여러 음을 동시에 낼 때 들리는 화음을 뜻하는데 짧은 한 줄의 가사가 세 번 반복되는 동안 코드 진

리버풀의 포슬린 로드 20번지
매카트니가 어릴 적 살았던 연립 주택. 1963년 6월, 그는 레논과 함께 뉴캐슬 호텔 방에서 만들던 노래 〈She Loves You〉를 이곳에서 마무리했다. 완성된 노래를 들어본 매카트니의 아버지는 코러스에서 세 번씩 반복되는 'Yeah'가 너무 미국식 표현 같다며 'Yes'로 하는 건 어떨지 제안했고, 매카트니와 레논은 엉뚱한 의견에 폭소했다고 한다.

행이 다 다르기 때문에 지루함이 덜한 거죠. 예컨대 코드마다 약간 어두운 느낌(Em), 긴장감(A7), 밝고 안정적인 분위기(C)를 조성해서 감정의 롤러코스터를 타고 있는 것만 같아요. 게다가 그 **코드가 G6로 넘어가면서** 붕 뜨는 듯한 즐거움을 주죠. 그 비결은 '솔·시·레'로 구성된 화음에 '미' 음을 얹었기 때문이고요.

다른 음을 화음에 얹을 수도 있어요?

맞아요. 마치 음식에 향신료를 얹는 것처럼요. 기본적으로 G코드는 솔(G)을 시작음, 즉 근음으로 해서 이를 기준으로 세 번째와 다섯 번

'브리티시 인베이전'

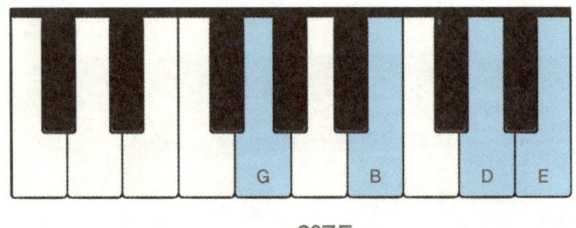

G6코드

째에 위치하는 음인 '시'와 '레'를 쌓은 화음이에요. 여기에 여섯 번째 음인 '미'를 추가해 변화를 줬는데요. 만약 G코드였다면 안정적으로 마무리된 느낌이었을 텐데 거기에 '솔' 기준 6도 위의 음정을 더해서 감정의 뉘앙스를 열어둔 거예요. 이 화음은 곡 맨 마지막에도 한 번 더 나와서 확실히 그 존재감을 뽐내고요. 이 인트로를 G6로 끝내자고 했던 건 해리슨의 아이디어였다고 하는데, 비틀스가 신인 시절부터 음악적 실험을 하고 있었다는 걸 보여주는 좋은 예죠.

음 하나 추가한 게 그렇게 대단한 실험인가요?

그때까지만 해도 로큰롤에서 이러한 코드 진행은 거의 없었어요. 로큰롤의 뿌리가 되는 리듬앤드블루스와 컨트리에서도 마찬가지였고요. 사색적인 내용을 주로 노래하는 포크 음악의 어쿠스틱 기타 반주에서나 시도되는 정도였죠. 참고로 포크는 민요에서 유래한 장르인데 혹자는 이런 코드 실험을 보고 비틀스가 포크와 록의 장르적 결합 그 가능성을 일찍이 보여주었다고 평하기도 해요.

장르의 좋은 점들을 쏙쏙 골라내서 친숙하면서도 새로운 음악을 만들었군요.

역시 범상치 않은 신인이죠? 아니나 다를까 같은 해 11월 22일 발매한 두 번째 정규앨범《With The Beatles》는 레코드 리테일러 차트 30주 연속 1위를 차지하고 있던 자신들의 첫 번째 앨범을 밀어내고, 21주간 1위에 머물러요. 한마디로 비틀스의 유일한 라이벌은 '새로운 앨범을 낸 비틀스'였던 거죠. 이렇게 1963년 한 해 동안 비틀스는 영국 전역에 이름을 알리며 명실공히 최고의 인기 밴드로 올라섭니다.

새로운 팬덤, 새로운 남성상

이제 리버풀은 비틀스를 감당하기엔 너무 좁은 동네가 되었어요. 비틀스는 1963년부터 거처를 수도인 런던으로 옮기고 밀려드는 스케줄을 소화하기 시작합니다. 그해에만 250회 가깝게 무대에 서고 50여 회의 텔레비전과 라디오 방송에 출연했으니까요.

드디어 전국구 스타가 되었네요.

모든 게 달라졌죠. 클럽 공연을 한창 다니던 시절부터도 비틀스는 열성 팬들을 몰고 다녔지만 이제 그 규모가 이전과는 비교도 되지 않았어요. 사실 레논의 경우 정식 데뷔를 하기 전인 1962년 이미 결혼한 몸이었어요. 앞서 말했듯 예술대학 시절 만난 신시아 파웰과 부부가 된 거죠. 레논은 결혼 사실을 숨기려 팬들의 눈을 피해 이사를 다니기도 했는데요. 캐번 클럽에서 공연할 때도 팬들을 잃지 않기 위해 그곳에 여자친구를 데려오지 않는 것이 암묵적 규칙이었으니, 결혼은 더더욱 그랬죠. 그만큼 비틀스는 이제 사생활 하나하나까지 전국 어디서든 모두가 지켜보는 스타로 발돋움했어요.

인기가 치솟은 만큼 부담도 커졌겠어요.

비틀스는 본격적으로 투어에도 나섰는데요. 1963년 2월 2일부터 4주에 걸쳐 진행된 비틀스 사상 첫 전국 투어를 시작으로 10월엔 일주일간 스웨덴을 돌기도 해요. 이때 스웨덴의 열기도 엄청났는데요. 오늘날 아이돌들의 해외 투어에서 볼 수 있는 현지 팬들이 열광하는 모습의 원조인 셈이죠.
본인이 살고 있는 지역에 세계적인 스타가 온다고 하면 말 그대로

비틀스 콘서트 매표소
비틀스 콘서트 티켓을 구하기 위해 밤새 줄 서는 광경은 팬들에게 일상과도 같았다. 사진 속엔 "여기에 줄을 서달라"는 문구가 붙어 있다.

난리가 나잖아요. 오죽하면 콘서트가 열리는 도시는 숙박업과 요식업이 호황을 맞아 경제 전반에 긍정적 영향을 끼친다고들 하죠. 비틀스 팬들 역시 티켓을 사기 위해 하루가 넘게 거리에서 기다리는 진풍경을 연출했고 매표소가 열린 후에는 인파가 몰리다 못해 진열창 유리가 깨져 부상자들이 병원으로 실려 가는 일까지 발생했어요. 콘서트에서 경찰들은 언제나 군중을 통제하느라 바빴고 팬들이 무대에 접근하지 못하도록 막아서기까지 했죠.

콘서트에 경찰까지 등장하다니, 완전 열성적인 팬덤이네요.

사회문화적 현상에 가까웠죠. 이런 광경을 두고 '비틀마니아'라는 용어까지 탄생했으니까요. 비틀마니아의 대표 이미지는 '고함 지르는 소녀'였는데요. 초창기 언론에선 비틀스만 나타나면 소리를 질러대는 팬들의 행동을 성적 흥분 상태의 히스테리라며 경악했어요. 그때만 해도 공공장소에서 어린 여성이 고함치거나 흐느끼는 건 여자답지 못한 행동이라 여겼거든요. 본인의 감정을 적극적으로 표현하고 열광하는 건 더더욱이 금기시되었죠.

하지만 소녀들은 스스로 비틀마니아가 되는 것이 자신들의 정체성을 찾는 일이라 여겼어요. 이렇게 '어린' '여성' 즉 세대적, 젠더적 층위에서 가장 취약했던 이들이 공동체를 이루면서 하나의 팬덤으로 가시화된 흐름은 분명 새로운 변화였죠.

요즘도 여전히 팬덤을 향한 시선이 곱지 않을 때가 많은데 그땐 더

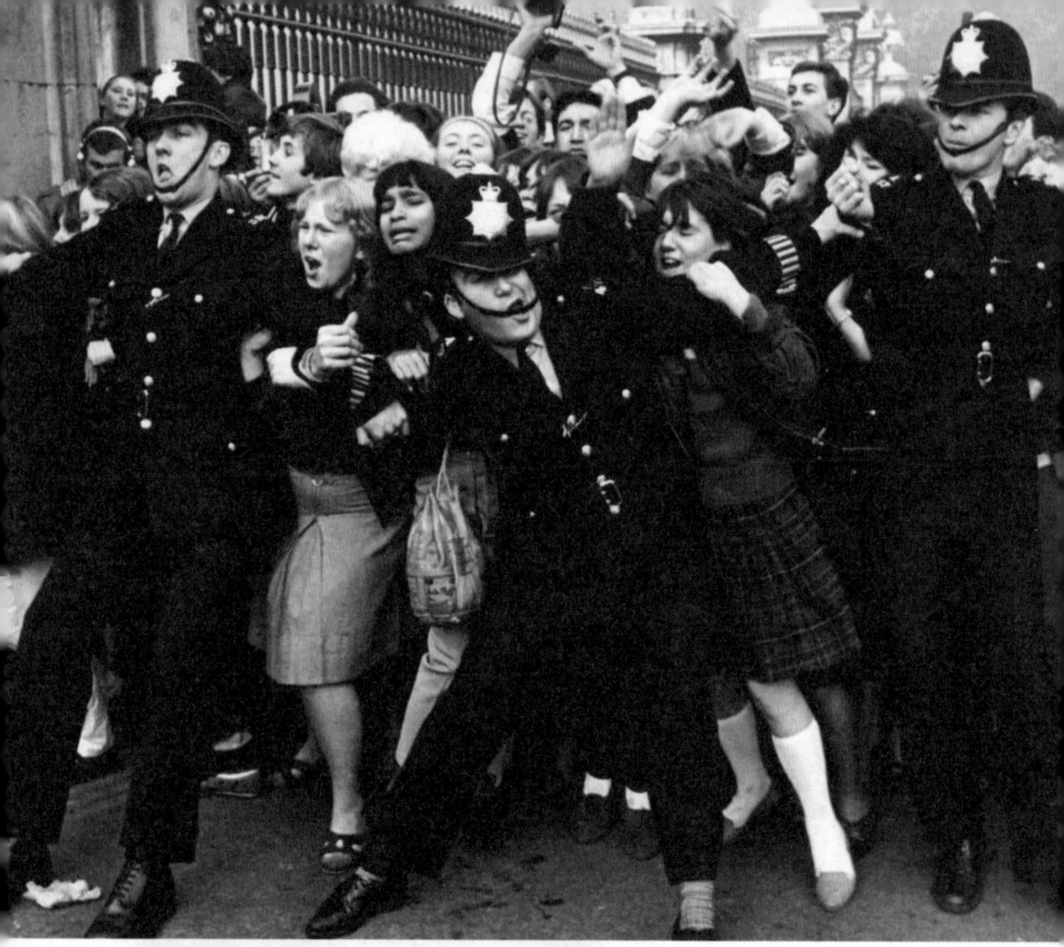

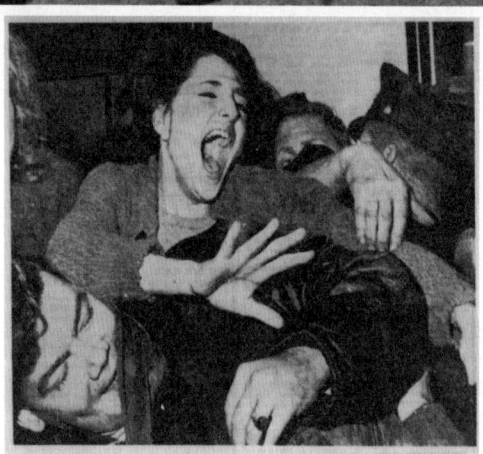

—Associated Press WIREPHOTO.
UP AND AT 'EM—Screaming girl tries to climb over policeman and spectator at Kennedy International Airport in New York City, to get better look at Beatles, British singing sensations.

비틀마니아
20대 초반이었던 비틀스는 특유의 젊음과 열정으로 팬들의 마음을 사로잡는다. 기성세대 및 음악 평론가들은 이 젊은 로큰롤 밴드에 보수적이고 부정적인 입장을 취했지만, 이는 오히려 반발심에 불을 지펴 비틀스의 인기를 더 키우는 일이 되었다. 한편, 하단 기사의 "Screaming girl"이라는 표현에서 당시 팬덤을 향한 사회적 시선을 확인할 수 있다.

눈길을 끌었을 것 같아요.

보통이면 혀를 끌끌 차고 넘어갔을 텐데 비틀스의 매니저 엡스타인은 이런 부분에서 소위 셀링 포인트를 발견했어요. 비틀스를 가장 열성적으로 좋아하는 세대를 공략 대상으로 삼고 이들의 욕구를 채워주는 전략을 짜죠. 바로 비틀스의 이미지를 관리하는 일이었어요.

사업수완이 대단하네요.

스타는 단순히 재능이 뛰어나다고 해서 만들어지지 않아요. 운이나 타이밍도 중요하고 무엇보다 어떤 이미지를 가꿔 가느냐에 따라 앞길이 좌우되죠. 비틀스는 더 이상 가죽바지를 입고 기름으로 머리를 한껏 넘긴 테디보이가 아니었어요. 깔끔한 정장을 입고 앞머리를 점잖게 앞으로 내린 도련님들로 변신했죠. 함부르크 시절 키르허가 제안한 스타일과 좀 비슷하죠? 특히 엡스타인은 그들에게 가죽 재킷과 청바지 대신 맞춤 정장을 입혔어요. 외모 뿐만 아니라 매너 또한 교정했죠. 예컨대 무대에서 음식을 먹거나 욕을 하고 담배를 피우는 것들을 금지했어요. 현대적이고 신사적인 느낌의 남성 이미지를 구축한 거예요.

하긴 거친 클럽에서 노래하던 시절과는 달라질 때가 됐죠.

게다가 이들이 모두 노동계급 출신이라는 사실을 다시 떠올려보면 엡스타인의 이미지 변신은 곧 신분 세탁 프로젝트에 가까웠죠. 실제로 정규앨범 1집 《Please Please Me》와 정규앨범 2집 《With The Beatles》의 앨범 표지에서 비틀스의 스타일과 추구하는 분위기가 변했다는 걸 한눈에 짚어낼 수 있어요. 1집 속 비틀스가 캐주얼한 의상을 입고 수더분하게 미소 짓고 있는 노동계급 청년의 모습이라면, 2집에선 단정한 단색 스웨터를 입고 진지한 표정을 한 중산계급 대학생 같은 모습을 하고 있죠. 이런 비틀스의 면모는 새로운 남성 이미지의 본보기가 되기도 했어요.

이미지 개선 정도가 아니라 새로운 남성 이미지까지 제시했다고요?

세계를 장악한 보이 밴드

비틀스 이전에 스타들은 보통 마초적이고 거친 이미지 혹은 달콤한 사랑을 속삭이며 소녀들의 취향을 저격하는 부드러운 이미지 중 하나를 골라서 내세웠어요. 그런데 비틀스는 이 두 요소를 모두 차용하여 복합적인 이미지를 만든 거예요. 감미로운 사랑 노래를 부르며 귀엽고 깔끔한 모습을 보이다가도 여전히 인터뷰를 할 때면 짓궂고 직설적인 답변으로 거침없는 악동의 모습을 보여주었죠.

영리한 방법이었네요. 덕분에 비슷비슷했던 스타들의 이미지도 다양해졌겠어요.

이렇게나 새롭고 특별한 비틀스였기에 그들의 인기가 영국을 넘어 세계로 퍼지는 건 시간문제였어요. 예나 지금이나 미국은 대중음악 산업을 지배하는 가장 큰 시장인 만큼 이제 비틀스는 그 시장을 정복하기 위해 미국행 비행기에 몸을 실었죠.

영국, 미국을 침공하다

1964년 2월 7일, 미국 존 에프 케네디 공항에는 영국에서 혜성처럼 등장한 비틀스를 보기 위해 엄청난 인파가 구름떼처럼 몰려들었어요. 런던 공항에서 대대적인 배웅을 받으며 떠난 비틀스였지만 미국의 반응을 두 눈으로 직접 보기 전이라 꽤 긴장했다고 하는데요. 비행기에서 내리는 순간 그곳을 가득 메운 수천 명의 사람들을 보고

'브리티시 인베이전'

안도했어요. "이번 브리티시 인베이전의 코드명은
비틀마니아입니다". 앵커는 비틀스의 입국 소식을
이렇게 전했죠. QR 코드를 찍어보면 **당시 생생한 현
장**을 느낄 수 있을 거예요.

인베이전이고 코드명이고, 무슨 군사 작전하듯이 말하네요.

맞아요. 영국 문화가 미국을 강타했다는 의미를 담아 영국 침공이라
는 뜻의 브리티시 인베이전이라고 한 거예요. 브리티시 인베이전이
라는 말은 애초 비틀스의 성공적인 미국 진출에 빗대어 사용했는데
요. 이후 1960~1970년대에 영국
문화 및 밴드들이 미국에서 돌풍
을 일으키면서 유례없는 성공을
거뒀던, 그 황금기를 일컫는 용어
가 됩니다. 그만큼 비틀스의 미국
진출은 대중음악계의 지각 변동
임과 동시에 미국 사회가 새로운
국면을 맞이하는 일이었어요. 이
전까지만 해도 미국이란 곳은 대
중음악의 종주국답게 외국 밴드
가 진출할 수 있는 만만한 시장이
아니었어요. 하지만 비틀스가 미
국에 '침공'한 1960년대는 마침 미

워싱턴 콜리세움 공연 극장 상영 포스터, 1964년
1964년 2월, 비틀스는 워싱턴 콜리세움에서
미국 첫 콘서트를 열었다. 이 공연 영상은
미국의 일부 극장에서 폐회로 상영되었으며,
브리티시 인베이전의 신호탄이 되었다.

국에 뜻밖의 공백이 생긴 때였고, 그들이 이를 타이밍 좋게 메운 것이기도 했죠.

미국같이 큰 나라에도 공백이 생기나요?

거짓말처럼 흔치 않은 일들이 동시에 벌어졌어요. 먼저 미국 대중음악을 주름잡던 스타들이 1950년대 말 모두 증발한 건데요. 1958년 엘비스 프레슬리는 군대에 징집되었고 1959년 척 베리는 범법으로 감옥에 수감되었으며, 같은 해 비틀스라는 이름에 영감을 주었던 그 버디 홀리는 비행기 사고로 사망합니다. 한마디로 스타 자리가 한꺼번에 공석이 되었죠. 그 사이 영국에서 미국의 로큰롤 불씨가 타올라 꿈나무들이 꾸준히 성장했고요. 결국 영국의 비틀스가 로큰롤 음악을 잘 다듬고 광내서 미국에 역수출한 셈이죠. 이러니 비틀스는 미국의 새로운 미래로 인식되기까지 했어요.

그래도 영국인이 미국의 새로운 미래라니, 미국인들이 그런 표현을 썼다고요?

비틀스가 한창 영국에서 부상하던 1963년 하반기 미국에선 충격적인 사건이 하나 발생해요. 11월 22일 미국의 35대 대통령 존 F. 케네디가 텍사스주 댈러스시 자동차 퍼레이드 중 괴한의 총에 맞고 사망했죠. 한 나라 그것도 미국의 대통령이 온 국민이 보는 앞에서 암살당한 사건이라 전 세계가 발칵 뒤집혔는데요. 무엇보다 케네디는

자동차 퍼레이드 당시 케네디 대통령
1963년 11월 22일 텍사스주 댈러스시 자동차 퍼레이드 중인 케네디 대통령과 부인 재클린 케네디 오나시스의 모습이다. 케네디가 암살당하기 불과 몇 분 전 상황이 사진에 담겼다.

1961년 당선된 미국 역사상 최연소 대통령이자 20세기, 즉 새로운 세기에 태어난 최초의 대통령이었어요. 저돌적이고 패기 넘치는 행보로 미국의 새로운 희망으로 통했죠. 이러한 미래가 한순간에 사라진 건데 이 암울한 때에 비틀스라는 청년들이 나타난 거예요.

그래도 비틀스는 정치인이 아니라 가수잖아요.

비틀스가 정치인의 역할을 대신했다는 뜻은 아니에요. 케네디의 사망으로 마음 둘 곳을 잃은 미국의 젊은이들이 비틀스를 보고선 다시 미래를 기대하고 꿈꾸게 되었다는 거죠. 그렇게 비틀스는 새로운 젊음이자 희망의 아이콘으로 부상하기 시작합니다. 하지만 비틀스 역시 케네디 암살 사건으로 피해를 봤어요. 이때가 비틀스가 미국 진출을 노리고 있던 시기로, CBS 아침 뉴스는 비틀마니아 현상에 대해 최초 보도를 한 적이 있는데요. 이 보도는 시청률이 높은 저녁 시간대에 재방송될 예정이었으나 그 일정이 갑자기 취소되고 말아요. 바로 그날 케네디가 암살당했기 때문이죠. 사건이 터진 후 뉴스는 모두 케네디 이야기로 도배되었고 비틀스 소식은 완전히 묻혀버리죠.

여러모로 타이밍이 참 공교롭네요.

차트와 공연장을 점령하다

이제 본격적으로 비틀스의 미국 출정기를 살펴볼게요. 이들의 미국 진출을 성공으로 이끈 곡 하나가 있는데요. 바로 〈I Want To Hold Your Hand〉입니다. 영국에서 1963년 11월 29일 발매한 다섯 번째 싱글로 밴드 최초의 4트랙 녹음 곡이기도 하죠.

4트랙 녹음이 뭔데요?

멀티트랙 녹음 기술 중 하나로, 여기서 트랙은 쉽게 말해 녹음된 기록을 뜻해요. 멀티트랙은 각각의 소리를 여러 트랙에 녹음해서 이를 합치거나 필요에 따라 편집해서 다양한 음악적 효과를 만들 수 있죠. 당시엔 2트랙 녹음이 보편적이었는데 비틀스가 4개의 트랙을 활용한 거예요. 그래서 멜로디 자체는 듣기 쉽고 단조로울지 몰라도 음향은 상당히 풍부해요.

다양한 소리를 한 번에 들을 수 있게 된 거네요!

갑자기 한 옥타브가 상승하는 구성도 곡에 재미를 더하죠. 50초쯤이 지나면 신나고 밝은 분위기가 살짝 잦아드는 순간이 찾아오는데 그러다가 한 옥타브가 올라가면서 재도약하는 전개 방식을 보여요. 이때 가사를 보면 "당신과 닿을 때면 내 안에서 행복이 꽃펴요", "이런 감정을 나는 숨길 수 없어요" 이런 식으로 사랑에 빠진 감정선을 표현하는데요. 숨길 수 없다는 뜻의 "I can't hide"라는 구절을 세 번 반복하면서 점차 음이 도약하는 진행은 마치 사랑의 감정을 주체할 수 없는 상황을 음악적으로 그리는 듯하죠.

청각적으로도 사랑에 빠진 기분을 들게 하는 거네요.

이 곡이 미국에서 더욱 반응이 좋았던 이유는 새롭고 신선했기 때문인데요. 미국의 록 음악이란 보통 공격적이고 거친 콕 록과 소녀들을 타깃으로 한 부드럽고 귀여운 느낌의 티니밥으로 나뉘었어요. 반면 이 곡은 그런 구분 자체를 무의미하게 만들 정도로 분명히 달랐죠. 게다가 콕 록은 한 곡에서 3개의 코드, 티니밥은 4개의 코드를 사용하는 게 일반적이었어요. 음악에서 코드 진행은 곡의 흐름을 결정짓는 일이라 코드 진행의 가짓수가 적을수록 안정적이지만 다른 말로는 단조롭다는 뜻이 되거든요. 그런데 비틀스는 한마디 안에서도 코드를 여러 번 바꾸면서 훨씬 다양한 색깔을 보여주었죠.

비틀스 잡지를 보고 있는 팬
당시 비틀스는 최고의 인기 아이돌답게 다양한 잡지 표지 및 인터뷰를 장식했다. 그 가운데 「더 비틀스 북」은 1963년부터 6여 년간 발행된 잡지로 비틀스에 관한 이야기로만 채워진 비틀스 전문 잡지였다. 사진 속 팬들은 비틀스 콘서트 티켓 구매 줄을 기다리는 중에도 잡지로 비틀스를 보고 있다.

로큰롤 밴드라고 하면 그저 신나는 음악만 한다고 생각했는데 반전이네요.

여러모로 대중문화의 새로운 가능성을 제시한 셈이죠. 이런 변화를 계승하여 오늘날은 더욱 다분화된 음악들이 존재하고요. 빌보드 핫 100 싱글차트에 45위로 진입한 〈I Want To Hold Your Hand〉는 마침내 1위에 올랐고 7주간 기록을 지킵니다. 이땐 직접 미국에 가기도 전이었는데 음반으로만 알려진 채로 1위를 했죠.
그만큼 비틀스를 향한 대중의 관심은 최고조에 달했고 2월 7일, 미국 땅에 발을 디디자마자 비틀스는 여기저기서 모셔가느라 바쁜 몸이 되었어요. 첫 번째 주요 일정은 2월 9일 그 유명한 〈에드 설리번 쇼〉에 출연하는 거였어요. 이때 7천 3백만여 명, 즉 미국 인구의

'브리티시 인베이전'

40%가 이 프로그램을 봤다고 해요. 현장 방청 좌석은 728석이었지만 5만여 명이 응모했다고 하니 엄청난 열기였죠.

미국인들이 비틀스의 실물을 정말 보고 싶었나봐요.

그들의 뜨거운 호응에 부응하듯 비틀스는 바로 콘서트도 열었는데요. 2월 11일에 워싱턴 콜리세움에서 첫 미국 콘서트를 개최하면서 8천여 명의 관객을 동원했죠. 12일엔 뉴욕 카네기홀에서 2회차 공연을 하며 객석을 가득 메운 청중들을 열광시켰고요. 이 정도 인기이다 보니 차트 석권은 말할 것도 없었는데요. 예컨대 1964년 4월 4일 빌보드 핫100 싱글차트엔 진풍경이 펼쳐졌어요. 1위부터 5위까지가 모두 비틀스의 곡이었거든요.

	곡 제목	가수
1	Can't Buy Me Love	비틀스
2	Twist And Shout	비틀스
3	She Loves You	비틀스
4	I Want To Hold Your Hand	비틀스
5	Please Please Me	비틀스
6	Suspicion	테리 스태퍼드
7	Hello, Dolly!	루이 암스트롱과 올스타스
8	The Shoop Shoop Song	베티 에버렛

1964년 4월 4일 빌보드 핫100 싱글차트

이거야말로 비틀스의 유일한 라이벌은 비틀스뿐이었다고 해야겠어요.

어 하드 데이스 나이트

"이 작품은 주크박스 영화계의 〈시민 케인〉이다". 1964년 여름 개봉한 비틀스의 영화 〈A Hard Day's Night〉를 두고 미국의 주간지 『빌리지 보이스』가 남긴 극찬입니다. 참고로 1941년에 제작된 영화 〈시민 케인〉은 할리우드 영화 관습을 깨뜨린 걸작으로 영화사에서 매우 중요한 작품이죠.

비틀스가 영화배우도 했나요?

당시엔 잘 나가는 가수가 영화에 출연하는 건 흔한 일이었어요. 다만 이 영화는 설정된 캐릭터와 극적인 서사가 있는 일반적인 영화가 아니에요. 노래들을 주요 소재로 삼아서 이걸 스토리와 엮은 작품이죠. 이런 걸 주크박스 영화라고 하는데요. 바로 이 〈A Hard Day's Night〉가 주크박스 영화의 기틀을 마련했어요. 예고편 영상을 보면 어떤 느낌인지 감이 올 거예요.

톱스타 비틀스의 일상을 그대로 담은 것 같네요.

멤버들이 각자 자기 자신을 연기했다고나 할까요. 일약 스타덤에 오른 비틀스 멤버들의 눈코 뜰 새 없이 바쁜 하루가 영화의 주 내용으로, 아이돌들이 일거수일투족을 콘텐츠화하는 요즘 트렌드와 비슷하죠. 비틀스의 경우는 영화 곳곳에 음악을 삽입해 좀 더 뮤지컬과 같은 형식으로 구성했고요. 예고편 첫 장면에서 비틀스 멤버들은 비명을 지르는 소녀들에게 쫓기는데 이때 깔리는 음악이 영화의 주제곡이에요.

난데없이 "딩!"하고 기타 소리가 울려서 잘못 들은 줄 알았어요.

제대로 들었네요. 이 곡은 2초만 듣고도 알아차릴 수 있는 곡이에요. 그만큼 오프닝 코드가 인상적이죠. 해리슨이 구현한 이 코드는 너무나 독특해서 아직도 정확히 어떤 음들인지에 대한 의견이 분분해요. 대체로 G7서스포(sus4) 코드로 정리되고 있지만요.

리켄배커 기타
이 곡의 오프닝 코드는 해리슨의 '리켄배커 360/12' 12현 기타로 구현되었다. 레논과 매카트니 역시 사용한 리켄배커 사의 기타 및 베이스는 1960년대 록 사운드를 대표했다.

서스포 코드요? 이름이 참 희한하네요.

사실 서스포라는 이름에 모든 힌트가 있어요. 차근차근 살펴볼게요. 먼저 서스(sus)는 유보하다, 보류한다는 뜻의 서스펜드(suspend)의 줄임말이에요. 그래서 서스 코드란 본래 화음을 이루고 있는 음 하나를 보류한 채 그곳에 다른 음을 넣는 특수한 코드예요. 귀에 익은 음 대신 거슬리지 않으면서도 묘하게 낯선 소리가 만들어지기 때문에 긴장감을 유발하는 역할을 하죠.

그럼 서스 코드에 붙은 숫자 4의 정체는 뭐죠?

서스포(sus4)란 기존의 음 대신 넣었다는 그 음이 바로 4도 음이란 뜻이에요. 이 곡에서는 기타로 화음을 연주했지만 우린 피아노 건반

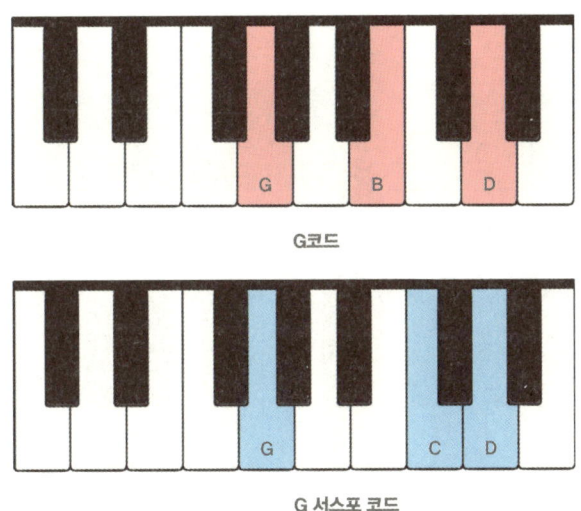

G코드

G 서스포 코드

'브리티시 인베이전'

을 눈으로 확인하면서 알아볼게요. 해당 오프닝 코드에서 가장 기본이 되는 G코드는 시작음, 즉 근음인 솔을 기준으로 1도, 3도, 5도에 걸쳐 있는 음들인 '솔·시·레'로 이루어져 있어요. 여기서 서스포 코드를 만든다면 3도 음인 '시' 대신 4도 음인 '도'가 들어가는 구성이 되는 거죠.

그런데 단순히 G코드가 아니라 옆에 7이라는 숫자도 있던데…

코드 이름에 7이 들어간 건 7화음이라는 뜻인데요. 7화음이란 음이 3개로 이루어진 3화음에다가 근음을 기준으로 7도가 되는 음을 하나 더 쌓아 네 개의 음으로 만든 화음이에요. 그러니까 G7코드는 '솔·시·레·파'가 되겠죠? 여기에 아까 배운 서스포 코드를 적용해본다면, 결국 G7 서스포 코드는 '솔·시·레·파'로 이루어진 G7 코드에서 3음인 '시'를 빼고 4음인 '도'를 넣은 '솔·도·레·파'가 되는 거예요.

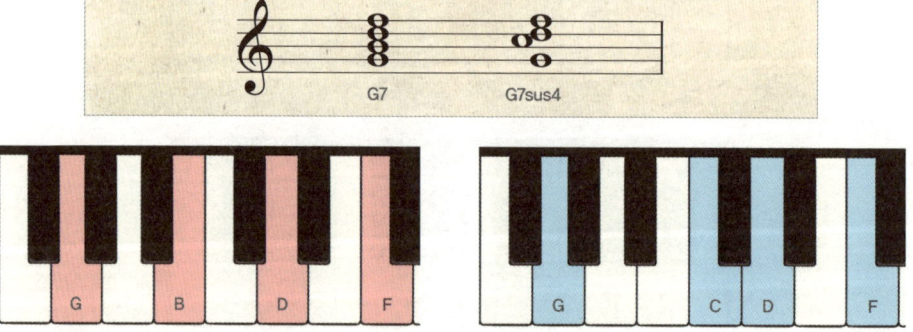

G7코드와 G7서스포 코드

〈A Hard Day's Night〉는 시작만큼 끝맺음도 특이한 곡이에요. 당시만 해도 생경했던, 소리가 점점 작아지다가 이내 사라지는 페이드아웃 방식으로 끝나거든요. 대놓고 곡을 마무리하지 않으니 여운이 남죠.

비틀스 노래를 그냥 들었을 땐 잘 몰랐는데 뭔가 새로운 시도가 계속 나오는군요.

놀랍게도 이 곡은 영화 제목이 정해진 후 그와 같은 제목으로 해서 일주일 만에 만들었어요. 그렇게 영화용 트랙 일곱 곡과 새로운 노래 여섯 곡을 양면에  담아 영화 개봉일인 1964년 7월 10일에 맞춰 세 번째 정규앨범 《A Hard Day's Night》이 동시에 나왔죠. 비틀스가 이 영화와 앨범을 만드는 과정 역시 노래 속 가사처럼 "정말 힘들었던 날"의 연속이었어요. 이들은 첫 미국 방문을 마치고 귀국한 지 8일 만에 영화 촬영을 시작했고, 동시에 영화용 트랙의 작곡 및 녹음 작업을 했으며, 앨범용 노래도 완성시켜야 했죠. 살인적인 스케줄이었지만 덕분에 영화 개봉 후 비틀스는 명실상부한 월드 스타로 우뚝 섰어요. 그해 전반의 활동과 타이틀곡 〈A Hard Day's Night〉로 비틀스는 7회 그래미 어워즈에서 각각 최우수 신인상과 최우수 보컬 그룹 연주상을 수상하는 쾌거를 거두었죠.

고생 끝에 드디어 낙이 왔네요.

피커딜리서커스에 걸린 〈A Hard Day's Night〉, 1964년
1964년 7월 6일, 런던 파빌리온 극장에선 비틀스의 〈A Hard Day's Night〉 최초 시사회가 열렸죠. 런던의 대표 번화가 피커딜리서커스에 걸린 커다란 비틀스 광고판이 그들의 인기를 실감하게 한다.

지금껏 아이돌로서 부상한 비틀스의 여정을 따라가 봤는데요. 멤버들의 재능과 실력, 매니저 엡스타인의 탁월한 전략 그리고 새로운 문화적 태동으로 가득한 시대 상황이 맞아 떨어진 덕에 전설이 탄생하는 시간이었죠. 하지만 이들이 단순히 잘나가는 보이 밴드에 머물렀다면 오늘날 '클래식'이라고까지 불리진 못했을 거예요. 비틀스는 아이돌을 넘어 시대의 아이콘이 되었기에 살아 숨 쉬는 존재로 남을 수 있었죠. 과연 이들은 어떤 길을 걸었을까요? 다음 장으로 넘어가 볼게요.

필기노트
01. '브리티시 인베이전'

1962년 10월 5일, 데뷔 싱글을 발매한 비틀스는 다음 해 영국 전역에 이름을 알리며 최고의 인기 밴드가 된다. 이 기세를 몰아 1964년 2월 7일, 미국에 공식 진출한 비틀스는 '브리티시 인베이전' 열풍을 일으키며 전 세계적으로 사랑받는 스타로 자리매김한다.

바가지 머리의 록스타
- 1962년 10월 5일 데뷔 싱글 〈Love Me Do〉 발매.
- 1963년 3월 22일 첫 번째 정규앨범 《Please Please Me》 발매.

비틀마니아 비틀스의 열성 팬덤. '고함 지르는 소녀'가 대표적 이미지. ⋯▸ 본인의 감정을 적극적으로 표현하는 어린 여성의 모습은 새로운 사회문화적 현상으로 각인됨.

새로운 남성 이미지 엡스타인은 노동계급 출신 '테디보이'들을 중산계급 도련님으로 변신시킴. 깔끔하고 부드러운 외형 + 당당하고 거침없는 태도 ⋯▸ 복합적인 남성 이미지 제시.

미국을 강타한 영국 밴드
브리티시 인베이전 1960~1970년대 영국 문화 및 밴드가 미국에서 돌풍을 일으킨 사회문화적 현상. → 1964년 2월 7일, 비틀스는 존 에프 케네디 공항에 도착하면서 본격적으로 미국에 진출함.

새로운 젊음의 아이콘 1960년대 미국은 문화적·사회적 공백이 생긴 상태였음.
(1) 미국 대중음악 스타들이 비슷한 시기에 부재하거나 사망함.
(2) 미국의 미래이자 희망이었던 존 F. 케네디 대통령이 피살당함.
⋯▸ 영국에서 온 로큰롤 밴드가 새로운 젊음의 상징으로 떠오름.

슈퍼스타의 스케줄
- 1964년 2월 9일 〈에드 설리번 쇼〉 출연. → 2월 11일 워싱턴 콜리세움 공연 개최. → 4월 4일 빌보드 핫100 싱글차트 1~5위 석권.
- 1964년 7월 6일, 영화 〈A Hard Day's Night〉 개봉.

〈**A Hard Day's Night**〉 영화의 주제가이자 동명의 앨범 첫 번째 트랙. 인상적인 오프닝 코드는 해리슨의 아이디어로 탄생함. ⋯▸ 서스포 코드의 사용은 초창기 음악적 실험의 증거.

참고 서스포 코드 장3화음에서 3도 음 대신 4도 음을 넣는 특수한 코드로, 귀에 익은 듯하면서도 약간의 긴장감을 가미함.

리듬과 시가 만난 자리

전율의 기타 사이로 한 줄의 시가 스며들었다.
로큰롤은 철학을 입었고, 포크는 리듬을 배웠다.
그 교차점에서 청춘은 '목소리'를 얻었다.

딜런이 비틀스를 만났을 때
비틀스의 마법은 사운드에,
딜런의 마법은 노랫말에 있었다.

- 앨 애러노위츠

02

영원한 청년의 노래

#청년 문화 #포크 록 #포크 #밥 딜런 #존 바에즈
#저항 정신 #록 스피릿

잘 나갔던 스타가 과거를 회상하는 인터뷰엔 언제나 이런 고백이 빠지지 않아요. "그땐 너무 바빠서 인기와 부를 누릴 새도 없었다"는 식의 말이요. 비틀스 역시 1963년부터 물 들어올 때 노를 젓느라 제대로 된 휴식을 갖지 못했어요. 1964년 12월 4일 발매된 네 번째 정규앨범 《Beatles For Sale》의 표지만 봐도 피곤에 찌든 멤버들의 얼굴을 볼 수 있죠.

뭔가 활력 가득한 느낌은 아니네요.

대신 더 차분하고 성숙해진 것 같긴 하죠. '비틀스를 팝니다'라는 앨범명은 자조적인 뉘앙스가 있는데 본격적으로 브랜드이자 상품이 된 비틀스의 당시를 반영한 듯한 제목이에요. 원래 멤버들의 자작곡으로만 채우려고 했지만 스케줄이 빠듯한 탓에 자작곡은 여덟 곡만 들어갔어요. 나머지 여섯 곡은 로큰롤 커버곡들을 담았죠. 오히려 구성적으론 옛날로 회귀한 셈이에요.

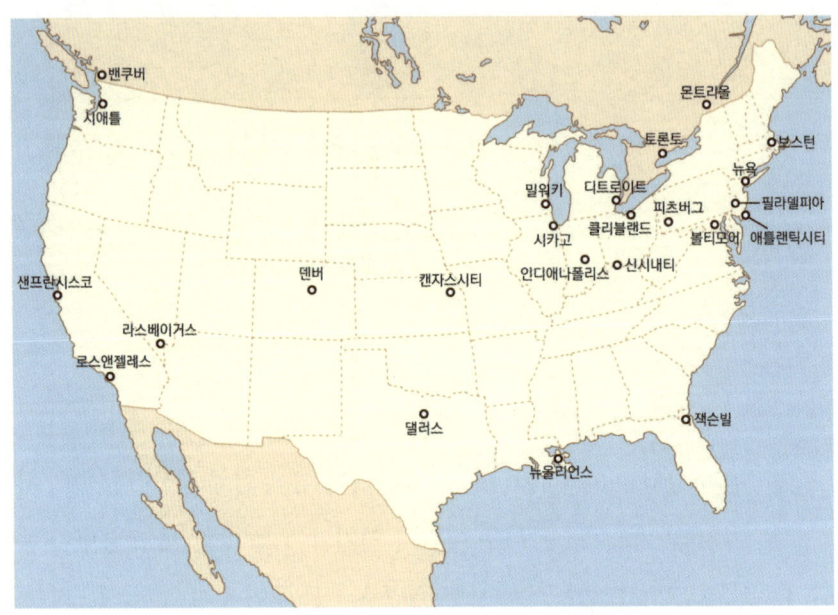

1964년 비틀스의 북미 투어 지역
1964년 8월 19일부터 9월 20일까지 비틀스는 총 32회 공연을 하며 팬들을 만났다.

여전히 여덟 곡이나 넣은 것도 대단한데요?

비틀스는 1964년 6월 4일부터 8월 16일까지 유럽과 오세아니아, 아시아를 도는 투어를 했고 8월 19일부터 9월 20일까지는 미국과 캐나다를 도는 북미 투어를 소화했어요. 게다가 10월 9일부터 11월 10일까지는 영국 전국 투어를 진행했죠. 세 번째 정규앨범 활동을 하면서 투어를 돌고 그사이 12월에 발매될 네 번째 정규앨범을 준비한 셈이니, 남들과 똑같이 주어진 하루가 48시간이나 되는 것처럼 달렸을 거예요.

불이 꺼지지 않는 스튜디오

아무리 활동 스케줄이 바빴어도 비틀스는 음악 만들기를 1순위에 두었고 더욱이 음악적 실험도 멈추지 않았어요. 무엇보다 비틀스는 스튜디오 녹음의 장점을 십분 활용해 마음에 들 때까지 녹음과 편곡을 계속했죠.

엄청난 열정이네요. 요즘 가수들은 앨범 작업에 돌입하면 활동을 쉬는 경우도 많던데…

네 번째 정규앨범 수록곡도 안 들어보고 가면 섭섭하겠죠? 여덟 번째 트랙 〈Eight Days A Week〉를 살펴볼 건데요. 앞서 〈A Hard Day's Night〉에서 페이드아웃 기법을 썼다면 이 곡에선 최초로 페이드인 기법을 도입했답니다. 페이드인 기법은 말 그대로 소리가 점점 커지면서 노래가 시작되는 것으로, 극적인 전개를 기대하게 만들죠.

어쩐지 시작할 때 너무 작게 들려서 스피커 음량을 올릴 뻔했어요.

이 곡은 미완성이었던 버전을 스튜디오에 가져와 멤버들의 의견을 반영하며 다듬은 건데요. 이런 작업 스타일이 이후 비틀스 특유의 제작 방식으로 굳어지면서 멤버들의 역량을 종합한 결과물들을 만들 수 있었어요. 매카트니의 아이디어가 주요 바탕이 된 이 곡은 일주일간 8일의 사랑을 연인에게 주겠다는, 즉 일주일 그 이상의 시간과 애정을 쏟겠다며 달콤하게 사랑을 고백하는 내용이에요.

곡마다 비슷하면서도 기발한 구석이 꼭 있네요.

1965년 8월 6일 발매한 다섯 번째 정규앨범 《Help!》를 만나면 더 놀랄 거예요. 이 앨범을 기점으로 비틀스는 확실히 단순하고 아기자기한 사랑 이야기만 하는 아이돌 역할에서 벗어나거든요.

앨범명과 동명인 〈Help!〉는 레논이 쓴 곡으로 그가 처음으로 자기 자신에 대해 노래한 곡이에요. 지금껏 1인칭 시점으로 누군가를 사랑한다는 내용을 노래하긴 했어도 그건 대중의 취향과 상업적 이익을 고려한, 일종의 설정이자 허구였거든요.

노래 내용이 더 궁금해지는걸요?

누군가에게 도움을 요청할 때 쓰는 구호 '헬프'가 노래를 관통하는 메시지예요. 레논은 엄청난 성공을 거둔 후 찾아온 고독과 상실감에 대해 말하며 "다시 땅에 발을 디딜 수 있게 도와달라"고 외쳐요. 일반인의 삶과는 동떨어진 일들로 가득한 스타의 삶은 너무 비현실적인 나머지, 마치 공중에 붕 뜬 느낌이었겠죠. 레논이 내면의 생각을 솔직하게 털어놓은 이 곡은 원래 다소 심오하고 진지한 가사에 따라 느린 템포로 작곡되었어요. 하지만 결국 상업성을 고려해 훨씬 빠른 버전으로 편곡을 거쳤죠.

영화 〈Help!〉
다섯 번째 정규앨범 《Help!》는 영화용 트랙 일곱 곡과 새로운 곡 일곱 곡으로 구성되었다. 앨범 발매 일주일 전인 7월 29일 개봉한 동명의 영화 〈Help!〉는 비틀스가 해외 곳곳을 누비며 촬영한 두 번째 영화였다. 촬영지 중 한 곳인 오스트리아 알프스산맥의 오베르타우에른 지역에 가면 관련 기념물과 포토존을 만날 수 있다.

여전히 대중적인 면을 포기할 수는 없는지라 약간의 타협이 있긴 해도 비틀스가 담는 메시지의 폭은 훨씬 넓어졌고 음악적 스타일도 다양해졌어요. 초반에 소개했던 그 유명한 〈Yesterday〉가 바로 이 앨범 B면의 여섯 번째로 수록되어 있죠.

〈Yesterday〉가 드디어 나오는군요!

매카트니가 "내 노래 중 가장 직관적인, 최고의 노래"라 밝힐 정도로 너무나 아름답고 심오한 음악이죠. 이 기막힌 선율은 매카트니가 꿈에서 떠올린 거라고 하는데요. 워낙 수려한 탓에 혹시 자기가 어디

선가 들어본 노래가 아닐지 걱정되어 당시 음악 관계자들에게 먼저 들려줬다고 해요. 비슷한 곡이 없다는 걸 재차 확인한 후에야 세상에 내놓은 노래가 바로 〈Yesterday〉였죠.

비틀스의 효자곡이긴 해도 당시 어쿠스틱 발라드로 분류되면서 비틀스의 로큰롤 정체성에는 맞지 않다고 여겼는지, 영국에서 싱글로 발매되지 않은 특이한 이력을 갖고 있어요. 또한 이 곡은 매카트니 혼자 노래도 하고 어쿠스틱 기타로 반주도 하는데, 이렇게 멤버 혼자 모든 걸 소화한 최초의 비틀스 곡이기도 하죠.

그런데도 '레논-매카트니' 명의로 발매되었나요?

이 원칙은 계속 지켜졌어요. 오랜 시간이 흐른 후에 매카트니가 레논의 아내인 오노 요코에게 이 곡의 명의를 '매카트니-레논'으로 바꿔도 될지 물어봤다는 이야기가 있지만요. 그때는 이미 레논이 세상을 떠난 후였죠. 아무튼 이 앨범에는 〈Yesterday〉 말고도 어쿠스틱한 곡이 꽤 있는데요. 레논이 만든 〈You've Got To Hide Your Love Away〉가 대표적이에요. 앨범 A면의 세 번째 트랙인데 레논은 이 곡을 두고 "딜런적 시기의 레논"이 만들었다고 해요.

딜런적 시기가 뭔데요?

여기서 딜런은 포크의 거장 밥 딜런을 말해요. 그러니까 당시 레논이 밥 딜런의 음악에 영향을 받아 쓴 곡이라는 건데요. 실제로 어쿠스틱 기타 사운드는 물론 배경음으로 **탬버린 소리와 알토 플루트 소리**가 깔리면서 정겹고 토속적인 분위기가 풍겨요. 동일한 선율이 반복적으로 나오는 구조도 포크의 유절형식과 닮아있고요. 무엇보다 로큰롤 밴드가 어쿠스틱 악기로 연주했다는 건 음악적 저변을 넓혀 간다는 증거와도 같았죠. 초창기부터 하모니카 등으로 어쿠스틱한 느낌을 주려고 시도한 게 이 시기에 비로소 만개했다는 뜻도 되고요.

록이랑 포크가 그렇게 다른 건가요? 장르를 넘나드는 건 흔한 일이 잖아요.

이때만 해도 포크는 순수하다 못해 외골수적인 면이 있었어요. 이를 증명하는 아주 대표적인 사건이 그해에 발생했죠.

포크 가수, 일렉기타를 메다

1965년 7월 25일, 뉴포트 포크 페스티벌에서 밥 딜런이 어쿠스틱 기타 대신 전기기타, 즉 일렉기타를 치며 노래를 시작했어요. 그러자 관중은 야유를 보냈고 이내 '포크를 불러라!'라고 소리쳤죠. 그들에게 일렉기타로 연주하는 음악은 진정한 포크가 아니었던 거죠. 게다가 포크계의 아이돌인 밥 딜런이 일렉기타를 들고나온 것 자체를 변절로 받아들였는데요. 순수 포크주의자들은 모욕감까지 느꼈다고 해요.

일렉기타가 어때서요? 너무 빡빡한 거 아닌가요?

일렉기타는 로큰롤의 악기였기에 그걸 사용한다는 건 곧 상업성과 타협한다는 의미였어요. 그때까지만 해도 포크계는 시끄럽고 자극적인 음악을 이용해 말 그대로 돈을 쓸어 담고 있는 로큰롤의 진정성과 정통성을 의심하곤 했죠. 하지만 밥 딜런은 입장을 바꿔 록이 가지고 있는 음악적 잠재력을 어떻게 포크와 결합할 수 있을지 고민했고, 이 사건을 기점으로 증명해 보이기 시작해요. 페스티벌 무대에 서기 5일 전 발표한 싱글이자 당시 일렉기타를 들고 올라 충격을 안

긴 곡이 바로 〈라이크 어 롤링 스톤스〉예요. 그의 신념을 오롯이 담은 이 곡은 오늘날 밥 딜런의 대표곡이 되었죠.

본인이 틀리지 않았다는 걸 증명한 셈이네요.

포크 특유의 시적이고 은유적인 가사가 근본을 지키는 '포크 가수' 밥 딜런의 모습을, 피아노와 오르간이라는 두 대의 키보드 그리고 일렉기타 소리가 '록 스타' 밥 딜런의 면모를 보여주는 거죠. 1965년 여름은 사실상 포크 록의 탄생을 알린 기념비적인 순간이었어요. 한편 로큰롤 밴드 비틀스가 포크를 활용해 히트곡을 만들기 시작한 시기이기도 했고요. 각 장르에서 최고 위치에 다다른 가수들의 음악 스타일이 같은 해 바뀌었다는 게 신기하죠?

너무 절묘한 우연인데요?

우연일 수가 없죠. 밥 딜런과 비틀스처럼 천재적인 음악가들이 자

다큐멘터리 영화 〈페스티벌!〉 포스터, 1967년
뉴포트 포크 페스티벌의 1963년부터 1966년까지의 현장 및 인터뷰와 함께 반문화적 흐름에 대해 다룬 다큐멘터리 영화다. 영화엔 존 바에즈와 피터, 폴 앤드 메리 등 당시 포크 음악계 스타들이 등장하며 1965년 밥 딜런이 일렉기타를 든 모습 역시 볼 수 있다.

기가 하지 않던 장르라고 해서 그 장점을 몰랐을 리가요. 게다가 바로 한해 전인 1964년 8월 28일, 밥 딜런은 비틀스가 묵고 있던 뉴욕의 호텔에 와서 이들을 직접 만나기까지 했어요. 첫 만남은 언제나 어색한 법인지 밥 딜런은 대화의 물꼬를 트려고 비틀스에게 대마초를 해봤냐며 권했다고 해요.

그리 건전한 만남은 아니었군요. 실망인데요.

비록 대마초 권유 사건으로 더 유명해져 버렸지만, 그 본질을 놓쳐선 안 돼요. 이 만남은 두 음악가가 서로의 문화와 예술관을 나누며 영향을 주고받기 시작한 계기가 되었으니까요. 예컨대 이때부터 밥 딜런이 비틀스의 강력하고 명징한 사운드를 음악에 녹여냈다면 비틀스는 밥 딜런의 서정적 스타일 뿐만 아니라 철학적이고 사회적인 가사에 주목했죠.

밥 딜런이란 사람이 점점 궁금해지는데요.

그럼 밥 딜런 이야기가 나왔으니 잠시 포크의 세계로 떠나볼까요.

세상을 바꾸기 위한 노래

1941년 5월 24일 미국 미네소타주에서 태어난 밥 딜런은 어린 시절

밥 딜런
밥 딜런은 싱어송라이터이자 시인으로 불릴 만큼 철학적이고 서정적인 가사를 쓰기로 유명하다. 그림에도 재능이 있던 그는 자신의 앨범 표지를 직접 그린 적도 있으며 전시회도 개최했다.

부터 음악에 빠져 살았어요. 고등학교에선 로큰롤을 부르며 기타를 치던 밴드부원이었지만 이후 미네소타 대학교에 다니다가 포크에 큰 감명을 받아요. 그렇게 학교를 중퇴하고 무작정 포크의 중심지인 뉴욕으로 왔죠.

용기가 대단하네요.

다행히 뉴욕의 포크계가 그의 재능을 바로 알아봤어요. 그의 시적인 노랫말은 워낙 탁월해서 오랜 세월 인류에게 큰 울림이 되었는데요. 실제로 2016년 밥 딜런은 순수문학이 아닌 대중음악 가사로 노벨문학상을 타며 그 저력을 증명했죠.

아, 맞아요. 가수가 노벨문학상을 타서 화제가 되었던 게 기억나네요.

그만큼 생소하고도 대단한 사건이었죠. 밥 딜런은 대중음악계의 음유시인이라 불리지만 그의 음악은 단순히 감성을 자극하는 데에서 머물지 않아요. 시대가 꼭 필요로 하는 이야기에 힘을 보태며 모래가 아닌 바위에 글을 새기는 작업에 가까웠죠. 무모할 정도로 정직했던 그는 부조리한 현실에 맞서며 젊음의 가치를 실천하려 했어요. 거친 기타 반주에 비음 섞인 목소리로 읊조리듯 들려주는 메시지는 그 어떤 명언보다 설득력이 있었죠.

포크는 민요라고 하셨는데 이렇게 강한 목소리를 냈다고요?

잘 기억하고 있었군요. 포크는 지역 공동체에서 오래 구전되던 민요로부터 유래한 장르가 맞아요. 다만 이러한 포크의 성격이 대공황을 거치면서 달라지는데, 노동자와 농민들이 그들의 저항 의식을 민요 선율에 담아 부르기 시작했기 때문이에요. 부조리한 현실을 폭로하거나 공권력에 대항하면서 포크는 음악적 특징으로 규정되는 장르라기보다 민중의 목소리 그 자체로 자리매김하죠. 그렇게 성장한

미국의 대공황
대공황 시기 무료 식량 보급소 앞에 줄 지어선 실직자들의 모습이다. 1929년 10월 미국의 주식 시장이 붕괴함에 따라 주식 가치가 바닥을 치자 미국은 평균적으로 네 명 중 한 명이 실직자일 만큼 최악의 대공황을 맞이한다. 일자리를 요구하는 시위가 빗발쳤고 정부가 시위자들을 탄압하면서 저항 정신은 더욱 거세진다. 이때 사회 문제를 민요 선율에 담은 포크가 널리 퍼졌고 이는 곧 민중 음악으로 자리한다. 이에 1930년대는 미국의 포크 장르가 본격적으로 성장한 시기라 할 수 있다.

포크는 2차 세계대전 이후 또 다른 국면을 맞이합니다. 역시나 계속되는 냉전 체제와 베트남 전쟁 그리고 케네디 대통령 암살사건이 그 기폭제였어요. 청년들을 필두로 폭력과 부조리를 반대하는 운동이 일었고 포크는 이를 독려하는 응원가이자 주제가가 되었죠.

생각보다 포크가 중요한 역할을 했네요.

그냥 들어도 감동인 음악을 서정적인 시어에 실어 전달한다고 생각해보세요. 마음을 움직이는 데에 제격이겠죠? 그렇게 밥 딜런은 세상을 바꾸기 위한 노래를 만들기 시작합니다. 그의 대표곡을 하나 들어 볼게요. 〈블로인 인 더 윈드〉라는 곡으로 1962년 발표한 노래죠.

워낙 가사가 좋다고 하니 무슨 뜻인지부터가 궁금해요.

노래에서 화자는 "얼마나 많은 포탄이 날아다녀야 전쟁이 끝날 수 있는지, 얼마나 많은 이들이 목숨을 잃어야 그 심각성을 깨달을지"를 물으면서 "그 답은 바람만이 알고 있다"는 말을 반복해요. 비극을 멈추고 평화로 나아가자는 메시지에 시적 이미지를 더해 표현하는 거죠. 이후 밥 딜런의 노래 가사는 더욱 문학적이고 암시적으로 변하긴 했으나 그 근본엔 언제나 시대 정신이 담겼어요.

노벨문학상을 괜히 탄 게 아니군요. 독보적인 존재였네요.

밥 딜런 도로 사인
밥 딜런의 고향 미네소타주에는 그를 기념하는 다양한 장소들이 있다. 그중에는 그의 이름을 딴 도로 역시 존재한다.

거리로 나온 음악가

물론 밥 딜런이라는 인물이 있기까진 당시 그의 길을 먼저 그리고 함께 걸었던 선후배 포크 가수들의 활약이 있었어요. 그들 역시 포크계의 스타였고 밥 딜런만큼 훌륭한 행보를 보였죠.

무엇보다 포크 가수들은 단지 무대에서 노래를 부르는 걸 넘어 사회 운동에 직접 참여했는데요. 포크의 아버지라 불리는 우디 거스리는 미

우디 거스리
1912년 7월 14일 미국 오클라호마주에서 태어난 우디 거스리는 포크 음악의 전설로 불리는 인물이다. 그는 대공황 시기 하층민들의 실상을 직접 보고 느끼며 이를 음악에 담아내기 시작했고 밥 딜런을 비롯한 후대 포크 가수들의 본보기가 되었다. 거스리의 기타에 적힌 "이 기계는 파시스트를 없앱니다"라는 글귀는 음악을 어두운 시대의 희망으로 여기는 그의 신념을 짐작하게 한다.

국이 모두에게 평등한 사회가 되길 바라는 소망을 노래하면서 동시에 노동운동이나 민권 운동 현장에 나가 힘을 실었어요. 또 다른 포크의 전설 피트 시거 역시 직접 반전 운동을 이끄는 등 급진적인 사회 활동가로 활동했죠.

말을 넘어 행동으로 보여주는 가수들이라니 너무 멋진데요.

밥 딜런을 스타덤에 올린 장본인이자 한때 연인이었던 존 바에즈 또한 노래하는 인권 운동가라고 불릴 만큼 사회 운동에 적극적이었던

인물이에요. 존 바에즈의 〈도나 도나〉는 그녀의 대표곡으로 자유롭고 주체적인 삶을 향한 갈망과 그 소중함을 노래하고 있어요. 시장으로 끌려가는 송아지와 그 위를 자유롭게 날아다니는 제비를 감각적으로 대비시키는 가사가 인상 깊죠.

아름다운데 한편으론 구슬프네요.

존 바에즈는 맑으면서도 처연한 목소리의 소유자지만 그와 상반되

존 바에즈와 밥 딜런
두 사람은 당시 포크 음악계의 대표적인 커플로 함께 무대에 서고 민권 운동에 참여하며 뜻을 같이했다. 1961년 밥 딜런은 존 바에즈를 처음 만났는데 그때만 해도 그는 무명 신인이었다. 존 바에즈의 음악적 동료이자 연인이 된 밥 딜런은 그녀의 무대에 오르면서 인지도를 쌓았다.

는 단단하고 강인한 투쟁력을 갖추고 있었어요. 일례로 존 바에즈는 자신의 노래를 들으러 오는 관객들이 모두 백인인 것에 의문을 품다가 뒤늦게서야 흑인들의 입장이 원칙적으로 금지되었다는 사실을 알게 돼요. 인종 차별의 실태를 인지한 그녀는 흑인들의 공연장 출입을 막으면 노래를 부르지 않겠다는 계약서를 작성하고 직접 흑인 커뮤니티를 돌며 노래하기도 했죠. 이런 실천은 인종차별 철폐 운동에 앞장서면서 대규모 거리 행진에도 참여하는 행보로 이어졌고요. 그뿐 아니라 존 바에즈는 1964년에 동료들과 비폭력 연구소를 설립하고 반전 시위에도 참여해요. 그 과정에서 두 번이나 감옥에 다녀왔지만 더 나은 세상을 만들겠다는 의지는 꺾일 줄 몰랐죠.

이쯤 되면 포크 가수들은 단순히 연예인이 아닌데요?

실제로 당시 대중음악계에서도 포크 가수는 상업주의와 타협하지 않고 사회 정의를 위해 할 말은 하고 사는 활동가로 여겨졌어요. 소위 유흥을 위해 무대에서 재능을 파는 가수와는 급을 나누었죠. 극단적인 경우 밥 딜런 팬들은 이런 실상을 근거로 비틀스와 그 팬덤을 종종 무시하곤 했어요. 비틀스가 상업적 성공과 자유로움을 좇았다면 밥 딜런은 철학적이고 차분하게 세상을 향한 메시지를 냈으니까요. 이들이 하는 장르의 속성이 그들의 출신 배경 그리고 팬덤과 결합하면서 그 구분이 더 뚜렷해진 거예요.

그러니 비틀스와 밥 딜런의 만남은 이들이 상대의 음악적 특징을 받아들인 것을 넘어 '영국의 노동계급 청년'과 '미국 중간계급 대학생'

으로서 다른 하위문화를 형성하고 있던 그들의 팬덤이 만나는 순간이었죠. 반항적인 10대 문화와 지적인 저항 세력 간의 경계가 허물어지기 시작한 사건이었고요.

전설적인 인물들이라 팬덤까지 움직였군요.

게다가 이 시기 밥 딜런의 행보는 아티스트로서의 독립 선언 같은 거였어요. 자신을 단지 사회 운동의 일부로 간주하면서 청년 세대의 대변인으로 추대하거나 계급적 연대를 강요하는 것이 불편했고, 무엇보다 음악적으로 전형적인 포크 스타일에 머물고 싶지도 않았죠. 실제로 그 후에도 밥 딜런은 어느 한 장르에 안주하지 않고 록은 물론 컨트리와 블루스, 가스펠 등 여러 장르를 끊임없이 넘나들며 현재까지도 자유롭고 창의적인 음악 정신을 이어가고 있어요.

다시 생각해보니 포크에서 말하는 저항 정신이 록 특유의 거친 목소리와 잘 통하는 것 같기도 해요.

"비틀스의 승리는 우리의 승리"

한 번쯤 록 스피릿이라는 말을 들어보았죠? 록 스피릿은 록이 추구하는 중요한 정신이자 문화를 일컫는데요. 록은 기성 관습과 세태를 비판하고 새로운 개성을 내세우는 젊은이 특유의 반항과 열정을 중시하죠. 이 시기 민중가요인 포크와도 만나며 이들의 저항은 한층 성숙해졌어요. 1950년대에 이유 없는 반항을 하던 청소년들이 1960년대에는 반항의 이유를 찾는 청년들로 성장한 거죠. 그런데 록이 언제나 거친 투쟁만 한 건 아니었어요. 문제적 사회에서 아예 동떨어져 모든 욕망을 내려놓고 순수한 자연 상태로 돌아가려는 운동도 있었죠. 앞서 잠시 만나본 히피처럼요. 아무튼 1960년대 청년들은 이러한 록 스피릿이 충만한 세대였고 그만큼 관련 문화와 음악을 적극 소비했어요.

괜히 대중문화의 황금기가 아니었네요. 이제 그 시대를 확실히 이해할 수 있겠어요.

청년들은 반항을 삶의 원동력으로 삼았고 그 가운데서도 자신만의 개성을 찾아 나섰는데요. 부모 세대를 삶의 지표로 삼지 않았으니 자신들만의 길잡이자 등대가 필요했겠죠? 비틀스가 바로 그 역할을 합니다.

일종의 롤 모델이었나요?

1960년대 비틀스 팬의 방
비틀스는 아이돌 문화의 시초라 할 만큼 엄청난 팬덤을 보유했다. 초반엔 비틀스 팬덤이 10대 소녀들의 철없는 일탈로 폄하되었지만, 점차 청년 문화의 소비자를 넘어 생산자로 자리하면서 비틀스가 시대의 아이콘이 되는 데에 일조한다. 위 사진은 당시 비틀스 팬의 방을 재현해 놓은 전시장이다.

맞아요. 앞서 비틀스가 외부의 도움을 받지 않고 멤버들 스스로 음악을 만들고 직접 연주도 하는 밴드라고 했죠? 또한 누구와도 비슷하지 않은 자신들만의 작품세계를 개척해 나갔고요. 바로 이런 비틀스만의 연대와 자율성이 1960년대 청년 문화의 상징이 되었죠. 그래서 청년들은 비틀스의 음악에 열광하고 그들의 스타일을 따라 하다 못해 이들을 자신과 동일시하여 '비틀스의 성공'을 '우리의 성공'으로 인식했어요.

자기 삶을 스스로 결정하는 청년의 모습이라니, 멋있을 수밖에요.

예컨대 비틀스가 얌전한 도련님처럼 단정하게 차려 입었지만 기성 언론에 기죽지 않고 장난기 넘치는 태도로 선을 아슬아슬하게 넘나드는 모습은 반전 매력이 되었죠. 실제로 비틀스가 미국에 처음 입성했을 때 당당하게 팔짱을 긴 채 언론과 평단을 대하는 그들의 태도는 큰 화제가 되었어요. 오늘날에도 그렇지만 당시엔 언론의 파급력이 더 대단했기에 아무리 톱스타여도 모두 관계자 앞에선 몸을 사렸는데요. 비틀스는 취재를 나온 기자들이 짓궂고 난처한 질문들을

영원한 청년의 노래

던지면 위축되기는커녕 재치 있게 받아치며 분위기를 띄웠어요. 질문한 기자들을 오히려 민망하게 만들면서요.

순발력이 대단하네요. 어떤 질문이었길래요?

앞머리를 단정히 내린 비틀스의 비슷비슷한 헤어 스타일이 신기하면서도 웃겼는지 "멤버들 중 지금 가발을 쓰고 있는 대머리가 있나요?"라는 질문을 던지면 "우리 모두 대머리예요"라고 더 세게 답하는 식이었죠. "언젠가 은퇴할 계획도 있나요?"라고 물으면 "다음 주에 하려고요"라면서 한 방 먹이기도 했죠. 어떻게 보면 이들을 일부러 곤란하게 만들려는 질문인데 비틀스는 기자들의 눈치를 보지 않았어요. 클럽 공연 시절 맛본 거친 환경에 단련이 된 덕분일지도요. 이처럼 비틀스는 성공적인 미국 진출과 함께 마음껏 젊음과 열정을 불태우며 청년 문화의 선봉장이 되었어요. 누군가는 최고의 자리에 올랐으니 이제 인생을 즐기겠구나, 생각할 수 있지만 이들은 멈추지 않았죠. 다음 장에선 스타가 된 비틀스가 본격적으로 목소리를 내기 시작한 시점으로 가볼 텐데요. 이들은 이제껏 존재한 적 없는 음악에 도전하거나 자기 소신을 밝혔다가 미운털이 박히는 등 롤러코스터 같은 시간들을 보내게 되죠.

필기노트
02. 영원한 청년의 노래

세계적인 스타로 발돋움한 비틀스는 현재에 안주하지 않고 계속해서 음악적 실험을 이어간다. 특히 1965년부터 곡의 주제 및 메시지는 더욱 다양해진 가운데, 비틀스는 장르적 경계를 넘나들며 음악적 저변을 넓히기 시작한다. 그중 포크 가수 밥 딜런과의 교류는 두 아티스트의 예술관에 큰 영향을 미친다. 이 시기 더욱 깊어진 비틀스만의 작품세계는 곧 청년 문화의 상징이 된다.

비틀스와 밥 딜런의 만남
- **밥 딜런** 1960년대를 대표하는 포크 가수. 철학적이고 시적인 가사로 유명하며 2016년엔 노벨문학상을 수상함.
  - 1964년 비틀스와 처음 만남. → 서로의 작품세계에 큰 영향을 미침. 밥 딜런이 비틀스의 로큰롤 사운드를 포크에 도입했다면 비틀스는 밥 딜런의 깊이 있는 가사에 주목함.
  - 〈Help!〉 엄청난 성공 후 찾아온 개인의 고독과 상실감에 대해 말함. → 대중의 취향과 상업적 이익을 고려한 사랑 노래뿐만 아니라 내면의 생각을 솔직하게 털어놓은 곡도 만들기 시작한 비틀스.

거리의 음악가들
- **포크** 민요 선율에 노동자와 농민의 저항 의식을 담으면서 발달한 장르. 대공황·냉전·베트남 전쟁 등 사회적·정치적 혼란기를 거치며 투쟁의 음악으로 자리함.
- **우디 거스리** 포크 음악의 전설. 사회운동가로도 활동하며 후대 포크 가수들의 본보기가 됨.
- **존 바에즈** '노래하는 인권운동가'. 당대 최고의 포크 스타이자 사회운동가로 한때 밥 딜런의 연인이었음.

대중이 사랑한 청년들

대표 이미지	로큰롤	포크
	• 상업주의 • 자유로운 청춘	• 저항 정신 • 사회운동가

⇒ 비틀스와 밥 딜런의 만남은 음악적 장르의 결합을 넘어 반항적인 10대 문화와 지적인 저항 세력 간의 경계를 허무는 계기가 됨.
- 세태에 반항하고 자신만의 개성을 좇던 분위기의 **청년 문화** = 자작곡을 만들어 직접 연주하고, 기성 언론에 당당한 태도로 일관한 **비틀스만의 연대와 자율성**과 비슷한 면 多.

IV

감각과 이성 너머

- 예술성의 정점

감각의 빗장을 열고

귓가에 맴도는 빛, 눈앞에 어른거리는 소리.
비틀스는 감각의 질서를 뒤집고
보이지 않던 세계를 연주했다.
그곳에서 음악은 비로소 현실을 넘어섰다.

세상엔 알려진 것과
알려지지 않은 것이 있으며
그 사이엔 '인식의 문'이 존재한다.

- 올더스 헉슬리

01

질서를 허물면 비로소 보이는

#음악적 실험 #LSD #티모시 리어리
#사이키델릭

이제 대중음악 공부에 좀 익숙해졌나요? 앞서 대중음악은 예술가의 창작 의도를 실현하기보단 더 많은 사람이 선호하고 소비하게 하는 데에 집중한다고 했는데요. 그만큼 '이렇게만 만들면 잘 팔린다'는 식의 성공 문법도 있었죠. 비틀스 역시 이런 문법을 잘 활용한 덕에 슈퍼스타가 될 수 있었고요. 하지만 상품성에만 치중한 음악이 사람들에게 식상했던 것도 사실이에요.

아무래도 그런 음악은 다 비슷비슷할 테니까요.

그래서 더욱이 비틀스의 다음 행보가 빛났답니다. 1965년 말에 접어들면서 비틀스는 어떻게 성공할 것인지를 넘어 어떻게 색다른 음악을 할 것인지 고민했거든요. 본격적으로 새로운 걸 탐색하고 실험하는 단계로 접어든 거죠. 이건 대중음악의 수명을 연장하는 노력이기도 했어요. 만약 상업적으로 큰 성공을 거뒀다고 해서 음악적으로 진보하지 않았다면 대중음악 역시 지금과 같은 존재감을 얻지 못했

버킹엄궁전, 1703~1913년
비틀스는 1965년 10월부터 작업에 착수한 《Rubber Soul》 앨범을 크리스마스 전까지 발매하기 위해 바쁜 나날을 보낸다. 그 가운데 10월 26일, 그들은 문화적 공헌을 인정받아 버킹엄궁전에서 MBE 훈장, 즉 대영제국 훈장 5등급의 영예를 안았다. 당시 대중가수에게 왕실 훈장을 수여하는 건 이례적인 일이었기에 지지자들의 축하와 전통주의자들의 반발 모두 거셌다.

을 거예요. 그렇게 1965년 12월 3일 발매한 여섯 번째 정규앨범 《Rubber Soul》은 비틀스의 고민과 노력의 결정체와 같았습니다.

이제 대중성은 확실히 확보했으니 예술성에 도전한 건가요?

비틀스는 전설적인 밴드답게 이들에 관해 연구하고 책을 내는 작가들도 많은데요. 그중 영국의 대표적인 비틀스 전기 작가 마크 루이손은 《Rubber Soul》을 "전형적인 팝 음악 앨범 《Help!》에서 실험적 아이디어로 가득한 앨범 《Revolver》로 넘어가는 매우 중요한 가교"라고 규정했죠. 현대음악가들이 예술적 의미를 새기면서 아방가르드를 좇을 때 너무 극단적으로 가는 바람에 청중에게서 멀어진 반면, 비틀스는 일단 대중이 좋아할 브랜드를 만든 다음 서서히 변화하면서 청중의 폭을 넓혔어요. 진입 장벽은 낮추고 거기서부터 점점 음악적 생명력을 늘린 거죠.

대중에게 얼마든지 외면당할 위험이 있었을 텐데 용감한 결정을 했네요.

오묘한 음향, 모호한 가사

예술이라는 개념과 기준은 상대적이고 주관적이에요. 이를 음악으로 구현한다는 것 역시 어디까지나 취향을 타기 마련이죠. 자로 잰 듯 딱 맞아떨어지는 원인과 결과는 애초 없으니 대중에게 가닿을 작품을 만드는 건 확률과 우연에 기대는 작업인데요. 한마디로 "이제부터 '예술적인 음악'을 만들 거야!" 같은 선언으로 음악의 성격이 단번에 돌아서고 대중 역시 창작자의 의도를 온전히 받아들이는 과정은 불가능에 가까워요. 대신 비틀스는 대중과 함께 음악적 여행을 떠나기로 한 거죠.

여행이라니 어디로요?

스위스의 생모리츠 전경
생모리츠는 스위스의 대표적인 겨울 휴양지로, 특히 스키 리조트가 유명하다. 1965년 1월 존 레논은 아내 신시아 그리고 프로듀서 조지 마틴과 함께 생모리츠에서 휴가를 보냈고 이때 〈Norwegian Wood〉의 일부를 만들기 시작했다.

비틀스는 생소한 악기를 도입하거나 묘한 의미의 가사를 쓰는 등 '정답 없는 음악'을 계속 선보였어요. 이전과는 달리 조금은 낯선 느낌일지 몰라도 '일단 비틀스니까' 듣기 시작하면 어느새 대중은 새로운 세계를 발견하곤 했죠. 《Rubber Soul》은 10월 12일부터 11월 15일 최종 믹스까지 100시간 이상을 투자한 명반으로, 우린 그중 두 번째 곡인 〈Norwegian Wood〉를 들어볼게요.

멜로디 자체는 친숙한데 음들이 이상하게 들려서 제 스피커가 고장 난 줄 알았어요.

윙윙거리는 소리가 자꾸 맴돌죠? 이 소리의 정체는 인도 전통악기 시타르입니다. 시타르는 현을 뜯어서 소리를 내는 발현악기의 일종으로 아주 이국적이고 오묘한 음향을 만들어요. 곡의 구성만 보면 포크 스타일의 어쿠스틱 발라드지만 난생처음 들어보는 악기가 개입하면서 전혀 다른 분위기를 선사하죠. 게다가 곡의 주제와 가사가 특이한 것도 그 자체로 새로운 매력이 된답니다.

양파처럼 까도 까도 새로운 게 나오네요.

이 곡은 그냥 들으면 정겹고 평화롭기까지 한데 가사의 내용은 좀 음산해요. 양파보다 더 매울지도요. 한 남자가 자기의 마음을 가지고 논 여자에게 복수 아닌 복수를 하는 내용이거든요. 여자의 집에 놀러 간 남자가 새벽 2시까지 와인을 마시며 함께 시간을 보내다가 욕조에서 잠이 들었고 아침에 일어나서 보니 여자는 사라지고 없었다는 이야기인데요.
이때 "내가 일어났을 때 나는 혼자였고 / 새는 저 멀리 날아가 버렸네 / 그래서 나는 불을 지폈지 / 멋지지 않니, 노르웨이산 가구?"라는 가사가 뒤따라요. 노르웨이산 가구로 꾸민 근사한 공간으로 초대해놓고 관계를 진전하기는커녕 자신을 욕조에서 재운 여자에게 복수한다는 거예요. 그 노르웨이산 가구를 태워버리면서요.

아무리 그래도 불을 지르다니 남자의 행동이 좀 엽기적인데요?

이 곡은 레논-매카트니 명의로 공개되었지만 레논의 지분이 많은 노래예요. 사실 레논은 당시 아내 신시아와 관계가 그리 좋지 못했는데 훗날 자기가 저지르던 불륜을 세련되게, 암시적으로 표현하려 했다고 밝히죠.

세련된 불륜도 있나요?

곡에 얽힌 비하인드는 분명 듣기에 거북할 수 있어요. 하지만 관점을 조금 달리하자면 가사 자체는 레논의 의도대로 나름 세련된 느낌을 주는 게 사실이에요. 가사 속 남자와 여자의 관계 그리고 이들이 취하는 행동이 1960년대 치곤 꽤 파격적이니까요. 노래 속 여자는 수동적으로 끌려다니지 않고 관계의 우위를 점하고 있는 반면에, 남자는 여자가 받아주지 않았다고 해서 불을 지르는 찌질한 면모를 보이고 있어요. 언제나 순종하고 고분고분한 여성상, 반면 굳세고 씩씩한 모습을 어필하는 남성상과는 다소 거리가 먼 전개죠. 여기에 아까 말한 시타르의 신비로운 음색까지 더해지니 더욱이 색다르게 다가왔겠죠?

내용을 알고 나니 시타르 소리가 더 매혹적이면서도 신비롭게 들려요.

이 곡에 들어간 시타르 소리는 당시 인도 철학과 명상에 빠져 있던 해리슨의 아이디어였어요. 서양 대중음악에 시타르가 쓰인 최초의

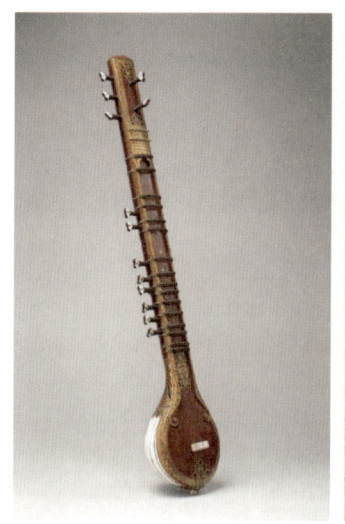 

(왼쪽)시타르 (오른쪽)작자미상, 시타르를 연주하는 여인, 1800년경
인도의 전통 현악기로, 박으로 만들어진 울림통과 긴 목이 특징이다. 시타르에는 20줄 정도의 현이 있는데 그중 6~7줄만 프렛이라는 돌기 위에 놓여 있으며, 나머지는 프렛 아래쪽에 배치되어 울림을 보조하는 공명 현이다. 프렛 위 현들 가운데 실제로 선율을 연주할 때 사용되는 줄은 보통 1~2줄 뿐으로, 이들의 음높이는 현들을 눌러서 조절한다. 나머지 현들은 미리 조율되어 있는 일정한 음을 지속하며 배경음을 만든다.

사례이기도 하죠. 많은 수록곡 중에서 이 노래를 먼저 소개한 이유가 여기에 있어요. 비틀스가 또다시 최초로 생소한 소리를 대중음악에 활용한 거니까요.

예술 작품이 된 앨범

《Rubber Soul》의 아홉 번째 수록곡 역시 일반적인 대중음악과는 다소 이질적인 색채를 띠는데요. 바로 〈Girl〉이라는 노래예요.

질서를 허물면 비로소 보이는

온몸이 나른해지네요. 휴양지에서 들을 법한 노래랄까요.

실제로 매카트니가 그리스로 휴가를 떠났을 때 영감을 받아 작곡했다고 해요. 언제나 그렇듯 완성까지는 레논과 협업했지만요. 뛰어난 예술가들이 자기 주변에 있는 모든 것을 영감으로 삼듯 매카트니는 그리스의 색다른 문화에 매료되었고 여기서 새로운 음악적 재료를 발견했어요. 그리스 전통 악기인 부주키 소리를 어쿠스틱 기타로 최대한 비슷하게 표현한 건데요. 부주키는 20세기 유행한 그리스 민중 음악 레베티카 덕분에 외국에도 널리 알려진 악기예요. 레베티카는 하층계급 사이에서 암울한 처지와 고단한 일상을 노래하며 시작된 음악인 만큼 격식 없고 자유로운 느낌이 가득하죠. 혹시 영화 〈그리스인 조르바〉에 대해 들어봤나요? 영화를 보면 두 주인공이 해변에

영화 〈그리스인 조르바〉 한 장면
니코스 카잔차키스의 장편소설 『알렉시스 조르바의 삶과 모험』을 원작으로 한 영화. 젊은 지식인인 '나'가 자유로운 영혼인 60대의 '조르바'를 만나 삶의 의미를 되새기는 내용으로, 이때 등장하는 춤은 아무것도 바라지도 두려워하지도 않는 자유인 조르바의 신념을 잘 보여준다.

서 바람에 몸을 맡긴 채 두 팔을 벌리고 춤을 추는 장면이 나오는데 이때 배경에 깔리는 "띠딩~ 띠딩~" 소리가 바로 부주키예요. 이처럼 비틀스는 월드뮤직의 요소까지 대중음악에 편입시키기 시작했어요.

종종 월드뮤직이라는 말을 듣는데 정확히 뭔지 잘 모르겠어요.

좋은 질문이에요. 직역하면 그냥 세계에 존재하는 모든 음악을 일컫지만, 고유명사로서 월드뮤직은 1980년대에 등장한 말인데요. 주로 비서구권 민속음악에 뿌리를 두고 발전한 서구식 대중음악을 가리켜요.

서양에서 수입한 비서구권 음악이란 뜻인가요?

본래 이 이름은 비서구권 음악을 제작하던 음반사들이 서양 사람들에게 이국적이고 생소한 음악을 어떻게 홍보할지 고민하다가 고안해낸 거예요. 앞서 로큰롤과 컨트리의 사례처럼 이들 또한 마케팅을 위해 괜찮은 이름이 필요했던 거죠. 월드뮤직은 공장에서 찍어낸 듯 비슷비슷한 대중음악이 지겨울 때면 그 대안으로 꼽히곤 하지만, 그 대안적 성격을 부여하는 주체가 결국 서구권이라는 건 아이러니하죠. 그래서 지금까지도 월드뮤직을 둘러싼 논쟁은 계속되고 있어요. 세계 여러 지역의 음악을 서구 중심적으로 타자화하고, 조금이라도 다르고 낯선 구석은 이국적이라고 칭하니 비판의 대상이 될 수밖에요.

비서구권 사람들 입장에선 황당하겠네요. 그저 자기들만의 음악을 할 뿐인데 이국적이라는 등 라벨이 붙었으니까요.

아무래도 그렇죠. 아무튼 이렇게 월드뮤직이라는 개념조차 없던 시기에 비틀스 멤버들은 살면서 들어보지도 못한 소리를 어떻게 활용할지 고민한 건데요. 이런 실험정신만은 알아줄 만하죠.

하긴 지금이야 시간이 흘렀으니 과거를 돌이켜보면서 비판도 할 수 있는 거겠죠.

'레게의 전설' 밥 말리의 벽화
밥 말리 박물관 외벽에 그려진 밥 말리와 대를 이어 음악 활동을 한 가족들의 모습. 맨 왼쪽이 자메이카 출신의 음악가이자 레게의 아이콘 밥 말리다. 레게는 1960년대에 자메이카 토속음악을 바탕으로 리듬앤드블루스, 재즈 등과 결합하여 탄생한 월드뮤직이지만 동시에 미국 흑인음악의 한 장르로 자리매김한다. 그 변화 한가운데에 밥 말리가 있다. 자유를 향한 흑인들의 민중 의식을 레게라는 장르에 담은 밥 말리는 이를 미국 대중음악계에 끌고 오면서 큰 성공을 거뒀다. 비틀스의 대표곡 〈Ob-La-Di, Ob-La-Da〉 역시 레게의 영향을 받았다.

프로듀서 조지 마틴은 이 앨범에 대해 "이전까지의 앨범들이 싱글들을 하나로 엮은 모음집 같았다면 《Rubber Soul》이야말로 예술의 결정체로 가는 첫걸음"이라고 평했어요. 이때부터 동시대 가수들 역시 앨범을 하나의 완결성 있는 작품으로 생각하기 시작했어요. 그러니 멤버들의 애정도 특별해서 해리슨은 이를 가장 좋아하는 앨범이라 고백할 정도였죠. 링고의 말처럼 이건 비틀스의 새로운 출발을 알리는 신호탄이기도 했고요. 한편 레논은 《Rubber Soul》을 "대마초 앨범"이라고 표현해서 눈길을 끌었어요.

마약처럼 중독성 있다 뭐 그런 걸까요?

요즘 마약 옥수수, 마약 김밥 같은 표현들도 있지만 그런 건 아니고요. 실제로 이 시기 비틀스는 마약에 손을 대기 시작했어요. 그러니 저 표현은 마약을 한 후 찾아온 환각 상태를 예술적으로 승화했다는 고백에 가까웠죠.

LSD가 인도한 '낙원'

오늘날 대부분의 나라에서 마약은 불법이에요. 그 유해성이 너무나 명백하기에 국가 차원에서 적극적으로 통제하고 있죠. 하지만 금단의 영역인 만큼 검은 유혹에 빠지는 이들도 많은 실정이에요. 지금도 이 수준인데 마약의 부작용이 충분히 밝혀지지 않았던 1960년대는 어땠을까요?

마약이 나쁘다는 걸 몰랐다고요?

물론 알았지만 마약은 어떤 측면에선 용인되기도 했어요. 마약이 경험하지 못한 세계를 열어준다고 여겼고 무엇보다 심리 치료의 효과가 있다고 믿었으니까요. 비틀스 멤버들은 처음부터 그 효과를 믿은 건 아니었어도 본의 아니게 LSD를 접한 이후 신세계를 발견했죠. 이들은 특히 1965년 초에서 1966년에 걸쳐 LSD를 가까이했어요.

마약이 허용되었다니, 충격적이네요. 그런데 LSD가 뭔가요?

LSD는 감각을 왜곡하는 강력한 환각제예요. 보통 마약은 식물 등과 같이 천연물질에서 추출한 것과 화학적으로 여러 물질을 합성해서 만든 것으로 그 종류가 나뉘는데요. LSD는 후자예요. 1938년 스위스 산도스 사의 약리연구소에서 일하던 알베르트 호프만 박사는 당시 호밀에 기생하는 곰팡이인 맥각균을 이용해 치료제를 개발하고 있었어요. 그런데 이 합성 물질을 연구하던 어느 날 그는 환각 현상과 함께 갑자기 기분이 너무 좋아지는 경험을 하게 돼요. 이 기묘한 느낌은 곧 이성 너머 세계를 헤엄치는 것 같았고, 이런 효과가 정신질환을 앓고 있는 환자들에게 요긴하게 쓰일 거라 믿었죠.

처음부터 마약을 만들어야겠다고 마음먹은 건 아니었군요.

LSD는 무색, 무취의 분말이지만 소량을 경구투여하는 것만으로도 효과가 다른 마약에 비해 엄청나다고 해요. 환각제인 LSD를 복용하면 보통 시각과 청각에 왜곡이 일어나고 극도로 긴장이 풀어지면서 자아를 초월한 느낌을 받을 수 있죠. 그래서 LSD는 실제로 의학계의 주목을 받

각설탕과 LSD
LSD는 아주 극소량만으로도 환각효과가 나타나는 마약이라 주로 각설탕, 껌, 과자 등과 같은 식품이나 우표 뒷면에 묻혀서 유통 및 사용된다.

았고 정신의학과 심리학계는 이를 약물 치료 수단으로 사용했어요. 예로부터 정신 수련자나 종교 사제들이 특정 의식을 치르기 전에 이런 물질이 함유된 식물을 섭취했다는 것과 비슷한 맥락이죠. 신령한 의식을 위해선 인간의 경지를 뛰어넘은 감각이 필요하니까요. 그러나 이런 LSD가 1960년대라는 격동의 시대와 만나면서 현실 타파의 수단으로 통하기 시작합니다.

마약으로 무슨 자기 계발이라도 했다는 얘기인가요?

처음으로 시대의 주인공이 된 청년들은 기성세대가 지어놓은 왕국을 허물고 질서를 위반하는 방향으로 나아갔어요. 그러니 자유와 사랑을 갈망하는, 예컨대 히피 문화에 심취한 청년들에게 LSD는 운명과도 같았죠. 억눌린 이성에서 벗어나 몸과 정신이 해방된다는 건 곧 그들이 추구했던 완전히 자유롭고 행복으로 가득 찬 이상적 세계와 맞닿아 있으니까요.

캠페인송에서 시작된 히트곡?

그래도 청년 운동이 LSD와 연결되었다는 게 잘 이해되지 않아요.

집단이 행동하고 문화가 만들어지는 데엔 언제나 핵심 사건이나 인물이 있기 마련인데요. 히피들을 LSD 세계로 추동한 인물은 바로 심리학자이자 작가였던 티모시 리어리입니다. 리어리는 캘리포니아 버클리 캠퍼스의 조교수이자 정신병리학 연구소장 출신으로 1963년 하버드 대학교 인성연구센터에서 일했어요. LSD를 사람들에게 실험하다가 해고당했지만요.

티모시 리어리
1960년대 히피들의 대부이자 반문화의 아이콘이었던 티모시 리어리는 평생 LSD의 효능을 설파하고 다녔다. 그는 LSD가 가져다준 환각효과를 정신적 해방이자 종교적인 체험으로 여겼다. 당시 대통령이었던 리처드 닉슨은 그를 "미국에서 가장 위험한 남자"라 칭했다.

벌써 심상치 않은데요.

미국의 정치·문화계에서 문제적 인물로 떠오른 리어리는 LSD가 정신의 영역을 확장시킨다고 주장했는데요. "흥분하라, 함께하라, 저항하라(turn on, tune in, drop out)"라는 그의 캐치프레이즈는 마치 대안 사회의 모습을 제시하는 것처럼 보여서 청년들의 관심을 끌었고, 새로운 감각의 지평을 좇던 히피들을 LSD로 인도했죠.

워낙 화제의 인물이다 보니 리어리는 1969년 그 인기에 힘입어 캘리포니아 주지사에도 출마했어요. 이때 LSD에 우호적이었던 존 레논에게 선거 캠페인 송을 하나 부탁했고 그는 "컴 투게더 조인 더 파티"라는 리어리의 선거 슬로건에 대한 라인을 하나 만들어주죠. 이리 와서 함께하자는 독려의 메시지를 담아서요.

마약 하면 음지가 떠오르는데 의외로 공개적인 활동을 했네요.

아무래도 초기에 LSD가 불법이 아니었기 때문에 이를 대하는 태도가 지금과는 달랐어요. 오히려 대항 문화의 아이콘이 된 티모시 리어리의 반항 가득한 모습을 멋지고 쿨한 것으로 여기기도 했죠. 하지만 성공 가도를 달리던 와중에도 리어리는 1965년부터 대마초 소지 혐의 등으로 용의 선상에 올랐는데, 결정적으로 1970년에 미국이 공식적으로 금지약물법을 제정하며 마약과의 전쟁을 선포하자 주요 타깃이 되었어요. 그렇게 주지사 후보 자격을 박탈당한 그는 훗날 수감과 탈옥, 망명을 반복했죠. 한편 레논 입장에선 만들고 있던 곡이 갑자기 주인을 잃은 셈이었는데요. 애써 잡아놓은 라인을 그냥 버리기엔 아까웠는지 이를 비틀스의 노래로 완성시키죠. 그렇게 탄생한 곡이 〈Come Together〉예요.

하마터면 걸작 하나를 놓칠 뻔했네요.

〈Come Together〉는 1969년 9월 26일 발매된 열한 번째 정규앨범 《Abbey Road》에 수록되면서 비틀스의 명곡으로 기억되고 있어요.

레논의 보컬과 몽환적인 느낌의 베이스 소리가 매력적인 이 노래는 "He shoot Coca-Cola"라는 가사로 방송금지를 당하기도 했는데요. BBC에선 특정 상표인 코카콜라를 노골적으로 언급한 걸 문제 삼았지만 사실 진짜 문제는 그 단어가 마약과 관련 있는 것처럼 들려서였죠.

코카콜라 광고 삽화, 1912년
코카콜라는 1886년 설립된 미국의 탄산음료 브랜드다. 코카나무 잎과 콜라나무의 열매 추출물이 들어간 것에서 '코카-콜라'라는 이름이 유래했다. 본래 두뇌 강장제로 개발된 음료에 탄산수를 더해서 이를 청량음료로 상품화한 것이 인기를 끌었고, 이는 1920년대부터 세계적인 브랜드로 발돋움했다.

상표는 그렇다 쳐도 코카콜라도 마약이라고요?

재밌는 건 콜라가 코카나무 잎과 콜라나무의 열매 추출물 등을 혼합해 만든 음료라는 거예요. 코카나무는 우리가 아는 그 코카인을 만들 때 쓰이는 나무인데다, 콜라를 칭하는 코크(coke)라는 단어 역시 본래 코카인의 속어입니다. 코카콜라와 코카인은 여러모로 서로 얽히고설킨 관계인 거죠. 비틀스가 그 시대 문화와 뗄 수 없는 사이인 것처럼요.

이름이 비슷하다고 생각하긴 했는데 정말 관계가 있을 줄이야!

사이키델릭, 환각이 낳은 예술

LSD는 분명 인간의 인지, 지각 능력을 심하게 왜곡시키는 위험한 물질이에요. 하지만 예술가들에게 이 왜곡은 새로운 창작의 물꼬를 터주는 것과도 같았죠. 히피 문화에 심취한 청년들이 이상적 세계로 도달하는 데에 LSD를 하나의 수단으로 여겼다면, 예술가들 역시 이런 초월적 경험을 영감의 원천으로 삼았어요. 특히 LSD 사용자들은 흔히 "소리를 보았다"거나 "색깔을 들을 수 있다"는 식의 경험을 얘기하는데, 이러한 감각의 뒤틀림은 현실 세계에서 보고 듣지 못하는 것들을 얻게 되는 셈이니 창작의 한계를 뛰어넘는 행위로 통했죠. 결정적으로 이 비정상적인 상태가 고스란히 예술에 녹아들기 시작하면서 사이키델릭 장르가 탄생했어요.

사이키델릭이 뭔데요?

사이키델릭은 그리스어로 '정신'이라는 뜻의 'psyche'와 '보이는'이라는 뜻의 'd'elsos'를 합친 용어예요. 인식의 새로운 지평을 열어준다는 의미로, 환각제를 복용한 후 체험하는 세계를 뜻하죠. 이 개념을 확장해서 마치 환각제를 통해 도달하는 환각 상태 특유의 몽환적인 느낌을 주는 예술도 사이키델릭이라고 불러요. 특히 음악의 영역에선 1960년대 말 사이키델릭 록이 인기를 끌었고요.

인간에게 그토록 위험한 마약이 예술 장르에도 흔적을 남겼다는 게

사이키델릭 아트
환각 상태로 보는 세상을 재현하는 예술인
사이키델릭 아트는 선명하고 화려한 색상과 왜곡된
형태, 기하학적 무늬 등을 특징으로 한다.

아이러니하네요.

비틀스를 좀 안다고 자부하는 마니아들에게 명반으로 통하는 일곱 번째 정규앨범 《Revolver》에서도 사이키델릭 문화에 심취했던 비틀스를 만날 수 있는데요. 전작인 《Rubber Soul》보다 한층 더 과감한 음악적 실험을 감행한 비틀스는 한마디로 깊은 심연을 탐구하기 시작했어요. 음악을 그저 듣기 좋은 가사와 아름다운 소리로 보는 게 아니라 이성 너머 세계를 구현하는 도구로 삼은 건데요. 앨범 제작 단계에서 가장 먼저 착수한 곡이자 마지막 순번에 수록된 곡 〈Tomorrow Never Knows〉를 들어보면 그 느낌을 알 수 있을 거예요.

이게 비틀스 노래라고요? 꼭 인디밴드의 곡 같은데요?

꽤 충격적이죠? 아마 처음 듣는 사람들은 다 그렇게 생각할 거예요. 이 곡은 비틀스 음악 중에서도 가장 난해하고 기괴한 곡으로 꼽히곤 하는데 레논은 당시 티모시 리어리의 책 『사이키델릭 경험』을 읽고 아이디어를 얻었다고 해요. 환각 상태에 빠졌을 때 경험하는 이미지를 과연 소리로 구현할 수 있을지 궁금했던 그는 이런 걸작을 탄생시키죠.

걸작인지는 잘 모르겠는데…

청각적으로 확실히 낯선 건 사실이에요. 초반부터 기이한 갈매기 소리와 '지이잉' 하는 현의 소리가 묘한 분위기를 연출하면서 청자를 알 수 없는 세계로 데려가니까요. 이때 이국적인 소리의 정체는 인도의 전통악기 탐부라인데요. 여기에서도 해리슨의 인도 음악 사랑과 실험정신을 엿볼 수 있죠. 막에 둘러싸인 것처럼 먹먹하게 들리는 레논의 보컬과 동일한 패턴의 드럼 소리도 색다르고요.

드럼 소리는 규칙적일지 몰라도 나머지 악기 소리는 제멋대로 연주하는 것 같아요.

다소 괴상하게 들릴 수 있는 이 산발적인 악기 소리는 테이프에 녹음된 소리를 역으로 재생한 거예요. 앞서 사이키델릭 록의 지향성을 곱

씹어본다면, 시각과 청각이 왜곡된 세계에서 경험할 수 있는 느낌이 바로 이런 거죠. 초자연적 음향은 종교적 주술을 외우는 듯한 착각까지 불러오는데요. 이 실험은 대중음악에서 최초로 백 마스킹 기법을 사용한 사례 중 하나라고 해요. 백 마스킹 기법은 몽환적이고 신비로운 분위기를 조성하기 때문에 오늘날 각종 대중음악에서 종종 활용되는데요. 백 마스킹으로 삽입한 소리를 다시금 거꾸로 돌려서 재생할 때 의도적으로 특정 메시지가 들리게 하는 기법을 쓰기도 하죠.

한국 가요에서도 한때 논란이 되지 않았나요?

맞아요. 대표적으로 1994년 발매된 서태지와 아이들의 〈교실 이데아〉를 거꾸로 재생하면 악마의 소리가 들린다며 뉴스에 보도되는 해프닝도 있었죠. 백 마스킹 관련 논란들은 2010년대까지도 종종 제기되면서 한국 가요계에는 괴담 아닌 괴담이 돌기도 했고요. 지금 생각해도 신선한 이 음악적 모험의 시초마저 비틀스라니 놀랍지 않나요? 〈Tomorrow Never Knows〉는 "생각의 스위치를 끄세요 / 긴장을 풀고 흘러가는 대로 두세요 / 이건 죽음과 다르답니다"라는 가사로 사이키델릭 느낌에 화룡점정을 찍어요.

어째 비틀스란 그룹은 알면 알수록 오히려 거리감이 생겨요. 흔히 알던 대중음악이 같지 않달까요.

워낙 유명한 그룹인 만큼 비틀스는 대중이 바로 좋아할 만한, 정겹고 친숙한 노래만 불렀을 거라 생각할 수 있어요. 하지만 여러 번 강조했듯, 비틀스의 대중적 명성을 지탱하고 또 그 수명을 늘리는 데엔 이들의 음악적 도전과 예술적 성취가 큰 몫을 했어요. 단적인 면만 보고 비틀스에게 '입덕'했다가도 그 변화무쌍함을 따라가다 보면 쉽게 빠져나갈 수 없는 거죠. 여전히 〈Tomorrow Never Knows〉 같은 곡이 난해하다면 이 앨범의 두 번째 수록곡을 들어보는 건 어떨까요? 조금은 순한 맛의 음악적 실험이라 할 수 있겠군요.

소외된 현대인의 초상

레논이 의식 너머 관념 세계와 죽음을 초월하는 현상에 대해 노래했다면 매카트니는 더욱 현실 세계에 관심을 가졌어요. 대신 마냥 밝고 달콤한 이야기를 하기보단 현대의 우울하고 고독한 군상을 조명했죠. 바로 〈Eleanor Rigby〉라는 곡이에요.

확실히 아까 소개된 노래보단 듣기 편한데요? 도입부가 클래식같이 우아하면서도 드라마틱하네요.

1965년에 나온 매카트니의 〈Yesterday〉가 팝 음악에 클래식 악기를 도입한 최초의 곡이라고 했는데요. 당시 4대의 현악기가 사용되었다면 이번 곡은 현악 8중주, 즉 8대의 현악기가 사용되었어요. 보다 풍부해진 클래식 음향이 고상하고 세련된 느낌을 주는 거죠. 이때 클래식 악기들이 단지 반주 역할을 하는 게 아니라 나름의 코드를 이어가면서 노래를 더 드라마틱하게 만들고요. 마치 다섯 번째 보컬이 된 느낌이랄까요. 그렇게 강한 인상을 남긴 이 현악 8중주 덕분에 노래의 메시지가 효과적으로 전달되죠.

어떤 메시지가 담겨 있는 건지 궁금해지네요.

이 곡은 일종의 스토리텔링을 곁들인 곡이에요. 노래에 등장하는 엘리너 릭비라는 여성과 매켄지 신부는 각자 고독한 삶을 사는 인물인데요. 엘리너 릭비가 사망한 후에도 그녀를 찾아오는 사람은 없었죠. 매켄지 신부가 유일하게 그 묘지에 오는 사람이었지만 그 역시 그녀를 추모한다기보단 무덤 사이를 거닐며 무심하게 손에 묻은 흙을 털고 있을 뿐이에요. 노래 중간중간에 "저 외로운 사람들을 봐요 / 그들은 어디에 속한 걸까요"라는 가사가 반복될 때는 진지하고 철학적인 느낌이 배가 되죠.

누구나 공감할 법한 쓸쓸한 감정인데다 심오하기까지 하네요.

구름이 잔뜩 끼고 조금은 쌀쌀한 영국의 도시 풍경이 그려지지 않나요? 서로 눈을 마주치지 않은 채 바삐 걷는 사람들도요. 고독과 소외와 같은 감정이 이제껏 대중음악에서 아예 없는 건 아니었지만 이를 연애 감정에 대입하는 게 아니라 종교적, 존재론적 관점에서 풀어내는 경우는 드물었죠. 사실 그때까지만 해도 매카트니는 대중적인 멜

엘리너 릭비 동상, 1982년
영국 리버풀에 가면 비틀스의 곡을 기반으로 만든 '엘리너 릭비' 동상이 있다. 동상 위쪽에는 '모든 외로운 사람들을 위해'라는 문구가 보인다. 엘리너 릭비는 매카트니가 이름들을 조합해 만든 가상의 인물이지만 어린 시절 레논과 함께 놀던 리버풀의 울튼 공동묘지에 실제로 동명 인물의 묘비가 있어서 매카트니가 이 이름을 무의식적으로 떠올린 거라는 주장도 나온다.

로디를 쓰는 데엔 탁월했으나 작사 능력은 레논이 월등했었어요. 깊이 있고 시적인 가사들로 비틀스를 한층 더 '있어 보이게' 만든 건 언제나 레논이었죠. 이런 레논에게 자극 혹은 영향을 받았는지 매카트니 역시 점차 멋진 가사들을 선보이기 시작했는데 〈Eleanor Rigby〉가 나날이 성장한 그의 문학적 재능을 증명한다고 볼 수 있죠.

노래 하나를 들었을 뿐인데 인생을 생각하게 되네요.

변화가 낳은 변화

조지 마틴의 말처럼 《Rubber Soul》이 "예술의 결정체로 가는 첫걸음"이었다면 《Revolver》는 그 도전적인 행보를 확인시키는 앨범이었어요. 그래서인지 앨범 표지도 미술 작품 같았죠. QR 코드로 확인할 수 있듯이 앨범  에는 흑백 캐리커처 그림과 함께 사진 콜라주가 들어가 있어요. 이전까지 앨범 디자인은 멤버들의 모습을 정직하게 찍은 사진이 다였지만 이젠 앨범 표지를 만약 액자에 넣어 걸어놓는다면 미술 작품이라 생각할 정도로 차원이 달라졌죠. 이때부터 다른 아티스트들도 다채로운 아이디어를 앨범 디자인에 담기 시작했고요.

창조력이 넘치니 앨범 표지까지 예술이 되었군요.

또 이때만 해도 뮤직비디오가 없었던 터라 앨범 표지는 아주 중요한 홍보 매체였어요. 음악을 시각화하는 대표적인 창구였죠. 재미있는 건 이 표지 디자인을 비틀스의 친구 클라우스 부어만이 했다는 거예요. 함부르크 시절, 비틀스의 1호 팬이자 친구가 된 부어만을 기억하나요?

오브리 비어즐리의 삽화
클라우스 부어만은 《Revolver》 앨범을 디자인하는 과정에서 19세기 삽화가 오브리 비어즐리의 스타일에서 영향을 받았다. 오브리 비어즐리는 당대 유행했던 일본 풍속화 우키요에 스타일을 표방하면서 특유의 장식적인 양식을 확립한 인물이다.

여자친구와 클럽을 찾았다던 그 친구잖아요! 친구와 비즈니스를 같이 하다니

뭔가 진짜 어른이 된 기분이었겠어요.

단순히 어른이 된 것을 넘어 훌륭한 전문가로 성장했다는 게 실감 나는 순간이 아니었을까 싶네요. 이 시기 비틀스의 변화는 그뿐만이 아니었는데요. 음악을 들어보면 짐작할 수 있듯이 비틀스의 음악은 점점 다양한 음향 효과가 들어가거나 때론 역재생되고, 또 조각조각 잘라 붙인 듯한 인상을 주는 등 점차 복잡해졌어요. 한마디로 스튜디오에서 이것저것 음악적 실험을 하다 보니 스튜디오 자체가 하나의 거대한 악기가 되었죠. 이렇게 탄생한 음악은 분명 신선했고 위대했지만 한 가지 아쉬운 부분이 생겼어요.

아쉬운 부분이라뇨?

바로 무대에서 음악을 온전하게 구현하고 연주하기 까다로워졌어요. 아무리 악기와 보컬 실력이 뛰어나다고 해도 기계로 편집 및 조작한 소리를 똑같이 내는 건 불가능한 일이니까요. 오늘날 가수들의 음악을 생각해보면 이해가 더 쉬울 거예요. 예컨대 기계로 만진 소리가 들어가거나 음성에 에코와 같은 효과가 덧입혀지는 등 라이브로는 흉내낼 수 없는 소리들이 겹겹이 쌓여 한 곡의 음악이 완성되곤 하니까요. 게다가 공교롭게도 《Revolver》앨범을 발매했던 1966년에 비틀스는 8월 29일 미국 투어의 마지막 일정인 샌프란시스코 공연을 끝으로 라이브 공연을 중단하기로 해요. 투어를 모두 그만두고 앨범 작업에만 집중하기로 한 거죠.

설마 라이브에 자신이 없어졌나요? 갑자기 투어 중단이라니 충격적이네요.

그렇다기보단 늘 빡빡하게 돌아가는 일정 속 비슷한 투어가 반복되자 멤버들은 회의감이 들기 시작했어요. 언제부터인가 열광하는 관객 중에서 정작 누구도 자신들의 연주와 노래를 듣고 있지 않다는

질서를 허물면 비로소 보이는

걸 깨달으면서 의욕이 확 꺾였죠. 링고는 당시를 "모든 소리가 관중의 함성에 묻혔고 나의 연주를 내가 듣지 못할 지경"이었다고 회상했어요. "서로의 연주 소리가 들리지 않아 녹음한 노래보다 빠르게 연주"하는 일도 허다했죠.

비틀스 로드매니저였던 맬 에번스 역시 당시 청중들은 비틀스의 라이브 연주를 받아들일 자세가 되어 있지 않았다고 생각했어요. 한번은 미국 야외무대를 준비하면서 전기 전원을 어디에 연결해야 하는지 물었더니 "'기타'를 치는 게 아니었냐"는 엉뚱한 대답을 들었다고 해요. 비틀스의 기타가 어쿠스틱, 그러니까 통기타가 아니라 전자식인 줄도 몰랐던 거죠.

비틀스의 연주보다는 그저 얼굴을 보고 함성을 지르는 일에 더 관심이 있었군요.

그랬던 것 같죠? 이처럼 비틀스라는 밴드 그리고 브랜드의 위상이 높아질수록 이들은 여러 변화를 피할 수 없었어요. 음악적 성장을 이룬 만큼 선택과 집중이 필요한 때이기도 했죠. 그래서 투어 중단과 같은 과감한 결정을 했고 스튜디오 작업에 전념하기로 해요. 덕분에 비틀스는 대중적이면서도 혁신적인 예술을 할 수 있었는데요. 아무리 완벽하고 뛰어난 인물이라도 세상 모든 사람이 한마음으로 좋아할 수는 없는 법이죠. 비틀스에게도 이른바 안티들이 생기기 시작해요. 다음 장에선 비틀스의 행보가 당시 사회에 어떻게 비쳤는지, 어쩌다 이들이 미움을 받게 된 건지 알아볼게요.

필기노트

01. 질서를 허물면 비로소 보이는

1965년 말, 비틀스는 본격적으로 대중성과 예술성을 동시에 잡기 시작한다. 앨범을 단순히 싱글들을 엮은 모음집이 아닌 완결성 있는 하나의 작품으로 만든 것이다. 나아가 당시 LSD의 영향을 받은 비틀스는 심연을 탐구하고 이성 너머 세계를 구현하는 데에 관심을 쏟았으며 이는 사이키델릭 록의 태동과도 연결된다.

아방가르드한 아이돌	• 1965년 12월, 여섯 번째 정규앨범 《Rubber Soul》 발매. → 앨범이 하나의 완결성 있는 작품이 되던 시점으로, 대중성과 예술성을 모두 확보하기 시작함. • 〈Norwegian Wood〉 모호한 가사 + 인도 전통악기 시타르를 사용함. • 〈Girl〉 그리스 전통 악기 부주키 소리를 어쿠스틱 기타로 표현함.
새로운 감각의 축제	**히피 문화와 LSD** 기성세대에 반하여 자유와 사랑을 갈망하던 반문화석 흐름 ≒ 감각을 왜곡하는 강력한 환각제인 LSD. • 정식의학계에서 치료 목적의 LSD 사용이 주목받음. → 히피 문화의 상징적 행위로 변모함. • LSD를 예술적 영감의 원천으로 삼은 동시대 예술인들. → 비틀스는 1965년에 LSD를 접하기 시작함. **사이키델릭 예술** 환각 효과를 새로운 인식의 지평이 열리는 현상으로 보고 이러한 체험을 재현한 예술.
예술 작품이 된 앨범	• 1966년 8월, 일곱 번째 정규앨범 《Revolver》 발매. → 사이키델릭 록 + 아방가르드 문화의 결정체. • 〈Tomorrow Never Knows〉 환각 상태에서 경험하는 이미지를 소리로 구현한 듯한 느낌을 주는 곡. ⇒ 기이한 갈매기 소리 + 인도 민속악기 탐부라 소리 + 백마스킹 기법 + 모호한 가사. • 〈Eleanor Rigby〉 현대인의 고독과 소외가 돋보이는 곡. ⇒ 스토리텔링이 가미된 철학적 가사 + 현악 8중주. • **앨범 표지의 변신** 흑백 캐리커처와 사진 콜라주가 함께 들어간 앨범을 선보이며 앨범을 하나의 미술 작품으로 인식하게 만듦. • **스튜디오형 음악으로의 진화** 최신 녹음 및 편집 기술을 활용해 다수의 음악적 실험을 진행함.

음악이 음악으로 남지 않게

흑과 백이 뒤섞인 리듬 위로
평등과 자유의 언어가 피어났다.
그 노래를 따라 걷던 청춘들은
세상을 향해 질문을 던지기 시작했다.

폭력에 대한 우리의 응답은
음악을 더욱 강렬하고
더욱 아름답고
더욱 헌신적으로 만드는 것이다.

- 레너드 번스타인

02

'안티' 비틀스

#인종차별 반대 시위 #반전운동 #안티비틀스
#흑인음악 #가스펠 #소울 #펑크

요즘은 워낙 인터넷이 발달해서 어떤 소식이든 삽시간에 퍼지죠. 손바닥으로 하늘을 가리기 힘든 세상인 만큼 피드백도 실시간으로 달리고요. 특히 국가적 재난이나 심각한 사건이 터지면 인터넷 세상은 더욱더 떠들썩해지는데요. 그럴 때 한 번쯤 이런 포털 기사 댓글을 본 적이 있을 거예요. '연예인 A씨는 왜 목소리를 내지 않죠?' 같은 반응들이요.

맞아요. 평소 행실이 바르거나 정의로운 연예인일수록 더 그런 것 같아요.

평소 그 연예인의 이미지 때문에 기대하는 바가 커서일 거예요. 때론 연예인의 역할을 둘러싸고 의견이 팽팽하게 맞서기도 하죠. 그래도 하나 확실한 건 문화예술 산업의 규모가 커지면서 스타는 단순한 예능인을 넘어 오피니언 리더가 되었다는 거예요. 스타의 한마디에 특정 상품이 완판되거나 어떤 캠페인이 시작되는 풍경을 본 적이 있지 않나요? 팬들은 스타를 동경하는 만큼 자연스레 그를 따라 하는데요. 이런 개개인의 팬이 모여 한 집단, 더 나아가 한 사회를 이룬다고 생각해보세요. 스타의 뜻을 지지하는 팬덤이 때론 정치적 긴장 및 사회적 갈등을 형성하기도, 또 반대로 완화하기도 하겠죠?

의도했든 아니든 여론을 만드는 힘이 확실히 있죠.

1960년대엔 비틀스가 딱 그런 역할을 했어요. 비틀스의 일거수일투족에 관심을 쏟은 대중은 이제 그들이 입 밖으로 꺼내는 말 한마디에 좌우지되었죠. 문자 그대로 목소리에 힘이 실리기 시작했어요. 그렇다 보니 상반된 입장을 가진 이들은 오히려 비틀스를 견제하게 됐어요. 잘못하면 비틀스 때문에 자신들의 지지 기반이 무너질 위험이 있었으니까요.

비틀스가 사회 운동에 관심 있었다니 의외네요.

시대 분위기도 한몫했죠. 아무래도 정치적·사회적 참여를 피할 수 없는 격동의 시절이었으니까요. 특히 인종차별 이슈가 여느 때보다 훨씬 첨예한 문제였고 비틀스 역시 이 문제에서 벗어날 수 없었는데요. 우리도 잠시 시간 여행을 떠나볼까요? 암흑의 시간을 뚫고 위대한 음악이 탄생하는 현장을 만날 수 있을 거예요.

흑백의 미국

1955년 12월 1일, 미국 앨라배마주의 몽고메리시에 살던 로자 파크스는 평소와 같이 일을 마치고 버스에 몸을 실었어요. 퇴근길 버스는 점점 사람들로 가득 찼고, 그러자 버스 기사는 파크스를 포함한 흑인 승객 4명에게 자리에서 일어나달라고 요구했죠. 하지만 파크스는 거절했고 이내 경찰에 체포되었답니다.

시위 주동자로 체포된 로자 파크스, 1956년
1955년 백인에게 버스 좌석을 양보하지 않았다고 체포된 흑인 여성 로자 파크스의 사건은 버스 보이콧 운동으로 번졌다. 그해 12월 5일부터 시작된 이 운동은 1년 넘게 이어졌는데 그사이에 파크스는 참가자들과 함께 다시 체포되는 등 여러 부당함을 겪어야 했다. 사진은 경찰이 파크스의 지문을 채취하고 있는 모습이다.

아니, 먼저 앉은 사람이 임자죠. 일어나라는 것도 황당한데 경찰에 체포되었다뇨.

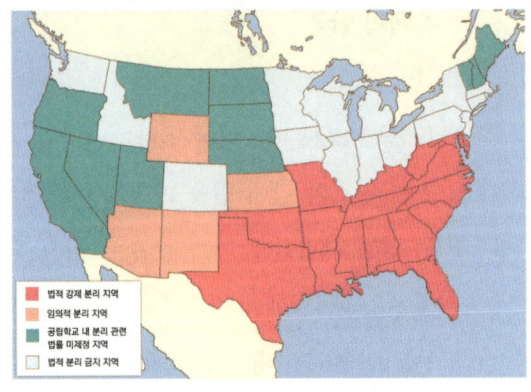

1950년대 미국 공립학교 내 흑백 분리 정책을 시행한 지역

로자 파크스의 죄는 그녀가 '흑인'이라는 데서 출발했어요. 1863년 미국의 16대 대통령 에이브러햄 링컨이 노예해방을 선언하면서 노예제도 자체는 폐지되었지만 깊게 뿌리 내린 인종차별 문제는 여러 모습으로 잔존해 왔는데요. 대표적으로 1950년대의 미국은 공공장소에서 흑인과 백인의 공간을 철저히 분리하고 있었죠. 당시 파크스가 탄 버스에도 유색인종과 백인 전용석이 따로 있었고, 점점 백인 승객들이 타자 버스 기사가 흑인들에게 자리를 양보하라고 요구한 거예요.

그래도 다 같은 사람인데 어떻게 대놓고 공간을 분리하나요?

충격적인 행태지만 놀랍게도 그리 오래된 일이 아니에요. 이 말도 안 되는 차별을 모두가 당연시하던 시절, 로자 파크스의 용감한 선택은 버스 보이콧 운동의 불씨가 되었어요. 흑인 노동자들이 저마다 부당한 현실에 저항하기 위해 매주 월요일마다 버스를 타지 않고 걸어서 출퇴근하기 시작했죠.

당시 버스 승객의 절반 이상이 흑인이었기 때문에 운수 업계에 타격이 컸어요. 보이콧 운동은 다음 해 12월 말까지 계속되었는데 그사이 흑백 분리석을 운영하는 것에 대한 위법 판결이 나는 성과를 이루어냈죠. 이때 흑백통합버스에 최초로 탑승한 사람이 바로 마틴 루서 킹이에요.

그 마틴 루서 킹이요? 저도 들어본 이름이라 반갑네요.

당시 몽고메리시의 침례교회 목사였던 마틴 루서 킹이 이 버스 보이콧 운동을 이끌었던 인물이에요. 그는 이후 대대적으로 비폭력 흑

유색인종 음수대에서 물을 마시고 있는 흑인, 1939년
흑인을 노예 삼아 노동력을 착취하던 노예제가 폐지된 후에도 흑인에 대한 차별은 사회 곳곳에서 또 다른 형태로 나타났다. 대표적으로 19세기 말부터 20세기 중반까지 미국에서 시행된 흑백 분리 정책은 말 그대로 공공장소 내 백인과 그 외 유색인종의 공간을 철저히 분리하는 일이었다. 이런 정책은 일명 짐 크로법에 의한 것으로, 여기서 '짐 크로'란 1830년대에 백인이 우스꽝스러운 흑인 분장을 하고 펼치던 코미디 쇼의 캐릭터 이름이다.

로자 파크스 동상
로자 파크스는 평생 사회 운동에 힘쓴 인물로 그 공헌을 인정받아 '현대 민권 운동의 어머니'라 불린다. 2013년엔 로자 파크스 탄생 100주년을 맞아 미국 워싱턴 D.C. 연방의회 의사당에 그녀의 동상이 들어섰다.

마틴 루서 킹 기념비
마틴 루서 킹은 침례교회 목사이자 인권운동가로서 비폭력주의에 입각한 민권 운동을 주도했다. 평화 대행진 연설이 울려 퍼졌던 미국 워싱턴 D.C.엔 현재 그를 기리는 기념비가 있다.

인 민권 운동을 전개해서 1964년엔 노벨평화상을 수상했죠. 마틴 루서 킹 하면 "아이 해브 어 드림"이라 외치는 명연설로 유명한데요. 이 연설은 1963년 8월 28일 노예해방 100주년을 기념하여 워싱턴 D.C.에서 열린 평화 대행진 행사에서 나왔죠.

이런 노력들 덕분에 우리가 과거보다 나은 사회에서 살 수 있는 거죠.

기쁜 소식을 담은, 가스펠

인종차별 문제는 오늘날까지도 전 세계적으로 풀리지 않는 숙제 중 하나예요. 무엇보다 미국은 다양한 인종과 문화가 공존하는 나라인 만큼 갈등의 골이 깊죠. 미국 흑인들은 노예 시절부터 그 길고 혹독한 차별과 저항의 순간들을 노래에 담아내며 고통을 견뎌왔어요.

블루스가 그렇게 발달한 장르였잖아요.

기억하고 있군요. 블루스가 어두운 절망을 노래했었다면, 종교적인 희망 역시 흑인음악의 원천이 되었죠. 바로 가스펠이라는 종교음악 장르예요. 가스펠은 흑인 영가에 뿌리를 두고 있는 음악으로, 이는 기독교 신앙 가운데 예수가 인간을 구원하러 왔다는 기쁜 소식, 즉 '복음'을 뜻하기 때문에 가스펠을 복음성가로 번역하기도 해요. 인류 역사 내내 음악은 종교적 체험을 극대화하는 중요한 역할을 한 만큼 종교와 음악은 떼려야 뗄 수 없지만, 특히 흑인 기독교인들은 누구보다도 뜨겁게 신을 찬양하고 구원의 기쁨을 노래했죠.

흑인들은 워낙 흥이 많아서 찬양도 신나게 하는 것 같아요.

사실 흑인들이 기독교 신앙을 받아들이는 과정에도 어두운 내막이 있어요. 흑인들은 아프리카 출신인 만큼 분명 그 나라의 토속 신앙과 종교를 믿었을 텐데 미국에 노예로 팔려 온 이후 일제히 기독교를 받아들이게 돼요. 이들을 교회에 데려간 자는 다름 아닌 백인 주인들이었어요. 백인들이 기독교적 가르침을 흑인 노예를 길들이기 위한 수단으로 삼았거든요.

충격적이네요. 기독교가 어떻게 흑인들을 길들인다는 거죠?

이를테면 '주인에게 복종하라' 같은 성경 구절을 가져와선 종교적 의미를 빼고 문자 그대로 적용하는 식이죠. 게다가 흑인들은 현세의 종착역이 천국이라는 기독교의 내세관 덕분에 희망을 품고 각박한 현실을 받아들이기 시작했어요. 현생에선 노동의 굴레를 벗어날 수 없을 것 같은데 천국이 자신을 기다리고 있다고 하니 노예들 입장에서 얼마나 큰 위로가 됐을까요? 그렇게 흑인들이 열심히 교회를 다니면서 점차 흑인 커뮤니티 및 교회가 따로 생기기 시작했고 그들만의 종교 문화가 만들어졌죠.

흑인 교회 신도들, 1941년
당시 흑인들에게 기독교 신앙은 각박한 현실을 벗어날 수 있는 탈출구이자 자신들만의 커뮤니티를 형성할 수 있는 기반이 되었다. 흑인 교회는 단순한 종교 단체를 넘어 흑인을 위한 시설을 마련하거나 복지사업을 시행하는 등 든든한 사회적 울타리 역할까지 했다.

흑인 교회가 마냥 밝고 유쾌한 종교 문화를 가졌던 것도 아니네요.

아무래도 아프리카계 미국인의 역사에서 차별과 억압의 그림자를 지울 수는 없죠. 가스펠 이미지에서 짐작할 수 있듯이 에너지가 넘치는 게 흑인 예배의 특징인데요. 예수가 인류를 구하러 왔다는 기쁜 소식을 가장 열정적인 형태로 전했죠. 특히 예배를 이끄는 목회자가 선창하면 회중이 후렴구로 화답하는, 일명 '콜 앤드 리스폰스' 형식의 찬양이 예배를 더욱 풍성하게 만들었는데 이런 점이 가스펠 음악의 주요 특징으로 굳어져요. 열정적인 가스펠의 인기가 날로 고공행진하자 교회 밖에서 활동하는 가스펠 그룹들도 생겨나기 시작하는데요. 심지어 종교음악이 아닌 세속 음악을 가스펠 스타일로 부르는 경우도 늘어났죠.

아비시니안 침례교회
뉴욕에서 가장 오래된 흑인 교회 중 하나로 1808년 설립되었다. 할렘 가스펠의 중심지인 이곳에선 전설적인 재즈 가수 냇 킹 콜의 결혼식과 블루스의 아버지 W.C. 핸디의 장례식이 거행되기도 했다.

찬송가만 불러야 가스펠 아닌가요?

🔊
46
노래 하나를 들어볼게요. **에드윈 호킨스 싱어스의 〈오 해피 데이〉**입니다. 워낙 잘 알려진 곡이라 대중음악으로 알고 있는 사람들도 꽤 있어요. 이 노래는 18세기 영국 찬송가를 편곡한 곡으로 1993년 제
🔊
47
작된 영화 〈시스터 액트 2〉에 나와서 더욱 친숙하죠.

아 이 노래군요! 너무 유명해서 팝송인 줄 알았어요.

초기 가스펠에는 소그룹 형태가 많았지만 1960년대에는 대규모 합창 스타일이 유행했어요. 이때부터 가스펠은 좀 더 화려한 색채를 덧입기 시작하죠. 워낙 너도나도 가스펠 스타일을 좋아하다 보니 점차 가스펠 수준의 감정과 기교를 바탕으로 하되 종교적 내용이 아닌 인간과 사랑에 대해 노래하는 가수들도 등장하고요. 그 결과 '두왑'과 같이 가스펠 창법을 부드러운 팝 스타일에 접목한 새로운 흑인 세속 음악 장르가 파생했고, 그 반작용처럼 다른 한편에서는 더 날 것 그대로의 흑인 정서를 담은 '소울'이 탄생해요.

"노래에 소울이 있다"라는 식으로 표현들을 하던데, 그 소울 자체가 음악의 한 종류인가 봐요?

흑인들의 자긍심, 소울

소울은 1960년대에 부상한 흑인음악 장르예요. 당시 흑인음악의 양대 산맥이었던 가스펠의 풍부한 감성과 리듬앤드블루스의 강한 비트를 바탕으로 탄생했죠. 하지만 더 정확히 보면 소울은 음악적인 발전 자체보다 흑인의 정신을 대변하는 데에 초점을 맞춘 장르라 할 수 있어요. 소울이라는 문자 그대로 흑인의 영혼이 담긴 음악이랄까요. 흑인 민권 운동의 흐름에 따라 그들의 목소리가 소울에 묻어났기 때문인데요. 그래서 일부 소울의 대가들은 인권을 보장받기 위한 투쟁 의지를 불태우고 이를 음악으로 표현하는 데에 주력하기도 했어요. 초창기 소울을 언급할 때면 꼭 소환되는 가수가 바로 레이 찰스예요. 재즈와 블루스, 가스펠과 같은 흑인음악 장르는 물론 컨트리 같은 백인음악 장르까지 아우르며 궁극적으로 소울을 개척한 인물인데, 우린 그중 〈왓드 아이 세이〉라는 레이 찰스의 대표곡을 들어볼게요.

레이 찰스
소울의 대부 레이 찰스는 당시 폭발적으로 성장한 미국 대중음악 양식들을 흡수하면서 소울의 발전을 이끌었다. 그는 직접 곡을 쓰는 싱어송라이터이자 피아니스트로도 활동했다.

노래도 좋지만 직접 피아노까지 능숙하게 치는 모습이 인상적이네요.

레이 찰스는 어릴 적 녹내장을 앓

아 앞이 보이지 않는 가수였어요. 그럼에도 실력을 갈고닦아 최고의 자리에 오르죠. 당시 흑인음악 역사상 매우 이례적으로 빌보드 핫 100 싱글 차트 6위까지 기록한 이 곡은 심지어 무대에서 즉흥으로 만든 노래였어요. 레이 찰스가 원래 계획했던 세트리스트를 모두 연주하고도 시간이 남자 바로 즉흥 연주를 한 건데, 관객 반응이 너무 좋아서 그걸 되살려 녹음까지 했다고 해요. 레이 찰스가 여러 장르의 음악을 융합해 새로운 가능성을 제시하고 심지어 백인 청중들의 마음까지 사로잡는 동안, 동시대에 활동한 또 다른 소울의 거목 제임스 브라운은 완전히 다른 작품세계를 구축했어요.

새삼 대단한 흑인 음악가들이 많네요.

제임스 브라운의 소울 음악은 강렬한 리듬과 악센트가 돋보이는데요. 덕분에 듣는 사람은 최면에 걸린 듯, 말 그대로 음악에 빠져들게 돼요. 게다가 격정적이고 열정적인 감정 표현에 탁월한 제임스 브라운의 무대를 보고 있으면 덩달아 몸이 들썩거리죠. 이런 소울 스타일은 바로 '펑크' 장르의 탄생으로 이어졌고요.

흥겨운 리듬으로 외친 권리

펑크는 재즈와 리듬앤드블루스, 소울이 주로 결합한 장르로 가장 큰 특징은 아프리카 민속음악에서 주로 사용되는 반복적인 리듬이 겹겹이 쌓인 형태를 띤다는 거예요. **제임스 브라운의 〈아이 필 굿〉**을 들어봤다면 어디 가서 펑크 음악 하나쯤은 안다고 말할 수 있죠.

영화나 광고에 자주 나오는 노래잖아요! 이게 펑크군요.

제임스 브라운이라는 이름이 생소한 사람들도 이 노래는 들어봤을 거예요. 흥겨운 분위기에 절로 춤을 추게 만드는 펑크는 이후 나오는 댄스음악 장르에 큰 영향을 미쳐요. 실제로 여러 펑크 음악가들이 1970년대부터 급부상한 댄스음악인 '디스코'의 탄생을 주도했고요. 펑크의 그 활기찬 리듬과 강한 비트가 오늘날 말 그대로 가장 힙한 장르 중 하나이 '힙합'의 뿌리가 되기도 했죠.

'안티' 비틀스

와, 그렇게 연결이 되는군요!

그런 의미에서 제임스 브라운의 곡 하나를 더 들어 볼 건데요. 제목이 〈세이 잇 라우드 - 아임 블랙 앤드 아임 프라우드〉예요. 직역하자면 "크게 외쳐 / 나는 흑인인 게 자랑스러워"라는 뜻으로 흑인이라는 정체성에 자부심을 품자는 게 주요 내용이죠. 1968년 발표한 이 음악은 흑인 민권 운동의 큰 축이 되어 뜨거운 반응을 얻었어요.

제임스 브라운도 운동권이었나 보네요.

사실 그해 흑인들은 너무나 큰 충격과 슬픔에 빠져 있었어요. 4월 4일, 흑인 환경미화원 파업 지지 선언을 위해 테네시주의 멤피스에 왔던 마틴 루서 킹이 괴한의 총에 맞아 사망하는 사건이 벌어졌거든요. 이후 8월에 제임스 브라운이 이 노래를 발표했죠. 나는 흑인이고 그 사실이 자랑스럽다며 이를 크게 외치자고 독려한 거예요. 이 노래는 절망에 빠져 위축될 법한 흑인들에게 위로와 용기를 주었고 흑인 민권 운동의 핵심 송가로 자리했답니다.

한편 마틴 루서 킹이 머물고 있던 멤피스는 대중음악 역사에서 의미가 깊은 도시인데요. 흑인 거주자의 비율이 높아 블루스와 소울의 본거지이면서 흑인음악에 능통했던 로큰롤의 황제 엘비스 프레슬리의 고향이기도 하죠. 미국 남부 음악의 중심지답게 1966년 비틀스 역시 이곳에서 공연을 했고요. 그러나 당시 즐거운 축제 같아야 할

멤피스의 로레인 모텔
1968년 4월 4일, 마틴 루서 킹은 파업 중인 흑인 환경미화원들을 지지하기 위해 방문한 멤피스에서 피살당하고 만다. 그가 머물던 로레인 모텔은 현재 영업하지 않지만 그 상징성을 살려 외관을 보존한 채 증축해서 국립인권박물관으로 사용하고 있다.

콘서트장에는 긴장감이 돌았어요.

최고의 스타 비틀스가 왔는데 분위기가 안 좋았다고요?

비틀스를 향한 극단적인 공격과 협박이 계속되던 시절이라 삼엄한 경비에서 공연이 이루어졌거든요. 이를테면 멤피스 공연에서 누군가 폭죽을 던졌을 때 멤버들은 "총을 쏜 줄 알았다"고 했을 정도로 분위기가 살벌했죠.

논란의 '1966'

그 무렵 백인우월주의 단체 '쿠 클럭스 클랜', 일명 'KKK단'은 십자가에 비틀스 음반들을 매달아 화형식까지 거행했어요. 미국 남부 지역의 몇몇 방송국에선 비틀스의 음악을 금지곡으로 지정하거나 대놓고 음반을 태워버리기도 했고요. 종교 단체가 노골적으로 이들에게 적대적이었던 건 말할 것도 없었죠.

KKK단
1865년 창단된 백인우월주의 단체로 보통 'KKK단'이라고 부른다. 노예해방을 끌어낸 미국의 남북전쟁 이후 결성되었으며, 백인들의 세력 회복을 목적으로 조직된 만큼 보수적인 가치관을 내세우며 흑인은 물론 여타 유색인종들까지 탄압하고 테러했다. 1920년대 초 400만 명이 가입할 정도로 부흥하다가 이후 감소하는 추세였으나, 1960년대 흑인 민권 운동의 불길이 거세지면서 다시 부상했다. KKK단의 상징으론 공포심과 위압감을 조장하는 흰색 고깔 두건과 불타는 십자가가 있다.

대체 무슨 일이길래 비틀스가 일제히 미움을 받게 된 거죠?

비틀스가 미운털이 박히게 된 데엔 몇 가지 계기가 있는데요. 먼저 비틀스가 인종차별에 관해 명확하게 반대 의사를 밝힌 게 화근이었죠. 1964년 9월, 한창 미국 투어를 돌고 있던 비틀스는 황당한 소식을 듣습니다. 플로리다주 잭슨빌에서 그들의 콘서트장이 흑인과 백인을 나눈 좌석, 이른바 인종 분리석으로 운영된다는 것을 알게 된 거죠. 이 부당함에 화가 난 비틀스는 관객석을 통합해야 무대에 서겠다고 버텨요. 그리고 이후 공연 계약서에는 그 어떤 인종차별도 허용하지 않음을 명기했고 이미 예약해놓은 호텔의 백인전용실도 취소해버려요.

와 멋진 행보인데요? 요즘으로 따지면 개념 연예인 반열에 올랐겠어요.

세계에서 가장 유명하고 영향력 있는 밴드가 대놓고 인종차별에 반대했으니 파장이 컸죠. 하지만 그 말은 곧 백인우월주의자들에겐 눈엣가시가 되었다는 뜻이었어요. 심지어 비틀스는 그 정도에서 멈추지 않고 반전운동에도 힘을 보태기 시작합니다. 예컨대 1966년 6월 투어 차 방문한 일본 도쿄에서 베트남 전쟁에 대해 반대 입장을 밝힌 것을 시작으로 여러 차례 반전 메시지를 내더니, 같은 해 8월 미국 뉴욕에서 레논은 베트남 전쟁에 미국이 개입한 사실을 노골적으로 비판하기까지 해요.

개인의 생각이라고는 하지만 미국에 가서 미국을 비판하다니, 좀 무모하긴 했네요.

아무리 표현의 자유가 있는 오늘날에도 정치적으로 민감한 사안에 입장표명을 하는 건 조심스러운 일이죠. 대중들이 돌아설 수도 있고 권력층의 미움을 살 수도 있으니까요. 당시엔 워낙 사회적으로 들끓던 시기였으니 그 반향이 더 거셌을 거예요. 그때가 실제로 반전운동이 활발한 시절이었어도 일부 포크 가수들 외에는 아무도 정치적으로 강하게 목소리를 내지 않았어요. 그러니 비틀스의 발언들은 언론 및 미디어에 좋은 타깃이 되었죠.

원래 말꼬리 잡아 이목을 끌어오는 게 언론의 특기니까요.

결정적으로 1966년 3월 영국 잡지 인터뷰에서 레논은 "기독교는 쇠퇴하고 있으며, 로큰롤과 기독교 중 어떤 게 먼저 사라질지 모르겠지만 지금만큼은 비틀스가 예수보다 유명"하다고 말했는데요. 이 발언은 영국에서 별 반응이 없다가 수개월 뒤 뒤늦게 미국에서 논란이 되죠. 미국의 청소년 잡지 『데이트북』에 해당 발언이 실리면서 자극적으로 소비되기 시작한 건데요. 문제적 표현처럼 보이지만 맥락상으로 이는 레논의 삶과 철학에 관한 솔직한 답변이었어요. "예수는 괜찮았지만 그의 제자들은 우둔했고 바로 이런 점이 기독교를 망가뜨린다"는 말이 언론에서 부각한 그 '폭탄 발언' 뒤의 내용이었는데 언론이 이 부분까지 조명하지 않은 거죠.

일본의 무도관
비틀스가 1966년 3일간 공연했던 무도관은 본래 유도 경기장이었기에 예로부터 신성시되는 장소였다. 당시에는 이곳을 공연장으로 이용했다는 이유로 우익 단체들로부터 질타를 당했지만, 오늘날 무도관 공연은 대중적 성공의 지표가 되었다. 무도관에 입성해 객석 매진을 기록한다는 건 인지도가 높은 가수만이 가능한 일이기 때문이다.

표현이 좀 과격하긴 하지만 이 정도 말도 못 하나요?

미국, 특히 남부 지역의 기독교 근본주의자들과 우익 집단은 레논의 발언에 길길이 날뛰었어요. 상황이 이렇다 보니 그 지역 방송국들은 비틀스의 노래를 틀지 않기 시작했고 이런 반향은 세계로 퍼져나가 교황청마저 이 사태를 비판하기에 이르렀죠. 비틀스 결성 이후 처음으로 엄청난 스캔들에 휩싸인 거였어요.

엎친 데 덮친 격으로 그해 아시아 투어를 돌면서도 비틀스는 우여곡절을 겪었는데요. 일본 도쿄에선 유서 깊은 유도 경기장 무도관을 공연장으로 쓴다는 이유로 반대 시위가 벌어지는가 하면 필리핀 마닐라에선 비틀스가 거의 도망치듯 출국하는 사건마저 일어나요.

'안티' 비틀스

아니, 한꺼번에 무슨 일이래요?

당시 필리핀 대통령이었던 페르디난드 마르코스의 부인인 이멜다 마르코스의 비공식 만찬 초청을 비틀스 측이 거절한 게 화근이었어요. 매니저 브라이언 엡스타인은 단순한 초대인 줄 알고 일정 조율이 어렵다고 한 건데 필리핀 정부와 언론은 이를 심각한 결례로 받아들였죠. 현지인들은 격분했고 비틀스 일행을 겁박하기 시작했어요. 경호 인력조차 비협조적이었던 탓에 멤버들은 신변의 위협을 느끼며 간신히 공항을 빠져나갔죠.

인기가 높으니 안티도 차원이 다르네요.

세기의 라이벌

정상급 스타일수록 감내해야 하는 게 많아지는 법이죠. 비틀스가 목소리를 낼수록 비틀스를 타도하자는 운동이 조직적으로 벌어졌고 실제로 이때 팬들이 많이 이탈했다고 해요. 오늘날에도 영향력 있는 스타가 첨예한 이슈에 자기 의견을 명확히 밝히면 큰 논란이 될 뿐만 아니라 반대 의견을 가진 팬들은 이른바 '탈덕'을 하곤 하잖아요.

비틀스가 최고인 시절에 그들을 떠나다니…

비틀스가 최정상이긴 했어도 브리티시 인베이전 현상에서 짐작할 수 있듯, 동시대엔 말그대로 대단한 영국 밴드가 많았어요. 예를 들어 롤링스톤스 같은 밴드는 비틀스에게 인기가 크게 밀리지 않았죠. 롤링스톤스는 이미지부터 음악 스타일, 멤버 개개인의 캐릭터까지 비틀스와는 너무 달라서 종종 라이벌로 비교되곤 했고요.

이름은 들어봤는데 잘은 모르겠네요.

혹시 혀를 익살스럽게 내민 도톰한 입술 이미지의 로고를 본 적 있나요? 티셔츠나 모자, 가방 등 패션 아이템에 자주 등장하는데요. 이게 바로 롤링스톤스의 공식 로고예요. 워낙 유명해서 디자인의 역사에서도 길이 남을 아이콘으로 꼽히죠.

롤링스톤스 공식 로고가 박혀 있는 전용기
롤링스톤스의 일명 '뜨거운 입술' 로고는 1971년 앨범 속지에 처음 등장해서 오늘날까지도 많은 사랑을 받고 있다. 참신하고 감각적인 로고 디자인이 필요했던 밴드의 보컬 믹 재거는 당시 대학원생이던 신예 그래픽 디자이너 존 파세에게 이를 의뢰했다. 그렇게 단돈 50파운드로 탄생한 이 로고는 이후 세계에서 가장 유명한 로고 중 하나로 자리매김한다.

롤링스톤스는 1962년 4월, 영국 런던에서 결성된 5인조 록밴드예요. 링고 스타가 비틀스에 합류하면서 완전체가 된 것도 1962년이니 정말 둘은 활동 시기가 완전히 겹치는 셈이죠. 물론 롤링스톤스는 초창기엔 고전 로큰롤을 커버하다가 1965년부터 자작곡을 발표하기 시작했으니 자기 음악을 한 시점은 비틀스보다 몇 년 늦었지만요. 이후 롤링스톤스는 미국에 성공적으로 진출하면서 대박이 납니다.

비틀스 하면 〈Yesterday〉라도 생각나는데 롤링스톤스도 그런 대표곡이 있나요?

그들 역시 수많은 명곡 제조기였어요. 미국의 음악 전문 케이블 채널 'MTV'와 잡지 『롤링스톤』이 2000년에 발표한 '위대한 팝송 100곡'에서 1위가 비틀스의 〈Yesterday〉였으면 2위는 롤링스톤스 곡이 차지했죠. 바로 〈새티스팩션〉이에요.

젊은 에너지와 열정이 가득 느껴져요.

이 곡의 매력 포인트라 하면 너무나 인상적인 기타 리프라고 할 수 있어요. 여기서 리프란 곡에서 중요하게 반복되는 짧은 악구를 의미해요. 강렬한 인상을 남기기 때문에 곡이 끝나도 가장 오래 귓가에 맴도는 건 바로 리프죠. 그 리프 위로 쌓인 날것의 보컬과 "만족할 수 없다"고 반복적으로 외치는 가사는 적나라하게 성적으로 욕구 불만이라는 뜻을 강조하고 있어 더없이 도발적이에요. 청춘의 욕망을 있는 그대로 드러낸 셈이죠.

비틀스 초창기를 생각해보면 이미지가 확실히 다르긴 하네요.

비틀스가 깔끔하고 지적인 이미지로 안전하고 낭만적인 서사의 음악을 주로 발표했다면 롤링스톤스는 그 대척점에 있었어요. 다듬어지지 않은 거친 이미지에 일찍이 반항적이고 도전적인 음악을 내세웠으니까요. 비틀스의 매니저 브라이언 엡스타인이 쿼리멘 시절 정

'안티' 비틀스

돈되지 않은 비틀스의 모습을 단정하게 바꾼 것과 달리 롤링스톤스의 매니저 앤드루 올덤은 비틀스와 반대로 가는 성공 전략을 썼어요. 데뷔 이전의 껄렁한 모습을 그대로 가져가면서 반항적인 청년의 이미지를 상품화했죠.

모범적인 이미지도 먹혔지만 정반대 전략도 통한 거네요.

반전은 이들의 출신 배경은 오히려 외형과 정반대라는 사실이에요. 단정한 도련님 스타일의 비틀스가 노동계급 출신이었다면, 자유로운 영혼을 표방한 롤링스톤스는 중산층이었거든요. 이렇게 대척점에 있었어도 멤버들끼리는 친하게 지냈다고 해요. 여러모로 재미있는 점이 많은 두 밴드죠. 비틀스는 훗날 해체 수순을 밟았지만 롤링스톤스는 꾸준히 현역으로 활동하고 있다는 것도 눈길을 끌고요.

거친 악동들이라 짧게 활동하고 금방 헤어졌을 줄 알았는데 나이 들어서도 함께 한다니 너무 멋있어요.

한편 비틀스는 '안티 비틀스'의 움직임이 거센 시기에도 더욱 굳건히 정상을 지켰어요. 그들의 행보를 비난하는 이들도 있었지만 화제의 주인공이 되면서 연대의 움직임이 컸기 때문에 결과적으론 인기가 더 높아졌죠.

필기노트

02. '안티' 비틀스

비틀스의 일거수일투족에 주목하기 시작한 대중은 이들의 발언과 행보에 다양한 반응을 보인다. 인종차별 이슈를 비롯해 종교와 이념을 둘러싼 논쟁 역시 첨예했던 시기인 만큼 비틀스의 입장은 반대 진영의 비판과 분노를 산다.

흑인음악의 계보

몽고메리 버스 보이콧 운동 1955년 미국 몽고메리시에 살던 로자 파크스가 백인에게 버스 좌석을 양보하지 않았다는 죄로 체포됨.
→ 약 1년간 흑인 노동자들의 버스 보이콧 운동이 일어남.

- 1960년대는 흑인 민권 운동의 불길이 거센 시기로, 흑인음악 장르 역시 다양화됨.

가스펠	• 흑인 영가에서 시작됨. 흥겹게 복음의 기쁨을 노래하는 장르. • 가스펠의 감정과 기교에 세속적인 내용을 가미하면서 대중화.
소울	• 가스펠의 풍부한 감성 + 리듬앤드블루스의 강한 비트. • 흑인들의 목소리와 영혼을 대변하는 음악으로 통함.
펑크	• 재즈 + 리듬앤드블루스 + 소울. • 펑크 리듬은 이후 '디스코', '힙합' 장르 등에 영향을 줌.

비틀스를 반대하다

- 정치적·사회적 혼돈기에 비틀스의 행보는 큰 반향을 일으킴.

비틀스의 발언 및 행보	▶	사회적 반응
계약서에 인종분리석 운영을 금하는 조항을 넣음.		백인우월주의 단체가 반발함.
베트남 전쟁에 대한 반대 입장을 강조함.		미국 보수 언론의 비난이 쏟아지고 일부 팬들은 반감을 품음.
레논이 인터뷰에서 "비틀스가 예수보다 유명하다"고 말함.		미국 남부 지역의 방송국들이 비틀스 노래를 금지함.

시대를 주름잡은 악동들

롤링스톤스 1962년 4월 영국 런던에서 결성된 5인조 록밴드. 비틀스와 같은 시기에 활동한 라이벌이자 브리티시 인베이전의 주역.

- 비틀스의 단정하고 모범적인 도련님 이미지 ↔ 롤링스톤스의 거침없고 자유로운 악동 이미지.

꽃의 시대, 소음의 끝에서

전쟁의 잿빛이 가라앉자
그곳에 꽃이 피었다.
사랑은 색과 온도를 달리하며
세상을 다시 조율했다.
잠시나마 꿈에 가까운 나날들이었다.

누군가 사랑과 평화가 60년대에나 어울리는
진부한 표현이라 여긴다면 그건 문제가 있다.
사랑과 평화는 영원하기에.

- 존 레논

03

사랑이 전부인 낙원으로

#아방가르드 #창조력의 정점 #페퍼 상사 #사랑의 여름 #플라워 무브먼트 #엡스타인 사망

지금까지 사랑에 대해 노래하는 발랄하고 다정한 청년부터 사회 문제에 목소리를 내는 오피니언 리더까지, 비틀스의 다양한 모습을 만나봤어요. 비틀스는 분명 변화를 두려워하지 않았고 음악적 행보 역시 거침없었지만 그렇다고 과거를 완전히 지우진 않았어요. 그저 음악이 좋아서 무대에 섰던 리버풀 소년들의 초심을 끝까지 챙겼죠. 1967년, 그들의 창조력은 정점을 찍으면서 여러 대표곡과 명곡들이 쏟아졌는데요. 창작하는 데에 여념이 없었던 비틀스가 이번엔 어떤 이야기를 풀어냈을지 만나볼게요.

유년 시절을 추억하며

비틀스의 〈Strawberry Fields Forever〉부터 듣고 시작하죠. 비틀스 팬들 중에 이 곡을 가장 좋아한다고 꼽는 사람들도 많은데요. 1967년 2월 13일 '레논-매카트니' 명의로 발매한 싱글이지만 주로

레논의 손길이 닿은 명곡이죠.

굉장히 서정적이고 아름답네요. 제목이 직역하면 "딸기밭이여, 영원하라"인데 정확히 어떤 노래죠?

제목에 등장하는 '스트로베리 필즈'는 사실 딸기밭이 아니라 리버풀 외곽 지역 울튼에 있는 구세군 고아원 이름에서 유래했어요. 레논의 유년 시절 추억이 깃든 곳이죠. 레논은 미미 이모네에서 살던 때에 스트로베리 필드 고아원에 자주 가서 놀았다고 해요. "나와 같이 가자 / 나는 스트로베리 필즈로 갈 테니"라는 가사를 보면 혼란이 가득한 세상 속 내면의 평화를 주는 곳으로 표상되는 것 같죠?

어린 시절 추억의 장소를 멋지게 소환했네요.

유년을 떠올리는 노래여서인지 몽환적이고 초현실적인 느낌이 가득한데요. 특히 도입부를 장식한 멜로트론의 플루트 소리가 환상의 세계로 가는 초대장을 내미는 듯하죠. 멜로트론이란 1963년 영국에서 개발된 전기 기계식 건반악기인데, 샘플 음원을 녹음한 테이프들을 재생해서 소리를 내는 원리로 작동해요. 각 건반을 누르면 이에 해당하는 테이프가 재생되면서 마치 다양한 악기를 연주하는 것 같은 효과를 얻을 수 있죠.

안 그래도 오르간 소리랑 비슷해서 이게 무슨 악기지 싶었어요.

리버풀의 스트로베리 필드
〈Strawberry Fields Forever〉의 모티프가 된 영국 리버풀 고아원이다. 레논이 어린 시절 친구들과 어울렸던 이곳은 2005년 폐쇄했음에도 여전히 비틀스 팬들의 발길이 끊이지 않고 있다. 본래 명칭은 'Fields'에서 's'를 뺀 스트로베리 필드다.

뉴욕의 스트로베리 필즈
미국 뉴욕의 센트럴파크에는 스트로베리 필즈라는 구역이 있다. 이곳은 존 레논을 추모하기 위해 그의 부인 오노 요코가 마련한 공간으로 이 명칭은 〈Strawberry Fields Forever〉에서 따왔다. 팬들은 레논의 대표곡 'IMAGINE'이 적힌 이 광장을 찾아 헌화하고 평화를 노래하곤 한다.

게다가 마칭밴드의 규칙적인 드럼 소리와 웅장한 금관악기, 그리고 서정적인 첼로 소리 등이 어우러지면서 말 그대로 귀가 즐거운 노래가 되었죠. 그중 가장 독특한 점이 있다면 아마 이 부분일 거예요. 음악이 끝난 줄 알고 트랙을 돌리려던 찰나에 다시 시작되는 구성, 즉 소리가 서서히 사라지는 **페이드아웃 기법이 사용되다가 다시 페이드인 되는 흐름**이 굉장히 기발하죠. 이 역시 대중음악사상 최초로 시도된 효과로, 페이드인이 되었을 때는 이해하기 힘든 소리들의 향연이 펼쳐지면서 오묘한 분위기가 절정에 이릅니다. 현실과 환상이 맞물린, 아름다우면서도 혼란스러운 영화 한 편을 감상하는 듯하죠.

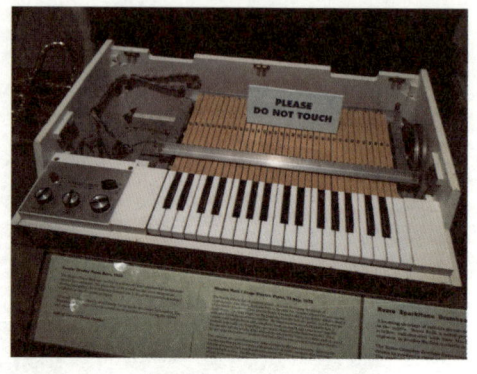

멜로트론
1963년 영국에서 개발된 전기 기계식 건반악기. 1960~1970년대 영국 록밴드들이 주로 사용했다.

처음엔 그저 감성적인 음악이구나 싶었는데 점점 기괴해져서 놀랐어요.

이 곡은 사이키델릭 장르의 명작으로도 불려요. 비틀스가 1966년 투어를 중단한 직후 심신이 지쳐 있던 멤버들은 모처럼 각자 개인적인 시간을 보냈는데요. 레논은 이때 아방가르드 영화를 찍으러 스페인을 방문했죠. 거기에서 혼자 숙소에 머물며 기타를 치던 레논은 몽롱한 상태에서 유년 시절을 떠올렸고, 이 생각이 꼬리에 꼬리를 물고 의식 너머 세계까지 이어진 덕에 이런 체험을 곡에 녹여냈다고 해요. 당시 마리화나를 습관적으로 피웠기 때문에 그 영향이 있지 않았을까 하는 추측들도 있고요.

아하, 사이키델릭 장르라면 또 이해가 가네요.

레논 곡을 살펴봤으니 또 매카트니 이야기를 빼놓을 수 없겠죠? 레논이 해괴하고 다소 실험적인 곡을 만들 동안 이번에도 매카트니는 일상적인 내용의 경쾌하고 밝은 노래를 작곡했어요. 바로 〈Penny Lane〉이라는 곡입니다. 제목에 나오는 페니 레인 역시 그들의 유년 시절 추억이 깃든 영국 리버풀의 거리 이름이에요. 매카트니와 레논이 살던 동네의 작은 골목길인데 둘은 종종 시내로 나가는 버스를 타기 위해 여기에서 만났다고 하죠.

둘 다 고향 이야기를 하고 있네요. 비교하며 들으니 더 좋은 것 같아요.

실제로 이 두 곡은 싱글로 엮여 1967년 2월에 발표되었어요. 이 두 곡을 발표한 지 4개월이 지나 비틀스는 여덟 번째 정규앨범을 내는데요. 당시 프로듀서 조지 마틴은 아차 싶었다고 해요. 고향을 그리는 테마로 제격인 두 명곡을 정규앨범에 수록하지 못한 것을 두고 "최악의 실수"였다고 회상하기도 했죠. 그만큼 레논과 매카트니가 어린 시절 향수를 노래한 곡들이 대단했다는 뜻일 텐데, 그런 의미

페니 레인
리버풀에 있는 골목길. 매카트니는 페니 레인을 거닐며 마주쳤던 풍경과 자신의 상상을 적절히 섞어 곡을 썼다. 노래에 등장하는 이발소와 은행 등이 그때 이름 그대로 남아 있는 이 거리는 지금은 관광 명소로 통한다.

에서 〈Penny Lane〉의 특별한 점을 하나 더 짚어볼게요.

사실 레논 곡에 비해 조금 평범한 느낌인데 특별한 점이 있다고요?

이 곡엔 경쾌함을 더하는 부분이 있어요. 새가 지저귀 듯 울려 퍼지는 **피콜로 트럼펫 솔로** 구간입니다. 피

감각과 이성 너머

피콜로 트럼펫은 트럼펫보다 한 옥타브가 높은 소형 트럼펫이라 섬세하고 화려한 음색을 가진 악기예요. 매카트니가 클래식 음악에서 영감을 받아 이 선율을 넣었다는데요. 바로 **바흐의 《브란덴부르크 협주곡 2번》 BWV 1047 가운데 3악장**이에요. 텔레비전에서 우연히 이 곡을 연주하는 장면을 본 매카트니가 악기 소리에 매료되어 이를 작곡에 반영한 거였죠. 클래식 악기를 활용하거나 클래식 작품에서 아이디어를 가져오는 비틀스의 실험적 시도는 20세기 중반 클래식과 점점 멀어지던 대중에게는 선물과도 같았어요. 핫한 대중음악을 들었을 뿐인데 덩달아 클래식까지 접하게 되는 격이니 이보다 더 훌륭한 가교가 있을까요?

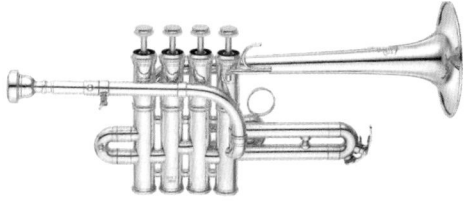

피콜로 트럼펫
1905년 최초로 제작된 소형 트럼펫으로, 바로크 시대 바흐와 헨델의 음역이 높은 곡들을 수월하게 연주하기 위해 만들어졌다. 일반 트럼펫으로는 연주자가 고음을 내는 클라리노 주법을 구현하기가 매우 어렵다.

클래식의 변신은 무죄네요.

두 곡 모두 비틀스 대표곡으로 오늘날까지 많은 사랑을 받고 있지만 당시 영국 차트 2위가 최고 성적일 만큼 비틀스 노래 중에 이례적으로 1위를 차지하지 못했다는 게 신기하죠. 물론 멤버들은 성적에 별로 개의치 않았지만요. 그들은 계속해서 앨범 만들기에 여념이 없었거든요.

페퍼 상사의 행진

1966년 8월 비틀스는 미국 샌프란시스코의 캔들스틱 파크 공연을 끝으로 투어를 중단했고, 그동안 공연에 들였던 시간과 열정을 앨범 만들기에 투자해 스튜디오 레코딩의 완성도를 높이려 애를 썼어요. 이제 그 기대를 뛰어넘은 여덟 번째 정규앨범을 만날 시간입니다. 《Revolver》 이후 10개월이라는 긴 공백기를 깨고 1967년 6월 1일, 발표한 앨범의 이름은 《Sgt. Pepper's Lonely Hearts Club Band》였어요. 한국에선 '페퍼 상사'라고들 부르고요.

그 긴 이름을 가진 앨범 맞죠? 앞에서 본 것 같은데…

맞아요. 비틀스를 처음 소개하면서 얘기했던 바로 그 앨범이에요. 상업적으로 성공을 거둔 밴드가 어떻게 대중성을 유지하면서 예술적 혁신을 이룰 수 있었는지 소개했죠. 이 앨범을 주도적으로 제작한 사람은 매카트니였는데요. 그는 이미 1965년쯤부터 비틀스의 리더처럼 행동하고 있었고 이때 심취했던 아방가르드 예술, 현대음악 등에서 영감을 받아 그런 느낌의 앨범을 만들고 싶어 했어요. 더불어 당시 미국에서 인기몰이하던 록밴드 비치 보이스의 《펫 사운즈》라는 앨범의 혁신성에도 큰 자극을 받았죠. 여기서 재밌는 건 《펫 사운즈》 자체가 비틀스의 이전 정규앨범 《Rubber Soul》이 선보인 예술적 실험에 자극받아 탄생했다는 거예요.

비치 보이스의 《펫 사운즈》
비치 보이스는 1961년 미국 캘리포니아주 호손에서 '윌슨' 삼 형제와 그들의 사촌, 그리고 친구로 결성된 5인조 록 밴드다. 초창기엔 서핑과 바다, 뜨거운 태양 등에 대해 노래하는 이른바 서프 음악을 대표하는 그룹이었지만 멤버 브라이언 윌슨은 점차 오락성이 짙은 밝고 가벼운 음악에 염증을 느낀다. 이에 무대 활동을 중단하고 1964년 말부터 스튜디오 실험을 계속하며 기존 밴드의 색깔과는 다른 혁신적인 록 음악을 선보였다. 1966년 5월 발매한 《펫 사운즈》는 이런 예술적 열망을 응축한 걸작이다. 위 사진은 잡지에 실린 《펫 사운즈》 앨범 홍보 이미지다.

역시 발전하려면 라이벌이 필요하다니까요.

《펫 사운즈》는 다양한 악기 편성과 장르의 결합이 돋보이는 앨범인데 비틀스의 새 앨범 역시 모든 관습을 가로질러 탄생한 덕에 새로운 것들로 넘쳐났어요. 앞서 보았듯 이 앨범은 비틀스 멤버들이 군악대 단원이라는 설정인 만큼 표지에 이들의 공연을 보러온 가상의 관중들이 콜라주 형태로 표현되었어요. 이를 위해 멤버들은 각자 원하는 관중 리스트를 작성했다고 해요. 레논의 명단엔 1966년 인터뷰로 홍역을 치르기도 했던 예수뿐 아니라 독재자 아돌프 히틀러도 있었고 해리슨은 한창 인도 사상에 빠져 있던 터라 인도 교부들을 적어냈죠.

진짜 기발한데요? 멤버들 성향에 따라 초대하고 싶은 관중이 다른 것도 재밌고요.

그중 논란이 될 만한 인물은 제외하고 제작 디자이너의 의견 역시 함께 들어가면서 오늘날의 표지가 완성되었답니다. 사실 우리 강의에서 저작권과 초상권 문제 때문에 그 표지를 직접 보여주지 못한 점이 참 아쉬운데요. 당시 비틀스도 비슷한 처지였어요. 대부분의 인물이 생존해 있었기 때문에 매니저 엡스타인이 초상권 문제를 해결하러 바쁘게 다녔고, 그만큼 비용도 평균 앨범 표지 제작비의 100배에 달했다고 하죠.

멤버들도 매니저도 각자 자리에서 '팀플 과제'에 최선을 다했네요. 걸작이 팬히 나오는 게 아니죠.

앨범의 콘셉트도 기상천외하지만 제작 과정에서 비틀스 멤버들은 엉뚱한 시도도 많이 했어요. 400시간 이상을 투자해 완성된 이 앨범은 녹음테이프를 공테이프에 복사한 채 소리의 일부를 조각내거나 재결합해서 겹겹이 소리를 쌓아 올리는 등의 실험이 함께했죠.

이렇게 만든 음악은 뭐가 달라도 다르겠죠?

'아방가르드' 대중음악

이번 앨범에서도 비틀스의 사이키델릭 록 사랑은 계속되었는데요. 앨범에 세 번째로 수록된 〈Lucy In The Sky With Diamonds〉 역시 사이키델릭 록의 대표작이죠. 항간에는 제목의 앞글자들을 따면 'LSD'가 되기 때문에 마약을 암시한다는 논란도 있었지만 음악을 만들게 된 계기는 의외로 단순해요.

앞 글자가 절묘하게 떨어지는데, 나중에 그냥 둘러댄 거 아닐까요?

물론 여전히 그렇게 믿는 사람들도 있지만, 원곡자 레논은 어린 아들인 줄리안 레논이 유치원 친구 루시 오 도넬을 그린 그림을 가져와선 "루시가 다이아몬드와 함께 하늘에 있다"고 말한 것에서 영감을 받았다고 말했어요. 마약과는 관련이 있기는커녕 어린아이들의 동심이 깃든 노래라니, 꽤나 큰 반전이죠? 실제로 동화적이고 초현실적인 가사가 곡을 더욱 매력적으로 만드는데요. 만화경 같은 눈을 가진 소녀, 노란색과 초록색의 셀로판 꽃들과 같은 표현이 특히 그렇죠.

이 곡도 시작부터 특이한 것 같아요.

느린 템포의 전자 오르간 소리와 늘어지는 듯한 레논의 보컬이 어우러지면서 정신이 절로 몽롱해지죠? 그러다가 후렴구는 정박으로 돌아가 신나게 진행되고 이후 다시 느려지는데요. 구성 자체는 비교적 단순한데 긴장이 고조되고 풀어지기를 반복하다 보니 드라마틱하기까지 합니다. 신비로운 곳으로 빨려 들어가 그 환상적인 느낌을 만끽하다가 이내 또다시 이리저리 흘러가는 느낌을 받게 되죠.

나른함과 경쾌함을 왔다 갔다 맛봐서인지 마치 '이상한 나라의 앨리스'라도 된 것 같아요.

이 기세를 몰아 앨범의 마지막을 장식하는 곡도 들어볼게요. 이 곡은 자칫 듣기엔 평범하고 서정적일지 몰라도 뒤로 갈수록 "어라 특이하네?"라는 기분이 들 거예요. 비틀스의 음악적 성장이 얼마나 대단한지 말해주는 곡인 〈A Day In The Life〉입니다. 레논이 곡의 뼈대를 만들고 매카트니가 비어 있는 부분을 보완하며 만든 걸작이라 더욱 의미가 깊죠.

중간에 노래가 바뀐 줄 알았어요!

비틀스는 아방가르드 예술에도 심취해 있었던 만큼 슈토크하우젠, 존 케이지 등 현대음악가들의 작품에 도 관심이 많았어요. 이들의 작품을 접하고 연구하며 그 안에 깃든 혁신성을 어떻게 응용할 수 있을까 고민했죠. 무엇보다 일정한 음으로 "딴 딴 딴 딴" 연주되면서 안정감을 줬던 피아노 소리가 점점 느려지고 그 대신 **정체불명의 악기 소리들이 동시다발적으로 점점 고조되는 부분**이 정말 특이해요.

햇살 가득한 평화로운 들판에 갑자기 먹구름이 몰려와 한바탕 비를 퍼붓는 것 같네요.

이런 부분이 곡에서 총 두 번 나오는데, 그 정체는 바로 41인조 오케스트라의 글리산도 연주예요. 글리산도는 높낮이가 다른 두 음을 이어서 말 그대로 미끄러지게 연주하는 방법인데 여기선 음산한 분위기를 내는 데에 효과적으로 쓰였어요. 녹음 당시 매카트니는 오케스트라 단원들에게 서로 의식하지 말고 자신만의 박자 및 속도로 연주해달라고 주문했다고 해요. 하지만 평소 정해진 악보대로 연주하는 게 익숙한 단원들은 혼란스러워했고, 프로듀서 조지 마틴이 절충안으로 지휘를 통해 사인을 주면서 녹음이 완성되었죠.

오케스트라로 이런 효과를 내다니, 아이디어가 대단한데요?

게다가 4트랙 테이프를 네 번 녹음해서 덧붙인 덕에 실제로는 160여 명이 연주하는 것처럼 웅장하게 연출되었죠. 레논은 이 부분을 "무(無)에서 세상의 끝으로" 상승하며 나아가는 효과라고 말하기도 했어요.

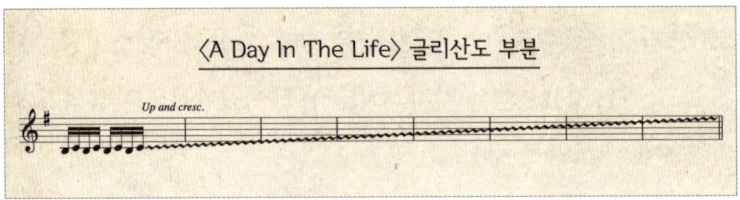
〈A Day In The Life〉 글리산도 부분

심지어 노래가 끝났는데 갑자기 이상한 소리가 튀어나오길래 뭔가 잘못된 줄 알았어요.

깜짝 놀랐죠? 다시 한번 오케스트라 소리가 고조되다가 분명 곡이 모두 끝난 것처럼 "딴! 단~"하고 나서 **별안간 정체를 알 수 없**

는 대화 소리가 반복되는데요. 기계가 고장나서 소리가 튀는 듯한 느낌이죠. 비로소 특이한 노래의 끝판왕이 나온 것처럼요. 이 한 곡을 녹음하는 데만 34시간이 걸렸다고 해요. 정성 들여 만든 이 걸작은 어쿠스틱 기타가 감미롭게 포문을 열다가도 순식간에 청자를 괴상하고 오싹하게 만드는 새로운 청각적 경험을 선사하죠. 도전장을 내밀었던 비치 보이스의 브라이언 윌슨은 이 곡을 듣고 결코 비틀스를 뛰어넘을 수 없다는 걸 깨달았다고 말해요. 혁신의 한 획을 그은 《펫 사운즈》 이후 준비하던 앨범 작업을 포기할 정도로요.

저런, 경쟁자의 창작 의지까지 꺾어버렸군요.

지금이야 사이키델릭하다는 말이 음악적인 느낌을 묘사할 때 종종 사용하는 표현 정도지만 당시 이 몽환적인 느낌을 내기 위해 비틀스 같은 아티스트들은 치열하게 고민했던 거예요. 이때는 정말 젊은 이들의 열정이 타올랐던 때였어요. 실제로 《Sgt. Pepper's Lonely Hearts Club Band》가 발매된 1967년 여름, 미국 샌프란시스코의 헤이트 애시버리 지구에선 경이로운 상황이 펼쳐집니다.

우리에게 필요한 건 오직 사랑

십만여 명의 젊은이들이 모여 머리엔 꽃을 꽂고 사랑을 노래한 건데요. 유독 그 열기가 뜨거웠던 1967년 여름을 사랑의 여름(Summer of

Love)이라고 일컫는답니다.

사랑을 강조하는 것 보니 앞에서 얘기했던 히피 문화인가요?

기억하고 있었네요. 히피 운동이 절정에 이르렀을 때가 바로 이 해였죠. 기성세대를 향한 반감, 그리고 전쟁과 인종차별 등으로 얼룩진 사회에 대한 불만이 뭉쳐 탄생한 이 반문화적 현상은 궁극적인 해결책으로 사랑을 내세웠어요. 총과 칼 대신 꽃을 들고 있는 이미지로 자신들을 대변하고 스스로 '꽃의 아이들'이라 칭했기 때문에 이를 플라워 무브먼트라고도 부르죠.

헤이트 애시버리 지구
히피 운동, 나아가 '사랑의 여름'의 중심지였던 이곳은 오늘날에도 그 색깔을 유지하고 있다. 독특한 코스튬이나 대마초 관련 기념품 등 특이한 가게들이 즐비해 있으며 화려하고 개성 넘치는 건물 외관들 역시 볼거리로 통한다.

플라워 무브먼트
"꽃으로도 때리지 말라"는 말이 있듯 꽃은 가장 유약하고 섬세한 대상으로 통하곤 한다. 이에 1960년대 반문화적 움직임에서 꽃은 시위의 긴장감을 완화하고 사랑을 표하는 수단이자 상징이 되었다.

이런 축제의 장에서 모름지기 음악이 빠질 수 없죠. 비틀스도 동참했나요?

비틀스 멤버들은 공식적으로 플라워 무브먼트를 지지했어요. 이들의 영향력이 워낙 대단하다보니 〈All You Need Is Love〉가 그해 여름의 송가가 된 건 당연한 결과였을지도요. 이들은 노래 공개 전날에 각기 다른 언어로 'All You Need Is Love'가 적힌 플래카드를 들고 기자들 앞에서 포즈를 취하기도 했답니다.

1966년의 '안티 비틀스' 운동 이후 1967년은 더 특별하게 보냈네요.

그렇게 볼 수도 있겠네요. 1967년 6월 초 길이 걸작으로 남을 정규앨범을 낸 것도 모자라 같은 달에 시대의 송가를 남겼으니까요. 이들이 얼마나 진지하고 멋진 예술가로 성장했는지 다시금 증명하는 순간이었죠. 하지만 안타깝게도 1967년이 좋은 일로만 가득한 건 아니었어요. 쓰디쓴 실패도 맛봐야 했고 무엇보다 커다란 이별이 그들을 기다리고 있었죠.

충격적인 작별

워낙 바쁜 스케줄을 소화하던 비틀스는 곡을 만들기 위해 따로 시간을 내다기보다 창작을 일상의 일부로 여기며 문득문득 드는 생각을 예술적 재료로 가져다 썼어요. 예컨대 《Sgt. Pepper's Lonely Hearts Club Band》의 막바지 작업이 한창인 시기에 매카트니는 일주일의 미국 휴가를 다녀왔는데요. 집으로 돌아오는 길에 번뜩이는 아이디어를 떠올렸죠. 미지의 세계로 떠나는 여행 이야기였어요.

재밌을 것 같은데 설마 이게 그 '실패'였나요?

영국의 블랙풀
폴 매카트니는 영국 리버풀에서 출발해 해변 도시 블랙풀로 향하는 버스 투어에 착안하여 '미스터리 투어' 콘셉트를 짰다. 세계 최초로 전기 조명을 이용해 산책로를 조성한 것으로 유명한 블랙풀에는 오늘날 블랙풀 일루미네이션이라는 이름의 대규모 조명 축제가 열리고 있다.

이 아이디어는 훗날 비틀스의 세 번째 영화이자 텔레비전용 뮤지컬 영화 〈Magical Mystery Tour〉로 발전했어요. 성탄절 연휴인 1967년 12월 26일 BBC에서 공개된 이 영화는 비틀스가 대본, 감독, 음악 제작까지 모든 단계에 관여한 작품이었지만 혹평에 휩싸였어요. 비틀스 최초의 대중적 실패로 기록될 정도였죠. 실패의 원인은 복합적이지만 핵심 인력의 부재가 가장 컸어요. 언제나 선구안으로 비틀스를 이끌고 중재했던 브라이언 엡스타인이 없었으니까요.

매지컬 미스터리 투어 버스
1967년 12월 26일 방영된 비틀스의 텔레비전 영화 〈Magical Mystery Tour〉는 미지의 투어 여행 가운데 일어난 이상한 일들을 다루고 있다. 멤버들이 전 제작 과정에 참여했으나 이 영화는 어설프게 완성된 탓에 좋은 반응을 얻지 못했다. 오늘날 리버풀에는 해당 이름을 딴 투어 버스가 있어서 이 버스를 타면 멤버들의 생가부터 비틀스 명소까지 한꺼번에 둘러볼 수 있다.

아니, 왜요? 갑자기 일을 그만두기라도 한 건가요?

차라리 그랬으면 좋았겠지만 1967년 8월 27일, 32살의 엡스타인은 갑작스럽게 사망했어요. 사인은 약물 과다복용이었죠. 비틀스가 성공할수록 엡스타인 역시 부와 명예를 얻었지만 그만큼 큰 압박이 뒤따랐는데요. 경영 문제와 멤버 개개인과의 관계에서 심한 스트레스를 받던 엡스타인은 불면증과 불안증에 시달렸고 어느새 약물에 의존하게 되었어요. 특히 1966년 비틀스가 투어를 중단한 뒤 멤버들의 의사 결정권이 점차 커지면서 밴드 운영에 관한 요구도 늘어났으니 중간 입장에서 번민이 많았던 거죠.

브라이언 엡스타인 묘지
엡스타인은 리버풀의 유대인 공동묘지에 묻혔다. 그는 젊은 나이에 비틀스라는 역사적인 록 밴드를 발굴한 매니저로 성공했지만, 그만큼 큰 압박을 받아야 했다. 게다가 그는 동성애자였기 때문에 정체성과 관련하여 많은 어려움과 고민도 있었을 것으로 보인다.

너무 안타깝네요. 세계 최고의 매니저가 될 사람이 그렇게 일찍 세상을 떠나다니.

물론 지금도 엡스타인은 세상에서 가장 유명한 매니저이자 훌륭한 사업가로 기억되고 있어요. 엡스타인의 갑작스러운 사망으로 비틀스 멤버들은 엄청난 충격을 받았죠. 레논은 "우리는 이제 망했구나"라고 생각했다고 해요. 멤버들의 재능과 개성이 뚜렷한 덕에 비틀스로 성공할 수 있었지만 그만큼 각기 다른 성격의 청년들을 하나로 묶는 건 정말 어려운 일이었는데요. 엡스타인이 바로 혈기왕성한 이들을 묶어주던 중심축이었죠. 그런데 이제 그 존재가 사라진 셈이니

이는 캄캄한 바다 위 등대 불빛이 꺼진 것과 마찬가지였어요. 실제로 엡스타인이 세상을 떠난 후 비틀스는 삐걱거리기 시작해요. 다음 장에선 비틀스 멤버들이 이 혼란 속에서 과연 어떤 길을 택했는지 살펴볼게요.

필기노트
03. 사랑이 전부인 낙원으로

1967년은 곧 '사랑의 여름'이었다. 이 시기에 반문화적 흐름은 절정을 맞이했고 사람들은 총 대신 꽃을 든 채 사랑을 외친다. 비틀스도 이 축제에 뜻을 함께했고, 사이키델릭 색채를 기반으로 화려하고 독특한 명반을 탄생시킨다.

클래식과 만난 대중음악
- 1966년 8월 공연을 끝으로 비틀스는 더 이상 투어를 돌지 않겠다고 선언함. 대신 그 시간과 노력을 스튜디오 레코딩에 쏟음.
- 비틀스, ⟨Penny Lane⟩ 매카트니와 레논이 거닐던 리버풀 거리의 추억이 깃든 곡. → 피콜로 트럼펫 솔로 부분은 바흐의 ⟨브란덴부르크 협주곡 2번⟩에서 영감받음. = 클래식과 대중을 다시 잇는 혁명.

전설의 '페퍼 상사'
- 1967년 6월, 여덟 번째 정규앨범 《Sgt. Pepper's Lonely Hearts Club Band》 발매. → 대중성과 예술성을 모두 챙긴 대표적 명반.

콘셉트	비틀스를 빅토리아 시대 군악대 단원들로 설정함. ⇒ 하나의 콘셉트로 엮어낸 앨범.
앨범 아트	군악대 공연을 보러 온 관중들을 가상으로 설정하여 유명인들의 얼굴을 콜라주 기법으로 구성함. ⇒ 하나의 예술 작품이 된 표지.
음악적 실험	녹음테이프를 공테이프에 복사해 소리 일부를 조각내거나 재결합하는 식의 실험을 거듭함. ⇒ 400시간 이상을 투자한 결과물.

- 비틀스, ⟨A Day In The Life⟩ 서정적인 분위기로 시작해 현대음악적 색채를 띠는 독특한 곡. 41인조 오케스트라가 글리산도로 음을 고조시키는 부분을 삽입함.

사랑의 송가
- 사랑의 여름 1967년 여름, 미국 샌프란시스코의 헤이트 애시버리 지구에 십만여 명의 젊은이들이 모임. → '플라워 무브먼트'
- 비틀스, ⟨All You Need Is Love⟩ 플라워 무브먼트를 향한 비틀스의 답가이자 히피들의 송가로 자리매김함.

엡스타인의 빈자리
- 1967년 8월 27일, 엡스타인이 약물 과다복용으로 갑작스럽게 사망함.
- 엡스타인의 부재는 곧 비틀스의 중심축이 사라진 것과 같았고, 실제로 이들은 삐걱거리기 시작함.

V

고전이 된 신화

― 비틀스의 마지막, 그리고

연극이 끝나고 난 뒤

황홀경은 막을 내렸고,
빛처럼 번지던 환상도
더 이상 도피처가 되지 못했다.
사랑의 주문이 풀리자
세상은 낯선 진실의 얼굴을 하고 있었다.

60년대의 이상주의는 때로
무모할 정도로 순진했고,
많은 이들을 진정한 사회 변화 대신
현실 도피의 길로 인도했다.

- 토드 기틀린

01

헤어지는 중입니다

#초월명상 #마하리시 요기 #갈등과 불화
#오노 요코 #화이트 앨범

엡스타인이 갑작스럽게 떠나고 난 빈자리는 너무나 컸어요. 그가 함께였다면 비틀스가 조금은 다른 길을 걸었을 텐데 하는 소리가 절로 나올 정도죠. 오늘날에도 이런 아쉬움이 남는데 당시엔 오죽했을까요. 멤버들은 감정적으로 감당하기 힘들었을 뿐 아니라, 그보다 더 크고 현실적인 벽을 마주하게 되었죠. 엡스타인이 사망했어도 진행하던 프로젝트는 계속 돌아가야 했으니까요.

갑자기 찾아온 비보라서 막막했겠어요.

그래도 잠시 중단되었던 영화 〈Magical Mystery Tour〉와 그 음반 작업은 매카트니의 주도하에 재개되었어요. 비틀스의 이전 영화 프로젝트들이 그랬던 것처럼 이 영화에 나왔던 곡들도 동명의 앨범 《Magical Mystery Tour》로 발매했죠. A면이 영화 사운드트랙으로 이루어졌다면 B면은 그해 싱글로 발표했던 곡들을 엮었고요. 그래서 앞서 만나본

〈Strawberry Fields Forever〉부터 〈All You Need Is Love〉까지 모두 이 앨범에서 다시 만나볼 수 있어요.

신곡들을 같이 넣은 게 아니네요?

바다코끼리의 비밀

이미 발표된 곡들을 모아 편집한 앨범을 컴필레이션이라고 하는데요. 《Magical Mystery Tour》는 정규앨범 목록에 들어가 있는 유일한 컴필레이션 음반이에요. 컴필레이션이라는 점에서도 그렇지만, 비틀스의 정규앨범은 전통상 영국 발매를 기준으로 따지기 때문에 미국에서 발매한 이 앨범을 정규앨범으로 취급할지에 대해선 아직도 의견이 분분하죠. 하지만 워낙 수록곡들이 유명한 건 사실이라 명반으로 평가받고 있어요. 물론 새로 들어간 영화 사운드트랙 역시 훌륭했고요. '나는 바다코끼리'라는 제목의 〈I Am The Walrus〉만 들어봐도 알 수 있죠.

제목이 되게 특이해요.

레논이 루이스 캐럴의 『거울 나라의 앨리스』에 나오는 시 「바다코끼리와 목수」에서 영감을 받아 만든 곡인데요. 이 영화 사운드트랙 중 유일하게 레논의 지분이 많은 곡이기도 하죠. 영화 프로젝트 자체를

〈I Am The Walrus〉 잡지 광고
이 곡이 수록된 정규앨범 《Magical Mystery Tour》는 미국에서 LP 형식으로 먼저 발매되었다. LP는 그 특성상 40분 정도의 분량을 담을 수 있기 때문에 영화 수록곡 여섯 곡 외에 이미 싱글로 발표한 다섯 곡도 수록되었다. 미국과 달리 LP를 선호하지 않는 영국 시장에서는 이후 영화 수록곡 여섯 곡만 EP 두 장에 담겨 발매되었다.

매카트니가 주도했던 터라 레논은 여러모로 불만이 많아 뒤로 빠져 있었거든요. 하지만 이 곡에서만큼은 본인의 색깔을 잔뜩 넣었어요. 사물과 인물 이름이 나열되고 기괴한 의성어가 반복되는 등 이해하기 힘든 내용투성이라 '레논답다'라는 말이 절로 나오게 만들죠. 짓궂은 그는 평소에도 연관성 없는 말들을 나열해놓고선 그걸 분석하려고 드는 사람들이 헤매는 광경을 즐겼다고 해요. 이 또한 계획적으로 난해하게 구성한 겁니다.

원래 앨리스 이야기도 좀 난해하잖아요.

우리가 잘 아는 고전 동화 대부분이 본래 잔혹 동화라고들 하니까요.「바다코끼리와 목수」역시 사회적 풍자가 깃들어 있기 때문에 다소 충격적이고 기괴한 면이 있죠. 해변을 거닐던 바다코끼리와 목수가 굴 무더기를 보곤 자신들과 동행하자고 했지만, 이들이 그

「바다코끼리와 목수」 삽화
레논은 처음에 굴들을 가엾게 여기는 바다코끼리가 선한 캐릭터인 줄 알고 노래의 콘셉트로 사용했던 터라 추후 이야기의 결말을 알고 충격을 받았다고 한다.

렇게 함께 따라나선 굴들을 다 잡아먹었다는 내용이거든요. 굴들을 먹고 싶어서 달콤한 말로 꾀어낸 바다코끼리와 주관 없이 그 의견을 따라가는 목수의 모습은 각각 자본주의와 사회주의의 알레고리였다고 해요.

노래가 발랄한 것 같으면서도 어딘가 심오했는데 다 이유가 있었군요.

레논이 《Sgt. Pepper's Lonely Hearts Club Band》 곡 작업을 마무리한 지 불과 4일 만에 착수했기에 여전히 사이키델릭의 연장선이라 볼 수 있죠. 한편, 앨범은 사랑받았을지 몰라도 앞서 얘기했듯이 영화는 졸작으로 남게 되었는데요. 컬러 포맷으로 촬영된 장면들이 최초 시연 때 흑백으로 송출되는 바람에 미감이 떨어졌고 편집도

산만하고 과한 느낌이라 혹평을 피할 수 없던 거죠. "노골적인 쓰레기"라는 비판까지 받았으니 비틀스는 그제야 대중의 사랑이 절로 따라오는 게 아님을 처음으로 깨달았어요.

실패는 쓰지만 교훈을 얻었네요.

초월명상의 길

엡스타인의 죽음, 기대에 미치지 못한 영화 성적이 이들을 성장시킨 건 사실이지만 이미 이 시기는 멤버들이 새로운 삶의 양식과 돌파구를 찾고 있던 때였어요. 지금껏 창작열을 불태우며 바쁘게 살아온 터라 내적 결핍과 회의감을 해결할 겨를이 없었죠.

어릴 때부터 팀으로만 지내다 보니 정작 본인을 챙기지 못했군요.

멤버들은 비틀스와 자신을 동일시하며 정체성을 형성해온 셈이니까요. 그러나 시간이 지날수록 개인으로서의 삶을 회복해야겠다는 판단이 섰고, 그중 해리슨이 가장 먼저 말 그대로 '나 자신을 찾는 여정'에 나섰어요. 그는 투어 중단 한 달 후인 1966년 9월, 아내였던 패티 보이드와 함께 인도로 향했죠.

아니, 그렇다고 인도까지 가요?

지금껏 꽤 다양한 비틀스의 곡들을 만나봤는데요. 그중 해리슨이 인도의 이국적이고 신비로운 악기 소리를 접목했던 것 기억하나요? 인도는 엄청난 음악적 유산을 가진 나라예요. 아무래도 서구 유럽이 다성음악을 비롯해 다양한 음악 이론과 체계를 발전시켰기 때문에 세계음악사에선 이들에게 권위를 부여하지만요. 지구 반대편에서 단성음악 특유의 섬세함과 자유로움을 최고의 경지로 끌어올린 나라가 바로 인도랍니다. 게다가 전통음악을 여전히 일상에서 향유하고 있다는 점도 높이 살 만하죠.

해리슨은 이전부터 신비로운 인도의 음악뿐만 아니라 사상과 문화에도 관심이 많았어요. 그래서 현지에 가서 제대로 배워보자는 마음에 인도행을 택한 거죠. 예컨대 1968년 3월 15일 발매된, 해리슨의 첫 비틀스 싱글 자작곡〈The Inner Light〉는 그가 얼마나 인도에 진심이었는지를 보여줘요.

이게 정말 비틀스 노래라고요?

비틀스는 알면 알수록 정말 스펙트럼이 넓죠? 해리슨은 인도에 가서 영감을 받았을 뿐만 아니라 음

인도의 라가말라, 1740년경
단성음악의 정수를 보여주는 인도 전통음악 '라가'를 시각적으로 형상화한 그림이다. 복잡한 화성 없이도 감정 및 분위기를 섬세하게 전달하는 라가는 인도 전통음악의 미학과 철학을 담고 있으며, 이를 회화로 재현한 라가말라는 인도 문화의 깊이를 보여준다.

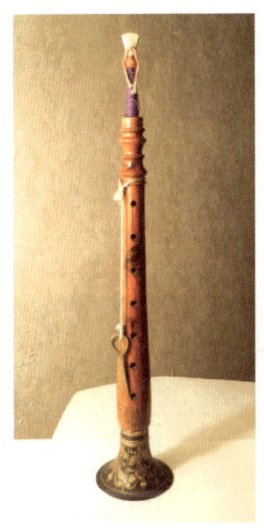

쉐나이
인도 북부지역에서 사용하는 관악기로 우리나라 태평소와 비슷하게 생겼다. 신비롭고 구슬픈 음색이 특징이며 사원이나 축제에서 주로 사용된다.

사로드
인도 북부지역의 발현악기로 만돌린처럼 손가락이나 피크로 현을 뜯어서 소리를 낸다. 음이 강하고 힘차서 화려하고 풍성한 표현이 가능하다.

반 작업 자체를 인도에서 하기도 했어요. 이 곡도 악기 세션은 인도 뭄바이에 있는 EMI 스튜디오에서 녹음했어요. 쉐나이, 사로드와 같은 다양한 인도 악기들 덕에 신비롭고 화려한 음색의 향연이 이어지죠. 그렇게 인도 사상에 심취해 있던 해리슨은 자연스레 멤버들에게도 인도의 문화를 소개했어요. 1967년 8월, 엡스타인 사망 소식을 접한 당시 비틀스 멤버들이 영국 웨일스의 도시 뱅거에 머물고 있던 것도 해리슨의 권유로 명상 프로그램에 참여 중이었기 때문이에요.

해리슨만 믿고 다 같이 그런 낯선 프로그램에 참여하다니 의리가 있네요.

해리슨을 믿기도 했겠지만 결정적으로 멤버들은 이미 뱅거에 가기 전, 런던 힐튼 호텔에서 마하리시 마헤시 요기를 만났었어요.

그게 누군데요? 요가 선생님인가요?

마하리시 요기는 초월명상의 창시자이자 인도의 종교 지도자로, 비틀스가 참여한 그 명상 프로그램의 주최자였어요. 심신의 안정을 찾고 깨달음을 얻는 게 초월명상의 핵심이었던 만큼 비틀스는 자연스레 명상법에 끌렸죠. 마음을 다스리는 건 물론 자기 한계를 뛰어넘어 영감을 얻는 데에 관심이 많았으니까요.

마하리시 요기
1918년 인도에서 태어난 마하리시 요기는 누구나 실천할 수 있는 간결한 명상법인 초월명상을 고안해 세계 각지에 설파했다. 1960년대 미국에 본격적으로 소개된 초월명상은 큰 반향을 일으켰고 당시 많은 유명 인사들이 그를 따랐다. 사진 속 왼쪽 인물이 마하리시 요기, 오른쪽은 미국 정치인 샘 요티다.

약물을 접했을 때와 맥락이 비슷한데요?

절묘하게도 마하리시를 만날 무렵 비틀스는 실제로 약물을 멀리했다고 해요. 특히 레논이 마하리시 사상에 제일 심취했는데 복잡한 생각과 마음을 모두 내려놓는 이 과정은 스타의 삶이 주는 압박감에서 벗어나는 효과가 있었을 거예요. 그렇게 엡스타인을 떠나보내고 실패도 맛본 시점에서 새로운 돌파구를 찾게 된 비틀스 멤버들은 다음 해인 1968년 2월 본격적인 수양을 위해 인도로 떠나요.

멤버들이 전부 다 인도를 갔다고요?

비틀스 전원이 인도 북부의 리시케시에서 시간을 보냈어요. 물론 링고는 음식이 입에 맞지 않아서 열흘 뒤 영국으로 돌아갔고 매카트니도 한 달 남짓 머물렀죠. 계속 남아 있던 멤버는 역시 명상에 관심이 많았던 해리슨과 레논이었답니다.

리시케시
히말라야산맥 초입에 있는 도시인 리시케시는 힌두교 수행자들이 많이 찾는 성지다. 갠지스강을 따라 사원과 요가 수련장들이 즐비해 있어 요가의 수도로도 불린다.

우주를 건너

리시케시에 도착한 비틀스는 아슈람이라는 인도의 전통적인 수행 시설에 머물렀어요. 이곳은 외부인으로부터 철저히 분리된 장소여서 고요하게 오롯이 수행에만 집중할 수 있는 환경이었죠. 이 새롭고 낯선 경험은 창조력의 기폭제가 되었어요.

늘 사람들과 소음에 둘러싸여 있던 비틀스 멤버들에겐 천국이었겠는데요?

사실 멤버들은 말이 수행이지, 사람들과 대화하고 작은 음악회를 즐기는 일과를 보냈어요. 먹고 자면서 휴식에 가까운 시간을 가진 거죠. 그렇다 보니 초월명상에 빠져있던 시기에 많은 곡을 만들 수 있었는데요. 레논이 자신이 쓴 가사 중 최고라고 밝힐 정도로 애정을 드러낸 〈Across The Universe〉가 대표적이죠. '우주를 가로질러'라는 뜻이에요.

제목부터 근사하고 시적이네요.

앞서 만나본 〈Norwegian Wood〉의 서정적인 분위기 뒤에 레논과 부인 신시아와의 불화가 숨어있었듯이 이 곡 또한 부부간 말다툼에서 비롯되었는데요. 신시아가 레논에게 쏘아붙인 말들이 계속 귓속을 맴도는 것에서 착안하여 이를 "종이컵에 끝없이 내리던 비가 미

비틀스 아슈람
비틀스가 떠난 뒤 이 아슈람은 폐쇄 및 방치되었다가 2015년 정식 재개장했다. 관광객들이 방문하는 '비틀스 아슈람'으로 거듭난 것이다.

끄러져 우주로 흘러 들어가"는 것으로 표현했죠. 레논은 이 영감을 우주의 선물로 여겼어요. 레논이 한창 초월명상에 빠져 영적 감수성이 충만한 상태였기에 가능했던 상상이죠.

신비롭고 몽환적인 분위기가 마치 우주라는 미지의 세계를 떠다니는 것 같아요.

아마 노래 중간엔 영어가 아닌 다른 언어가 불쑥 등장해서 더 그럴 거예요. "자이 구루 데바, 옴"이라는 구절이 반복되고 있죠. 산스크리트어로 '구루 데바'가 영적 스승을 뜻한다니 "구루 데바에게 모든 영광을" 정도로 해석할 수 있어요. 맨 뒤에 붙는 '옴'은 따로 뜻이 있는 말이 아니라 힌두교에서 마음의 정화를 불러오는 신성한 주문이랍니다.

이런 명곡도 나오고, 뭔가 명상 문화에 고마워지기 시작하네요.

유토피아의 붕괴

인도에서의 경험이 비틀스에게 중요한 분기점이 된 건 사실이지만 이런 유토피아와 같은 생활이 오래가진 못했어요. 마하리시는 '비틀스의 영적 스승'이라는 수식어를 얻으며 더욱더 유명해졌는데요. 영성을 좇는 수련자치곤 조직적으로 세력을 넓히고 돈을 직접 관리하는 등 세속적인 모습을 보였죠. 물론 영적 지도자들도 제자를 양성하고 사원을 관리해야 하는 생활이니 그 자체를 나무랄 수는 없어요. 그래서인지 이때까지만 해도 비틀스는 마하리시의 이런 면모를 문제 삼지 않았어요.

그럼 또 다른 문제라도 터진 건가요?

마하리시가 비틀스의 일행이었던 배우 미아 패로를 추행했다는 소문이 돌았거든요. 결국 마지막까지 남아 있던 해리슨과 레논마저 분개해서 그곳을 떠났죠.

헉, 그럼 사기꾼이었던 건가요?

당시 화가 난 레논은 자신을 왜 떠나는지 묻는 마하리시에게 "당신이 범우주적 존재라면 그 이유를 (말하지 않아도) 알겠죠"라고 쏘아붙였다고 해요. 이후 발표한 비틀스의 곡 〈Sexy Sadie〉에는 "섹시 세이디, 대체 무슨 짓을 한 거죠? / 우릴 바보로 만들었잖아요"라는 가사가 반복되고 있는데요. 이 곡의 최초 구상엔 마하리시를 직접적으로 언급하며 욕설도 들어가 있었다고 해요. 추후 법적 문제가 불거질까 우려한 주변인들이 만류해 수정했지만요.

노골적인 '디스곡'이군요.

여전히 마하리시에 대한 추문들의 사실관계는 명확히 밝혀지지 않았어요. 그래서인지 훗날 해리슨은 공개적으로 자기와 레논이 마하리시에게 무례했다며 사과했어요. 1992년엔 초월명상을 위해 설립된 신생 정당을 후원하는 의미의 자선 콘서트를 열기도 했죠.

역시 해리슨은 누구보다 인도 사상과 문화에 진심이었네요.

하지만 해리슨을 제외한, 초월 명상에 기대를 걸었던 비틀스 멤버들의 희망은 이렇게 무너졌어요. 공교롭게도 시대적인 분위기마저 허무하게 흘러갔죠. 청년들의 저항이 그토록 뜨거웠지만 마틴 루서 킹 목사가 총에 맞아 사망했고 베트남 전쟁은 더 격화되었어요. 게다가 돌연 스타들이 약물 과다복용으로 세상을 떠나는 일이 속출했죠. 약물에 취해 이성 너머 세계를 탐닉하던 문화의 부작용이 속속 나타나면서 모든 꿈이 붕괴하기 시작한 거예요.

사람들은 그제야 비폭력 운동, 반문화 운동이 궁극적으로 사회구조를 바꿀 수 없다는 걸 깨달아요. 무엇보다 환각 상태로 보는 세상은 말 그대로 왜곡된 환상일 뿐, 현실 세계에 영향을 미치지 못했으니까요. 오히려 파괴적인 결과를 초래했죠.

예견된 일이지만 이렇게 확인 사살을 받으니 허망하네요.

대마초 합법화 운동을 하는 히피들
'꽃의 아이들'을 자처하던 히피는 대마초를 정신적 해방의 통로로 보았고, 그에 따라 대마초 불법화를 개인의 자유를 침해하는 것으로 해석했다. 피켓 속 'HOPPY'는 속어로 마약을 뜻한다.

쌓여가는 갈등과 불화

한편 인도에서 링고와 매카트니가 예정보다 일찍 영국으로 돌아갔다고 했는데요. 사실 매카트니는 현지에 부적응했다기보다 당시 새로 설립할 애플사(Apple Corps)를 살피기 위해서였죠.

애플이면 컴퓨터랑 핸드폰 만드는 회사 아니에요? 매카트니랑도 관련이 있었나요?

여기서 말하는 영국의 애플사는 그 '애플'이 아니라 1968년에 설립된 비틀스의 멀티미디어 회사랍니다. 그해 5월 15일 언론에 공식 발표한 내용을 보면 비틀스 관련 퍼블리싱은 물론 오리지널 영화 배급, 스튜디오 운영, 가전 제조 및 판매, 부티크 콘셉트의 소매업까지 사업의 성격도 다양했어요. 더불어 재능 있는 예술가를 발굴하여 지원하는 사업까지 했는데, 이를 두고 매카트니는 "애플은 일종의 공동체, 다른 이들에게 꿈을 제공하는 장이다"라고 표현했죠.

포부가 대단한데요.

문제는 회사 설립을 준비하던 중 엡스타인이 사망하는 바람에 멤버들이 직접 경영 및 밴드 매니지먼트에 뛰어들어야 했던 거죠. 원래 엡스타인은 사업을 분산시켜 투자 대상을 늘리는 게 주목적이었지만, 갑작스레 회사를 떠맡게 된 비틀스는 회사 경영을 스스로 해보려 했어요. 하지만 결론적으로 애플사의 운영은 순탄치 않았죠. 사업 프로젝트는 뜻대로 돌아가지 않았고 비틀스는 재정적으로 큰 손해를 봤어요. 그 와중에 멤버들 간의 불화도 가시화되기 시작했고요.

역시 사업은 아무나 하는 게 아니라니까요. 동업은 더더욱 말할 것도 없고요.

멤버 각자의 입장이 다른 게 화근이었는데요. 매카트니가 리더처럼 행동하며 밴드 유지에 온갖 관심을 쏟았던 것과 달리 레논과 해리슨은 협조적이지 않았어요. 링고는 이런 분열을 지켜보며 지쳐갔고요. 매카트니와 레논의 지향점이 너무 다르니 매카트니는 레논의 독자적인 행동에 불만이 있었고, 반면 레논은 매카트니의 행보가 독단적이고 불통이라고 비난하는 식이었죠. 이런 갈등은 레논이 녹음 스튜디오에 자신의 여자친구 오노 요코를 데려오면서부터 수면 위로 올라왔어요. 그건 스튜디오에는 애인을 데려오지 말자는 멤버들 간의 유구한 약속을 깨뜨린 행동이었거든요.

레논은 이미 결혼했잖아요. 그런데 여자친구라뇨?

오노 요코는 비틀스 하면 빼놓을 수 없는 인물이에요. 일본 도쿄의 부유한 은행가 집안에서 태어나 미국 뉴욕으로 건너간 요코는 전위 예술가로 명성이 높았어요. 레논과는 1966년 처음 만났는데 요코의 전시에 감명받은 레논이 요코에게 먼저 빠져들었고 1967년부터 둘의 관계가 점점 발전했죠. 레논에게 요코는 또 다른 세계가 되어주었어요. 비틀스와 자신을 동일시하던 삶에서 벗어나 그녀에게 정착했다고나 할까요. 레논은 "1940년 태어남. 살다가. 1966년 요코를 만남!"이라는 문장으로 자기 일생을 정리할 정도였죠.

감동적인 사랑이긴 한데 불륜이라니 실망스러워요.

요코 역시 레논을 만날 당시 유부녀였어요. 둘의 관계가 세기의 사랑으로 비칠 순 있어도 도덕적으로 떳떳할 순 없었죠. 그래서인지 레논과 요코의 이야기는 오늘날까지도 논쟁거리가 되곤 해요. 각 분야에서 한 획을 그은 예술가들인 만큼 이들을 쿨하게 보는 시선도 있는 한편, 불륜에 얽힌 비화에 혀를 끌끌 차기도 하죠.

이러나저러나 이 커플의 화제성은 끝내줬겠어요.

'백지'에 담긴 이야기들

메마른 땅에도 꽃이 필 수 있는 걸까요. 비틀스 멤버들 간의 갈등이 점점 심해졌어도 이들은 앨범 작업을 계속했고 다시금 걸작을 탄생시켰어요. 바로 1968년 11월 22일 발매된 열 번째 정규앨범 《The Beatles》인데요. 이 앨범은 표지부터 이전까지 냈던 앨범들과는 한눈에 봐도 달랐어요. 아무런 디자인도 없이 새하얀 바탕에 앨범명만 적혀 있으니까요. 그래서 보통 '화이트 앨범'이라 불리죠.

앨범 사진이 밑에 있는 줄 알고 화면 스크롤을 한참 내려봤어요.

앨범 디자인을 맡은 리처드 해밀턴은 전작인 '페퍼 상사'가 역동성으로 가득했으니 이번엔 깨끗한 단면으로 가는 게 어떨지 제안했다고 해요. 앨범명 역시 가장 단순하게 'The Beatles'가 된 거고요. 대신 표지에 고유한 번호를 넣어 마치 예술 작품의 에디션 넘버처럼 보이게 만들었죠. 이 앨범은 공교롭게도 서로 싸우느라 지칠 대로 지친 비틀스 멤버들의 텅 빈 마음을 연상시키는데요. 재미있는 건 앨범의 겉모습이 이렇게 미니멀리즘의 끝판왕인 것과 달리 그 안엔 무려 30

곡이나 수록되었다는 점이에요. 비틀스 최초의 더블 LP 형식으로, 다양한 장르와 분위기의 음악들이 알차게 들어가 있어요.

그렇게 힘들면 음악적 영감도 메말랐을 것 같은데 반대네요?

각자 하고 싶은 음악들을 다 넣은 결과죠. 평론가 레스터 뱅스가 정의한 대로 이 앨범은 "비틀스 사상 또는 록 역사상 최초의 솔로 아티스트 네 명의 모음집"이었어요. 한마디로 멤버들은 개개인뿐만 아니라 음악적으로도 충돌하고 있었던 거죠. 그들은 각자 스튜디오에서 자기가 맡은 파트를 녹음하고 추후 이것들을 믹싱하는 식으로 음반을 만들었어요. 레논은 이런 사태에 대해 "레논과 백 밴드, 매카트니와 백 밴드"라고 표현했는데요. 주도하는 누군가가 있으면 나머지는 들러리마냥 음악에 참여했고 이는 곧 "우리는 분열됐다"고 느끼게 만드는 지점이 되었죠.

이 정도면 이름만 비틀스지 하나의 밴드로 활동한 게 아니잖아요?

심지어 이 앨범의 첫 곡 〈Back In The U.S.S.R〉을 녹음하던 중엔 링고가 홧김에 밴드에서 탈퇴하겠다고 해요. 매카트니가 링고의 드럼을 지적하자 여태 가장 조용하게 있던 멤버가 자리를 박차고 나가버린 거죠. 다행히 링고가 휴가를 보낸 후 돌아온 덕에 해프닝으로 마무리되었죠. 그사이에도 남은 멤버들끼리 작업을 이어가느라 매카트니가 두 번째 트랙까지 링고 대신 드럼을 맡아서 녹음했다고 해요.

매카트니는 드럼도 잘 쳤군요. 근데 제목에 나온 U.S.S.R이 혹시 그 소련인가요?

맞아요. U.S.S.R은 소비에트 사회주의 공화국 연방의 약자죠. 이 제목은 1959년 발매된 척 베리의 〈백 인 더 유에스에이〉에서 일부를 따오고 미국에서 임무를 마친 후 소련으로 돌아가는 스파이 이야기를 담았어요. 하지만 음악적 영감은 1965년 발매된 비치 보이스의

미국 캘리포니아의 라구나 비치
미국 캘리포니아 남부에 있는 해안휴양지인 라구나 비치는 서핑 명소로 유명하다. 서핑은 2차 세계대전 이후 미국 젊은이들의 여가 문화로 사리헸는데 이때 캘리포니아를 중심으로 서핑 분위기의 음악, 이른바 서프 음악이 발달했다. 비치 보이스는 서핑을 팀의 색깔로 가져가며 성공을 거둔 대표적인 서프 음악 밴드로, 이들 역시 1960년대 미국 청년 문화 및 음악의 한 축을 담당했다.

〈캘리포니아 걸스〉에서 얻었는데요. 비틀스가 인도에 갔을 당시 동행했던 동료 가수이자 비치 보이스의 멤버인 마이크 러브가 매카트니에게 가사에 대한 아이디어를 줬다는 설도 있어요. 비치 보이스가 미국 여성을 노래했으니 비틀스는 러시아계 여성을 주인공으로 등장시키는 게 어떠냐면서요. 그래서인지 이 곡은 비치 보이스의 트레이드마크인 서프 음악 스타일이랍니다.

불화가 있었다는 게 믿기지 않을 정도로 흥겨운 노래네요.

그렇다면 매카트니가 만든 〈Ob-La-Di, Ob-La-Da〉는 한술 더 떴

헤어지는 중입니다

다고 할 수 있겠군요. 선율의 귀재 매카트니가 만든 노래답게 오늘날까지 많은 사랑을 받는 곡이죠. 밝고 경쾌한 느낌이 가득한 건 물론 반복되는 후렴구가 단순하면서도 중독성 있어서 누구나 쉽게 따라 부를 수 있는데요. 초기 데모 버전이 나왔을 당시 레논은 "이상한 할망구 음악"이라며 비꼬았다고 해요. 매카트니와 사사건건 부딪치던 시기인 만큼 음악에 대해서도 노골적인 비난이 오갔죠.

나머지 멤버들도 좌불안석이었겠어요.

금방이라도 터질 것 같은 시한폭탄을 안고 있는 기분이었을 거예요. 해리슨은 이런 복잡한 상황에서 자신의 중심을 지키려 노력했어요. 이때 동양 철학을 탐독하며 명곡 하나를 만들죠. 바로 〈While My Guitar Gently Weeps〉입니다. 해리슨은 중국의 『주역』 속 중심 사상에서 아이디어를 얻었는데, 1부에서 잠시 만나본 현대음악의 대가 존 케이지의 〈주역음악〉을 기억하나요? 해리슨 역시 동양 철학 사상이 적힌 오래된 책에서 영감을 받았어요.

아, 맞다! 주사위를 던져서 우연성 음악을 만들었잖아요. 해리슨도 그렇게 만든 건가요?

해리슨은 조금 다른 방식으로 접근했어요. 그는 '모든 일은 우연이 아닌 운명, 사소한 것마저 저마다의 이유가 있다'는 사상에 따라 아무 책이나 집어 들어 펼쳤을 때 가장 먼저 보이는 단어에 대한 곡을 써보자고 다짐했어요. 이때 'gently weeps'라는 말을 보았고 거기서부터 곡을 만들기 시작했죠. 시적인 가사와 함께 돋보이는 건 노래 중간에 나오는 **기타 솔로** 부분인데요. 해리슨은 이 부분을 직접 연주하지 않고 친구에게 맡깁니다.

본인도 기타 고수인데 친구에게 부탁했다고요?

그 친구가 전설적인 기타리스트 에릭 클랩튼이라면 말이 달라지죠. 에릭 클랩튼은 대중음악사에서 가장 유명한 기타리스트 중 하나로 꼽힐 만큼 그 실력과 명성이 대단한 뮤지션인데요. 덕분에 제작 당시 자기들 곡에 신경 쓰느라 해리슨의 작업엔 별 관심도 없던 레논과 매카트니도 기타 솔로 소식을 듣고선 이 곡에 진지하게 임했다고 해요. 외부인의 등장에 오히려 얼어붙어 있던 팀 분위기도 환기가 되었고요.

역시 친구 좋다는 게 이런 거군요.

에릭 클랩튼
1945년 영국에서 태어난 에릭 클랩튼은 미술 학도였으나 블루스에 심취해 음악가의 길을 걷기 시작한다. 1960년대에 여러 록 밴드 및 솔로 활동을 시작했고 전설적인 기타리스트 중 한 명으로 이름을 남긴다. 그는 절친이었던 조지 해리슨의 첫 번째 아내 패티 보이드와 훗날 결혼하면서 삼각관계의 당사자가 되기도 했다.

운명적 이별의 순간들

《The Beatles》 앨범은 순백의 표지, 방대한 곡 수, 하나로 좁혀지지 않는 콘셉트까지 여러모로 독특한 결과물이었어요. 그동안 묵혀왔던 갈등의 초상이기도 했고요. 무엇보다 앞서 얘기한 것처럼 이 시기 오노 요코의 등장으로 비틀스의 불화가 더 도드라져 보였는데요. 그렇게 분열의 원인 제공자로 지목된 요코는 오랫동안 마녀 취급을 당했죠. 게다가 레논은 이 앨범의 발매를 몇 주 앞둔 1968년 11월 8일, 마침내 신시아와의 이혼 절차를 끝내요.

밴드뿐만 아니라 가정까지 분열되었네요.

이혼의 책임이 요코에게만 있는 건 아니겠지만 아무튼 이 일로 신시아는 물론 레논의 어린 아들 줄리안 레논 역시 인생에 있어서 큰 변화를 겪게 되는데요. 아이러니하게도 이런 안타까움 속에서 세기의 명곡이 탄생해요. 같은 해 6월, 매카트니는 줄리안이 부모의 이혼으로 충격을 받을 것을 걱정해 희망적인 메시지를 담은 노래를 만들기 시작했어요. 매카트니는 아이들에게 다정하기로 유명한 만큼 친구의 아들인 줄리안에게도 좋은 삼촌이었죠. 레논과 신시아가 이혼 소송을 벌이던 시기에 매카트니는 줄리안을 위로하러 가던 중 이 곡의 아이디어를 떠올렸다는데, 그렇게 탄생한 곡이 바로 〈Hey Jude〉랍니다.

유명한 '떼창곡'이잖아요!

정규앨범 준비 과정에서 8월 26일 싱글로 발매한 이 곡은 애플사 설립 이후 최초로 발매한 음반이자 1960년대 가장 성공한 싱글이기도 해요. 곡의 길이가 무려 7분가량인데도 인기몰이를 했다는 게 대단하죠.

뜻도 모르고 흥얼거렸는데 꽤 복잡미묘한 내막이 있었네요.

흥미로운 건 무대 영상들을 보면 레논이 이 노래를 열창하는 모습을 종종 볼 수 있는데요. 아이러니하게도 레논은 이 곡이 자신을 향한 노래처럼 들렸다고 해요. 'Hey Jude'라는 가사가 자기 이름인 'John'이 아니냐면서 "넌 가서 그녀를 붙잡게 되어 있어"라는 가사가 요코와 자신을 의미한다고 했죠. 그러니까 이 가사를 언제나 친구로서, 그리고 동료로서 옆을 지킨 매카트니가 "자, 이제 나를 떠나"라는 것으로 받아들인 거죠. 비틀스 곡은 워낙 가사에서 속뜻을 발견하고자 열심히 추측하고 해석하는 사람들이 많았는데, 레논조차 나름대로 매카트니의 속마음을 짐작해봤다는 게 재밌죠?

하긴 해석이야 듣는 사람에 따라 달라질 수 있지만 얼마나 레논이 비틀스를 떠나고 싶었으면 그렇게 들렸을까요?

사실 이 시기 비틀스의 갈등과 불화는 어쩌면 자연스러운 수순이었을지 몰라요. 중심을 잡아주던 엡스타인이 갑작스레 사라지고, 애플 사 경영이 삐걱거린 것 뿐 아니라, 멤버들은 각자 다른 삶과 음악을 추구했으니 이들이 헤어지는 건 이제 시간문제였죠. 특히 이 시점에 레논은 삶의 방향이 완전히 바뀌었기 때문에 비틀스와 함께 가는 게 거의 불가능했어요.

대체 삶이 어느 방향으로 갔길래요?

레논이 신시아와 이혼한 날은 곧 매카트니와도 이별한 순간이었어요. 지난 삶을 함께했던 인연들을 다 내려놓고 다음 장으로 넘어가는 느낌이랄까요. 마침내 1969년 3월 20일, 정식 부부가 된 레논과

베드인 캠페인
레논과 요코 부부는 신혼여행을 하면서 전위적인 방식의 반전 운동을 벌였다. 두 차례 이루어진 캠페인은 일주일씩 호텔 침대에 나란히 앉아 기자들과 평화와 관련한 대담을 하거나 노래를 하는, 일종의 퍼포먼스였다. 현재 네덜란드 암스테르담의 힐튼 호텔은 당시 부부가 머물렀던 방을 '존 앤드 요코 스위트룸'으로 명명하여 운영 중이다.

요코는 신혼여행마저 범상치 않게 보냈는데요. 베드인 캠페인을 벌여 세상을 떠들썩하게 만들었죠.

신혼여행을 공개적으로 진행했다는 건가요?

단순한 공개를 넘어 신혼여행의 일환으로 반전 운동을 했어요. **베드인 캠페인**은 호텔 스위트룸 침대에서 진행한 퍼포먼스로, 이 부부는 기자들과 대담을 하고 노래도 부르며 평화에 대한 뜻을 밝혔죠. 이는 요코가 하고 있던 전위 예술의 일종이었는데요. 겉보기에 뜬금없는 행동을 통해 진지한 메시지를 전달하는 이른바 '해프닝'이 핵심이었어요. 이 해괴한 신혼여행은 레논 인생의 2막, 그 예고편과도 같았죠. 레논은 전위 예술의 세계에 푹 빠졌고 요코와 함께 작업을 하면서 또 다른 창작의 기쁨을 맛보기 시작했거든요.

이제 진짜 예술가가 된 거네요!

물론 이전부터 레논은 새로운 것을 갈망하고 도전하긴 했지만 훨씬 과감하고 전위적인 행보를 보이기 시작했죠. 그는 요코와 밴드를 결성해서 음반을 내기도 했는데 거기선 대중성이나 상업성은 완전히 접어두고 더욱더 실험적인 시도를 했어요. 같은 해 11월 29일 발매된 레논과 요코의 첫 번째 앨범《언피니시드 뮤직 넘버 원: 투 버진스》표지는 둘의 누드가 장식했는데요. 이는 세계적으로 큰 화제가 되었고 유통사들이 릴리스를 거부할 정도로 논란의 대상이었죠. 결국 미국 발매 음반은 몸 부분을 갈색 종이로 덮어서 부부의 얼굴만 컷 아웃 형태로 드러나게 바꾸고서야 세상에 나올 수 있었어요.

레논의 귀엽고 다정한 '옆집 소년' 이미지는 이제 완전히 사라졌군요.

그 누구도 언제까지 소년일 수는 없죠. 그런 의미에서 이런 갈등과 마찰은 비틀스 멤버 개개인이 알을 깨고 나오는 과정에서 마주한 통과의례에 가까웠어요. 더 높이, 멀리 보기 위해 혼자 나는 법을 배워야 할 때가 온 거예요. 영원히 밴드의 일부로 자신의 정체성을 그룹과 동일시하며 살 수는 없으니 멤버들에겐 가장 아프면서도 찬란한 성장통이었는데, 그게 바로 비틀스의 마지막이었던 거죠.

자기 삶을 찾아간다는 게 이해는 되는데 그래도 밴드가 사라진다니 엄청 섭섭하네요.

하지만 모두 알고 있듯이 비틀스의 음악은 여전히 우리 곁에 있으니 너무 아쉬워할 필요는 없어요. 이제 슬슬 비틀스의 마지막 페이지를 넘기러 가볼까요?

필기노트

01. 헤어지는 중입니다

지금껏 비틀스와 자신을 동일시하며 살아온 멤버들은 개인으로서의 삶과 정체성에 대해 탐색하기 시작한다. 특히 인도 사상에 관심이 많았던 해리슨의 소개로 멤버들은 초월명상에 입문한다. 그러나 자아실현의 꿈은 무너졌고 시대적으로도 약물과 반문화 운동의 부작용이 나타나며 유토피아는 붕괴한다. 멤버들 간의 갈등과 마찰도 생기면서 밴드는 마지막을 향해 달려간다.

초월명상 입문의 길

- 비틀스는 엡스타인의 죽음과 영화 〈Magical Mystery Tour〉의 실패를 겪으며 새로운 삶의 양식과 돌파구를 찾는 데에 절실해짐.
- 비틀스 멤버들은 이맘때 해리슨의 권유로 초월명상에 입문함.
  → 마하리시 요기의 주도하에 멤버 모두 1968년 2월 인도의 리시케시에서 수양까지 함.

  비틀스, 〈Across The Universe〉 노래 중간에 나오는 산스크리트어 "자이 구루 데바, 옴". '구루 데바'는 영적스승, '옴'은 힌두교의 정화 주문을 뜻함. ⇒ 초월명상이 창작 활동에 영향을 미침.

유통기한이 만료된 환상들

60년대 '유토피아'의 붕괴

• 명상으로 심신의 안정을 얻고 자아실현을 꿈꾼 비틀스.	• LSD와 반문화 운동으로 평화사회를 꿈꾼 청년들.
• 마하리시 요기의 행실이 문제가 되면서 그 기대감이 무너짐.	• 약물 과다복용의 부작용 가시화, 마틴 루서 킹 피살 사건으로 모든 환상이 붕괴됨.

계속된 갈등

- 1968년 11월, 열 번째 정규앨범 《The Beatles》 발매. 일명 "화이트 앨범"으로 다양한 장르와 분위기의 30곡이 수록됨.
  ⇒ 각자 하고 싶은 음악들을 모두 넣은 결과로, 단합되지 않는 비틀스 멤버들의 현실을 보여줌.
- 그 무렵 여자친구 오노 요코를 레코딩 스튜디오에 데리고 다닌 존 레논. ⇒ 비틀스의 불화가 가시화됨. 여러 원인이 얽히고설키면서 비틀스 멤버들의 사이가 벌어짐.

비틀스, 〈Hey Jude〉 7분가량으로 비틀스 음악 중 세 번째로 긴 곡.
→ 매카트니가 부모의 이혼에 상처받을 레논의 아들 줄리안을 생각하며 만듦.

시간을 건너는 리프

옥상 위의 마지막 코드가
하늘로 흩어졌다.
그러나 세상은 여전히
그 여운으로 물들고 있다.
한 시대의 노래는
모두의 클래식이 되었다.

대중음악은 현재를 곧 역사의 한 장면으로 새기며,
우리가 어디에서 왔고 어디로 가고 있는지
비추는 거울이 된다.

- 조지 립시츠

02

현재 진행형 '라스트 댄스'

#겟 백 프로젝트 #애비로드 #해체 #솔로 활동
#영원한 작별 #새로운 클래식

한겨울 날씨답게 강한 바람이 몰아치던 1969년 1월 30일, 4명의 남자가 건물 옥상에서 긴 머리카락과 수염을 휘날리며 공연을 시작했어요. 시간대는 점심시간으로, 여느 때와 같이 주변 사무실에서 우르르 나온 사람들과 동네 주민들은 음악 소리에 일제히 위를 올려다보았죠. 이들의 정체는 바로 비틀스였어요.

게릴라 콘서트 같은 건가요?

맞아요. 옥상과 건물 아래, 로비 곳곳에 카메라가 돌아가고 있었고 42분간의 공연이 펼쳐졌죠. 이날 레논은 요코의 털 코트를, 링고는 아내 모린 스타키의 빨간 비옷을 껴입어야 할 정도로 추웠는데 그 열기만은 뜨거웠어요. 너무 오랜만에 라이브 무대에 선 비틀스의 모습에 사람들은 감격해서 어쩔 줄 몰라 했어요. 하지만 이게 비틀스의 공식적인 마지막 공연이었죠.

애플사 옥상 공연 현장
초심으로 돌아가자는 취지로 시작된 '겟 백 프로젝트'의 피날레. 비록 프로젝트 과정은 우여곡절을 겪었지만, 게릴라식 옥상 공연이 성공적으로 마무리되면서 또 다른 전설이 탄생했다.

마지막 공연을 예고도 없이 하다니, 어떻게 된 일인가요?

전설적인 옥상 '소동'

레논의 마음이 요코의 세계로 떠난 후 실질적으로 밴드의 리더 역할을 하던 매카트니는 그 무렵 아이디어를 하나 냈어요. 불화를 해결하기 위해 초심으로 돌아가 다시 라이브 공연을 해보자는 거였죠. 비록 그가 앞장서서 진행했던 영화 〈Magical Mystery Tour〉가 혹평에 휩싸이면서 주도권이 조금 흔들리긴 했지만 여전히 팀의 분위기를 예전으로 돌리는 데에 가장 적극적이었던 건 매카트니였으니까요.

멤버들이 순순히 따랐나요? 이런 상황에서 과거로 돌아가자고 하는 거잖아요.

매카트니가 아주 생뚱맞은 제안을 한 건 아니었어요. 한해 전인 1968년 9월 4일, 비틀스는 〈Hey Jude〉 싱글 프로모션 필름을 위해 라이브 연주를 한 적이 있었어요. 1966년 투어 중단 이후 오랜만에 했던 이 연주에서 매카트니는 팀이 다시 뭉칠 가능성을 본 거죠. 하지만 예상대로 레논과 해리슨은 완강히 반대했고 차선책으로 일회성 공연의 준비 과정을 담은 다큐멘터리 영상을 찍기로 합니다. 물론 이마저도 쉽지 않았어요. 1969년 1월 2일, 멤버들은 트위크넘 영화 스튜디오에 모여 3주간 리허설을 시작하는데요. 얼마 지나지 않아 해리슨이 매카트니의 연주 지적에 격분하여 리허설 중간에 현장을 떠나는 사태가 벌어지죠. 오히려 불화가 더 심해진 거예요.

이럴 줄 알았어요. 다 잘해보려 했을 텐데 마음처럼 되지 않았군요.

계획된 일정은 여차저차 마무리되었지만, 자리를 박차고 나갔던 해리슨은 밴드에 복귀하는 조건으로 공개 라이브 공연 계획을 취소하고 촬영 장소도 바꿀 것을 요구했어요. 결국 예정된 텔레비전 방영 계획은 엎어졌고 대신 새 음반 제작 과정을 카메라에 담는 걸로 기획이 변경되었죠.

현재 진행형 '라스트 댄스'

트위크넘 영화 스튜디오
1913년 설립된 이곳은 20세기 중반까지 영국 최대 규모의 스튜디오였다. 겟백 프로젝트 리허설을 진행하기에 앞서 비틀스는 이미 여기에서 몇 차례 촬영을 진행한 적이 있었다.

스튜디오는 왜 옮겨달라고 한 거죠?

트위크넘 영화 스튜디오는 너무 넓어서 난방이 제대로 되지 않을 뿐 아니라 긴밀한 소통도 어렵고 무엇보다 멤버들 마음대로 이용 시간을 정할 수 없는 곳이기에 여러모로 불편했어요. 스튜디오 레코딩을 할 때는 마음껏 밤샘 작업을 하고 테이크를 여러 번 가도 누구 하나 뭐라 하지 않았는데 이곳은 시간과 루틴을 준수해야 했죠. 레논은 언제나 카메라가 돌아가고 있다는 게 끔찍했을뿐더러 마치 직장인처럼 출퇴근 루틴이 정해져 최악이었다고 회상했어요.

자유로운 예술가들에겐 그런 점이 힘들었겠네요.

이처럼 멤버들은 안 좋은 기억이 가득한 트위크넘 영화 스튜디오를 떠나 애플사 지하 스튜디오에서 앨범 작업을 재개했어요. 이 프로젝트는 애초 '4인조 로큰롤 밴드의 초심으로 돌아가자'는 취지로 시작한 만큼 라이브 스튜디오 형식으로 녹음했는데요. 그 마지막을 장식하는 것이 바로 **애플사 옥상 공연**이었어요. 특히 비틀스가 공연을 중단하고 스튜디오형 가수로 전향한 이후 온갖 음향 효과와 오버더빙 등을 쓰며 음악적 실험을 감행한 거 기억하나요? 이번만큼은 그런 기술을 배제하고 최대한 날 것 그대로의 연주를 담자는 프로젝트의 하이라이트가 이 공연이었던 거죠.

탁월한 기획인 것 같아요. 팬들의 향수도 불러일으키고요.

이 옥상 공연은 지금이야 두고두고 회자되는 전설적인 순간이지만 사실 즉흥적으로 결정된 이벤트였어요. 멤버들은 마지막에 마지막까지 결단을 내리지 못했지만 레논이 가서 해보자고 외친 거죠. 심지어 게릴라 콘서트 형식이라 당시 이 공연을 직접 본 사람들은 엄청난 행운이었던 셈인데요. 얼마나 열기가 뜨거웠는지 급기야 소음 민원 신고를 받고 경찰들까지 출동했죠.

와, 당시 현장에 있던 사람들이 너무 부럽네요.

그날 비틀스의 라이브 무대엔 미공개 곡도 있었는데 그 실황이 실

현재 진행형 '라스트 댄스'

시간으로 지하 스튜디오에서 녹음되고 있었고, 그다음 날 세 곡을 추가로 스튜디오에서 보충 녹음하면서 이 프로젝트는 막을 내렸죠. 이때 레논은 마지막으로 "우리가 부디 이 오디션을 통과했길!"이라고 외쳤고 공식적인 비틀스의 마지막 라이브 무대가 이렇게 끝이 납니다.

비틀스의 마지막 공연을 알리는 블루 플라크
1969년 1월 30일, 비틀스는 애플사 건물 옥상에서 라이브 공연을 개최했고 이는 비틀스의 마지막 공연으로 기록되었다.

덩달아 기분이 묘해지네요. 정말 이렇게 끝나는 건가요?

마지막 불꽃을 피우다

1969년 비틀스의 1월은 이렇게 화려하게 시작되었어요. 그리고 그 시작에 걸맞게 그해와 다음 해인 1970년까지 마지막 불꽃을 찬란히 피워냈죠. 비틀스의 활동이 언제나 그렇듯 훌륭한 음악이야 줄줄이 나왔지만 멤버들의 사이는 봉합되기는커녕 뿔뿔이 흩어졌어요. 예컨대 1969년 3월 12일 매카트니가 드디어 사진작가 린다 이스트먼과 결혼하면서 유부남 대열에 합류하는데요. 매카트니의 아버지도 참석하지 않을 정도로 조용하고 간단한 결혼식이긴 했어도 비틀스의 나머지 세 멤버가 오지 않았다는 건 밴드가 3 대 1로 갈라졌다는 걸 보여줬죠. 그리고 결국 매니저를 고용하는 문제에서 이 구도가 충돌하고 맙니다.

리더 역할을 해서 그런 걸까요? 왜 미운털이 박힌 거죠?

아마 복합적인 원인이 있었겠죠. 어차피 팀적으로도, 개인적으로도 많은 법적인 분쟁과 논쟁이 오가던 때였어요. 하지만 서로 얼굴을 붉히는 한이 있어도 이들의 스튜디오는 불이 꺼질 줄 몰랐는데요. 1969년 9월 26일 발매된 열한 번째 정규앨범의 작업을 애플사 옥상 공연을 마친 지 3주 만에 시작했죠.

사이가 더 안 좋아졌다면서 바로 같이 작업을 또 했다고요?

사이는 틀어졌어도 음악에 대한 욕심은 여전했으니까요. 처음엔 겟백 프로젝트를 LP로 발매하기 위해 녹음을 좀 더 보충하려 산발적으로 모였다가, 영화나 라이브 공연은 제쳐두고 기존처럼 스튜디오 작업에 집중하자는 데에 의기투합했어요. 특히 7~8월 간 작업에 몰두한 결과, 엄청난 걸작이 완성됩니다. 앨범 자체는 생소할지 몰라도 표지를 보면 다들 알 거예요. 바로 《Abbey Road》라는 앨범이죠.

횡단보도를 걸어가는 이미지가 여기서 나온 거군요!

여기서 애비 로드란 비틀스의 주 작업실인 EMI 산하 스튜디오가 있는 곳이었어요. 이후 이 앨범 덕분에 도로 이름이 워낙 유명해지자 스튜디오 이름 자체를 '애비 로드 스튜디오'로 변경했죠. 앨범 표지를 장식한 스튜디오 바로 앞 횡단보도는 오늘날 관광객들의 필수 코스이기도 한데요. 이곳에 가면 너도나도 차도 가운데에서 비틀스처럼 포즈를 취하고 사진을 찍기 때문에 지나가던 차들도 대개 멈춰서 기다려주죠. 앨범 앞면에 앨범명도, 밴드 이름도 들어가 있지 않은 점도 특이한데, 비틀스 앨범으로선 처음이자 마지막이었죠.

굳이 안 써도 누구나 다 안다 이거군요?

애비로드의 걸작

이 앨범에는 〈Yesterday〉 다음으로 가장 많은 가수가 커버한 비틀스 곡이 담겼답니다. 앞서 언급했던, 〈**Something**〉이에요. 해리슨의 또 다른 명곡인데 레논과 매카트니는 이 노래를 해당 앨범 최고의 곡으로 꼽기도 했죠. 일곱 번째에 수록된 〈**Here Comes The Sun**〉 역시 해리슨의 곡인데요. 확실히 비틀스 후반기로 갈수록 해리슨의 능력이 빛났다는 걸 알 수 있어요.

비틀스 곡으로 퉁칠 때는 몰랐는데 이렇게 어떤 멤버가 만든 곡인지 알아가는 재미가 있네요.

영국의 서리주
해리슨은 서리주의 유허스트 지역에 있는 에릭 클랩튼의 별장에서 휴식을 즐기곤 했다. 서리주는 영국 런던 외곽에 있는 곳으로 뛰어난 자연경관을 자랑한다.

사실 해리슨에게 1969년은 유독 힘든 시기였어요. 편도선 수술을 받느라 고생한 것도 모자라 다음 해는 마리화나 불법 소지 혐의로 체포되는 등 악재가 이어졌죠. 애플사 경영과 관련해서도 머리가 복잡했고요. 그러던 어느 날 해리슨은 사업 회의를 땡땡이치고 친구 에릭 클랩튼의 별장에 놀러 갔어요. 런던 교외에서 휴식을 취하며 만든 곡이 〈Here Comes The Sun〉이었답니다.

기타 소리가 전원 풍경과 잘 어울리는 것 같아요.

얼핏 들으면 그냥 어쿠스틱한 노래라고 생각할 수 있는데 여기에서

 도 해리슨의 실험정신이 발휘되었어요. 당시 최신 악기였던 모그 신시사이저를 활용한 건데요. 귀 기울여보면 전자음 같은 소리가 들리죠? 모그 신시사이저는 키보드에 전자회로 칩을 부착해서 각각의 소리를 변조하거나 필터링함에 따라 다양한 음향 효과를 낼 수 있는 건반악기예요. 해리슨은 이를 직접 주문해서 곡 작업에 사용했고, 다른 두 수록곡에도 활용할 만큼 멤버들 역시 새로운 사운드에 매료되었다고 해요.

근데 링고는 자작곡이 없었나요? 뭔가 세 멤버의 곡들만 주로 만나본 것 같아서요.

다른 멤버들의 존재감이 워낙 크다 보니 상대적으로 링고가 가려졌을 뿐이지, 링고 역시 실력이 뛰어난 아티스트였어요. 물론 자작곡도 있었고요. 이 앨범에서 다섯 번째 트랙을 차지한 링고의 곡 〈Octopus's Garden〉을 만나볼까요? 직역하자면 문어의 정원이라는 뜻이죠.

뭔가 동화적이고 재밌네요.

이전 앨범인 '화이트 앨범' 녹음 과정에서 링고가 자리를 박차고 나가며 탈퇴 이야기까지 꺼냈다고 했는데요. 당시 링고는 스트레스를 날려버리려 가족들과 지중해 휴가를 즐기고 왔어요. 그곳에서 선장에게 들은 이야기가 이 곡의 영감이 되었죠. 문어가 어떻게 바다를

헤엄치며 돌멩이들과 반짝이는 것들을 주워 정원을 꾸리는지에 관한 이야기였어요. 이후 링고는 이 노래를 기반으로 어린이 동화책을 출간하기도 했답니다.

가볍고 유쾌한 게 딱 링고의 둥글둥글한 성격과 잘 어울리네요.

멤버들은 이 앨범이 비틀스의 마지막이 될 것이라 합의라도 한 듯 열정을 쏟았어요. 멤버 네 명이 공식적으로 모두 모여 연주했던 마지막 곡은 여섯 번째 트랙인 〈I Want You〉였는데요. 연초 앨범 작업을 하면서 가장 먼저 시작했지만 가장 마지막으로 끝낸 노래기도

현재 진행형 '라스트 댄스'

했죠. 이 곡은 7분 47초라는 곡 길이를 자랑하는데 들어보면 정작 같은 가사와 기타 리프가 반복된다는 걸 알 수 있어요. 예컨대 사용된 단어는 열네 개, 가사는 세 줄에 불과하죠. 게다가 7분 44초 부근에서 음악이 갑자기 뚝 끊기는 구성은 레논이 의도한 것이라고 해요. 당시 전위음악에 푹 빠진 레논의 취향이 드러나는 대목이죠.

마지막까지도 레논의 아이디어는 마르지가 않네요.

《Abbey Road》가 발매되자 그때까지 비틀스를 어떻게든 존속시키려 애를 썼던 매카트니마저 지쳐버렸어요. 그는 한동안 수염을 자르지 않았고 일어날 생각도 안 했으며 설령 일어났다 해도 술을 마시며 시간을 보냈죠. 10월엔 가족들을 데리고 스코틀랜드 별장에서 칩거하기까지 했어요. 자연 속에서 음악을 계속 만들긴 했지만 깊은 우울감에 빠졌죠.

매카트니도 결국 번 아웃이 왔네요.

스코틀랜드 캠벨타운 전경
매카트니는 1966년 당시 스코틀랜드 킨타이어 반도에 농장을 샀다. 1969년 결혼 이후에는 그곳에서 아내 린다와 많은 시간을 보냈다. 아름다운 경관을 자랑하는 항구도시 캠벨타운 근처에 있는 농장에서의 평화로운 생활은 창작 활동에도 도움이 되었는데, 이를 바탕으로 만든 대표적인 음악으론 〈멀 오브 킨타이어〉가 있다.

해체 선언

아무리 개인의 의지가 강해도 상황이 나아지지 않으면 지치는 법이죠. 결정적으로 매카트니가 칩거하기 한 달 전인 9월 20일, 레논은 애플사에서 열린 미팅에서 밴드를 탈퇴하겠다고 말했어요. 이게 충격을 준 거겠죠. 당시 레논은 이미 요코와 음악 작업을 하고 있었고 7월 4일엔 '플라스틱 오노 밴드' 명의로 싱글 〈기브 피스 어 찬스〉를 낸 상태였어요. 이들은 9월 13일에 캐나다 토론토에서 열린 로큰롤 리바이벌 페스티벌에 참가했었는데 거기서 큰 환호를 받은 레논이 그때 비틀스를 떠날 마음을 굳힌 거 같아요.

홀로서기에 자신감이 생겼군요.

리버풀에 있는 존 레논 평화 기념비
존 레논 탄생 70주년을 기념하며 설립된 평화 기념비로, '평화와 화합'이라는 제목이 새겨져 있다. 그는 요코를 만난 후 평화주의자이자 반전주의자의 삶을 살았는데, '베드인' 캠페인 당시 만들어 1969년 발매한 곡 〈기브 피스 어 찬스〉는 "평화에게도 기회를 달라"는 레논의 모토를 담고 있다.

레논의 탈퇴 선언은 이전에 링고나 해리슨이 잠시 밴드를 박차고 나간 것과는 차원이 달랐어요. 모두 진작에 직감하고 있었으나 최대한 미루던 이 발언은 일방적인 외침이라기보단 밴드의 마지막을 서로에게 확인시킨 것과도 같았죠. 그러나 당시 애플사에 몇 가지 계약 문제가 얽혀 있으니 대외적으로는 당분간 밝히지 않기로 합의했죠.

그럼 한동안 팬들도 몰랐겠네요.

그래서 오해 아닌 오해를 사기도 했는데요. 말을 먼저 꺼낸 건 레논이었지만 처음 공식적으로 탈퇴를 선언한 건 매카트니였기 때문이에요. 이듬해인 1970년 4월 10일, 매카트니는 자신의 첫 솔로 앨범을 발매하면서 "개인적, 사업적, 음악적 견해 차이로 비틀스를 그만둔다"고 말했어요. 첫 번째 해체 선언이나 다름없었죠. 이로써 비틀스는 끝이 났지만 공교롭게도 5월에 그들의 모습이 담긴 영화와 앨범이 나와요.

해체하고 나서 또 앨범을 냈다고요? 아니면 마지막을 기념하는 건가요?

팀이 해체되기 전 비틀스가 녹음한 몇몇 음악들이 프로듀서 글린 토머스 존스의 손에 넘어가 있었어요. 앞서 진행했던 겟 백 프로젝트 기억하죠?
이때 스튜디오에서 라이브 형식으로 녹음했던 파일부터 애플사 옥상 공연을 그대로 담아낸 녹음본, 그리고 이전에 만든 작업물들까지 무수한 테이프들이 남아 있었던 거예요. 예전 같으면 멤버들이 참여했겠지만 모두들 작업에서 손을 뗀 상태라 프로듀서가 알아서 처리해야 했죠.

그러니까 멤버들의 마지막 작업인《Abbey Road》보다 먼저 녹음된 곡들이 뒤늦게 나온 거네요.

네, 겟 백 프로젝트 결과물들은 몇 번의 믹싱을 거쳤지만, 멤버들의 마음에 들지 않아서 엎어지기 일쑤였고 그사이《Abbey Road》가 먼저 나와버렸어요. 이 앨범은 다큐멘터리 영상 편집이 마무리된 1970년 초에서야 함께 발매 준비에 들어가는 바람에 늦어진 거죠. 그렇게 비틀스가 해체된 지 한 달 후인 1970년 5월 8일, 그들의 마지막이자 열두 번째 정규앨범《Let It Be》가 세상에 나옵니다.

화려한 커튼콜

우여곡절이 많은 앨범이었지만 마지막까지 전설의 명곡을 남기는 걸 보면 역시 '비틀스는 비틀스다'라는 말이 절로 나와요. 앨범명에서 유추할 수 있다시피〈Let It Be〉가 바로 여기에 수록되어 있죠.

이 곡은 언제 나오나 했는데 마지막 앨범에 등장하네요.

〈Let It Be〉는 5월 정규앨범에 수록되기 전인 3월 6일, '레논-매카트니'의 마지막 싱글로 공개되었는데요. 정규앨범 발매일과 시간차가

현재 진행형 '라스트 댄스'

있어서인지 각각의 느낌이 조금 달라요. 싱글 버전은 악기 연주가 부드러운 데 비해, 정규앨범 버전은 훨씬 드라마틱하고 강렬한 면이 있죠. 비틀스는 워낙 스튜디오에서 여러 시도를 하는 뮤지션답게 하나의 곡이라도 굉장히 다양한 버전이 있는 걸로 유명한데요. 자기 취향에 맞는 버전을 찾아서 듣는 팬들이 있을 정도죠.

그런 재미도 있겠군요!

매카트니가 작곡한 〈Let It Be〉는 히트곡 〈Yesterday〉처럼 다시금 꿈의 힘을 빌린 노래였어요. 꿈에 나타난 어머니 메리가 건넨 위로에서 시작되었죠. "모든 게 잘될 거야 순리에 맡기렴"이라는 메시지가 어떻게 보면 당시 비틀스가 직면한 위기와도 맞아떨어지는 것 같죠?

마치 신의 계시를 받는 기분이었겠어요.

실제로 여기서 등장하는 메리가 성모 마리아가 아니냐는 말이 나오면서 종교적 색채가 깃든 곡으로 보는 시각도 있어요. 한편 매카트니는 이 앨범에 또 다른 발라드 역작을 싣는데요. 〈The Long And Winding Road〉라는 곡을 만나볼게요. 여기에 얽힌 비하인드는 훨씬 더 입체적이거든요.

이 곡도 약간 신성한 느낌인데 설마 또 꿈에 누군가가 나왔나요?

곡을 들어보면 웅장한 오케스트라 소리가 깔리더니 급기야 합창 소리가 합세해요. 마치 성가곡을 듣는 느낌을 주죠. 그런데 이건 매카트니의 의도가 아니었어요. 오히려 이런 편곡이 매카트니가 마지막까지 붙잡고 있던 비틀스를 놓게 되는 결정적인 계기가 되었죠. 겟 백 프로젝트의 취지를 다시 떠올려보면 초심이라는 키워드가 가장 중요했는데요. 이 노래는 그에 걸맞게 담백하고 깔끔한 느낌이 나기는커녕 과하게 스튜디오용 음악이 되어버렸죠.

그러니까 남에게 맡겨만 놓고 손을 떼면 안 된다니까요.

애초 프로듀싱을 맡은 글린 존스가 최선을 다했음에도 멤버들이 계속 퇴짜를 놓자 1970년 3월 23일, 결국 이 작업은 다른 프로듀서에게로 돌아갔어요. 당시 비틀스 매니저였던 앨런 클라인과 레논이 유명 프로듀서 필 스펙터에게 작업을 믿고 맡긴 건데요. 필 스펙터가 기존 피아노 반주곡을 오케스트라와 합창 소리로 화려하게 덮어버린 게 화근이 되었어요.

필 스펙터
미국의 유명 음반 프로듀서인 필 스펙터는 음향을 입체화하는 방법으로 청자가 훨씬 두꺼운 사운드를 들을 수 있게 하는 '월 오브 사운드'를 고안하며 대중음악사에 족적을 남겼다. 그러나 그는 2003년 배우 라나 클락슨을 살해한 혐의로 종신형을 선고받았고 2021년 복역 중 사망했다.

그야말로 설상가상이네요.

비틀스 해체를 앞두고 매카트니가 심란한 마음을 반영한 곡이었지만 그마저도 창작 의도와 다른 방향으로 가버렸으니 굉장히 속상했을 거예요. 뒤늦게 편곡을 확인한 매카트니는 격분하며 비틀스와의 끝을 고했죠. 1981년 인터뷰에서 레논은 이 곡이 매카트니의 "마지막 발악" 같았다고 비꼬기도 했지만 실제로 매카트니는 이 곡에 정말 진심이었던 것 같아요. 한참이 지난 2003년 11월 17일, 편곡 버전을 말 그대로 모두 '벗겨낸'《Let It Be... Naked》를 발매하거든요. 여기서는 이 곡의 훨씬 담백해진 반주를 만날 수 있어요.

예술가에게는 그렇게 양보 못하는 구석이 있나 봐요. 덕분에 다양한 버전을 만날 수 있으니 좋네요.

이로써 비틀스는 마지막까지 명곡을 남기며 작별을 알렸어요. 10대 시절 치열하게 음악을 하던 리버풀의 소년들은 세계를 호령하는 로큰롤 아이돌이 되었고, 예술가로서의 모험에도 기꺼이 발을 내디디며 성장했죠. 그러나 시작이 있으면 끝이 있는 법, 이로써 역사상 가장 영향력 있는 밴드는 각자의 길을 걷게 됩니다. 비틀스의 해체는 팬을 비롯한 대중에게 큰 충격을 안겨주었어요. 그때 청년들 사이에선 "30살이 넘은 자는 믿지 말라"는 문구가 유행할 정도였으니까요. 실제로 영원할 것 같았던 그들이 작별을 고할 당시 멤버들의 나이가 서른 즈음이었어요.

영원한 건 없다는 걸 알면서도 자꾸만 영원을 믿고 싶어지는 법이

죠. 그래서 멤버들은 이후 어떻게 지냈나요?

계속된 자강두천

워낙 재능과 실력이 뛰어난 인물들이었기에 비틀스 멤버 모두 솔로로 활동을 재개했고 성공을 거두었어요. 그중 오늘날까지 가장 활발하게 활동하는 멤버는 매카트니랍니다. 앞서 비틀스 해체를 공식적으로 발표했던 인터뷰 현장이 바로 솔로 1집 발매 기념 인터뷰였는데요. 매카트니는 1970년 4월 17일 발표한 《매카트니》의 성공으로 솔로 활동의 포문을 화려하게 열었죠. 다음 해에 아내와 함께 윙스라는 밴드를 결성한 후엔 투어를 진행하는 등 계속해서 음악 활동에 매진했고요. 윙스는 1981년 10년간의 활동을 끝으로 해체되긴 했지

만 이 밴드 역시 다수의 히트곡을 내면서 성공했어요. 예컨대 윙스가 1976년 발표한 싱글 〈실리 러브 송〉은 빌보드 핫100 싱글차트 5주 연속 1위를 기록했죠. 오늘날에도 많은 사랑을 받는 곡인데 윙스 밴드의 정식 명칭이 '폴 매카트니와 윙스'이다 보니 매카트니 솔로곡 혹은 비틀스 노래로 알고 있는 사람도 많아요.

이것도 매카트니가 만들었나요?

네, 홀로서기를 하면서 매카트니의 실력이 명불허전이었음을 다시금 입증한 거죠. 그렇게 솔로 앨범 및 투어 활동도 꾸준히 해온 매카트니는 2018년, 36년 만에 《이집트 스테이션》으로 빌보드 메인 앨범 차트 1위를 기록하는 저력을 보였답니다.

아직 활동한다는 것만으로도 대단한데 쟁쟁한 후배들 사이에서 1위라니 괜히 전설이 아니군요.

체코 프라하에 있는 존 레논의 벽
평화의 시대를 꿈꾼 레논의 뜻을 기리기 위해 익명의 화가들이 레논의 그래피티와 비틀스 가사를 벽에 새기기 시작한 게 시초가 되었다. 특히 공산주의 체제하에 표현의 자유를 잃은 체코 젊은이들이 그 억압을 해소하던 곳으로, 오늘날엔 프라하의 대표 관광코스이자 정치적·사회적 메시지를 나누는 장으로 남아 있다. 평화를 상징하는 마크와 함께 'IMAGINE'이라는 문구도 곳곳에서 찾아볼 수 있다.

한편 매카트니가 자신의 색깔을 유지하며 경쾌하고 대중적인 멜로디로 인기몰이를 할 동안 레논은 더더욱 정치적이고 전위적인 방향으로 나아갔는데요. 앞서 매카트니가 아내 린다와 함께한 것처럼 레논 역시 아내 요코와 함께 음악 활동을 했어요. 그리고 1971년엔 두 번째 솔로 앨범의 첫 번째 곡이자 역사에 길이 남을 명곡 〈이매진〉을 발표하면서 천재성을 입증했죠. 한창 레논이 밀고 있던 평화와 반전의 메시지를 잘 담고 있어서 시대와 국경을 불문하고 지금까지도 울려 퍼지는 곡이죠.

골목대장이었던 레논을 생각하면 나이가 들면서 노래가 많이 순한 맛으로 변했네요.

사실 〈이매진〉만 보면 그렇게 생각할 수 있지만 레논은 비속어가 섞인 음악을 발표해 방송금지를 당하거나 만취 후 물의를 일으켜 사회면에 나는 등 여전히 이슈 메이커였어요. 하지만 이런 거침없는 행보에 브레이크를 거는 일이 있었으니, 바로 1975년 둘째 아들 숀 레논이 태어난 거였죠. 레논은 5년간 육아에 전념하겠다는 선언과 함께 활동을 중단하기까지 했으니까요.

그 시절에 자식을 위해 아빠가 경력단절을 자처하다니 흔치 않은 일이잖아요!

빛이 나는 솔로

레논은 언제나 예측 불가한 행보로 사람들을 놀라게 하는 재주가 있죠? 그렇다면 해리슨은 어땠을까요? 매카트니와 레논의 솔로 활동이 떠들썩하게 보도되긴 했지만 의외로 비틀스 이전부터 솔로 활동을 제일 먼저 시작한 건 해리슨이었어요. 1968년, 1969년에 각각 《원더월 뮤직》,《일렉트로닉 사운드》라는 앨범을 발매한 이후 자신만의 작품세계를 쌓아갔죠. 무엇보다 비틀스 시절 레논과 매카트니에 가려져 진가를 충분히 발휘하지 못했던 해리슨의 음악은 솔로 활동에서 그 잠재력이 폭발했어요.

밴드 시절 해리슨은 아무래도 막내라 더 그랬겠어요.

심지어 비틀스 멤버들 중 최초의 1위를 차지한 솔로 싱글의 주인공도 해리슨이에요. 1970년 11월 미국 싱글로 낸 곡 〈마이 스윗 로드〉가 12월 빌보드 핫100 싱글차트 1위를 한 거죠. 게다가 해리슨은 1974년 독자적인 '다크 호스 레코드' 레이블을 설립해서 인도 아티스트의 활동을 돕는가 하면 몇 년 후엔

다크 호스 레코드 로고

본인 역시 이곳에서 앨범을 냈어요. 같은 해 동명의 앨범인《다크 호스》를 발매하면서 비틀스 시절 중단했던 북미 투어를 하기도 했죠.

해리슨은 해체 후에 전성기를 맞았나 봐요.

비록 밴드로서의 비틀스는 마침표를 찍었지만 멤버 모두 활발히 활동을 이어간 덕분에 팬들은 멋진 작품들을 계속 만날 수 있었죠. 이제 마지막 멤버 링고 스타의 행보를 살펴볼 텐데요. 흥미롭게도 링고의 첫 솔로 앨범은 매카트니보다도 한 달 먼저 나왔어요. 그는 1970년 3월 27일에《센티멘털 저니》를 발표하면서 홀로서기를 했죠. 비틀스가 해체하고도 멤버들과 가장 교류가 많았던 링고의 활동은 좀 특별했어요. 곡 작업이나 공연을 할 때 종종 예전 멤버들과 함께했

기 때문에 여전히 비틀스만의 시너지를 냈거든요. 특히 1973년 링고의 대표 히트곡인 〈포토그래프〉는 해리슨과 공동으로 만든 곡이라 더 의미가 깊답니다. 게다가 링고는 음악만 한 게 아니었어요.

음악 말고 새로운 것에 도전이라도 했나요?

앞서 비틀스가 활동하던 시절 멤버들이 영화에도 출연했다고 했죠? 그때마다 주로 링고는 가장 비중 있는 역할을 맡았을 뿐 아니라 다른 영화에서도 배우로 이름을 올린 적이 있었어요. 그렇다 보니 비틀스 해체 후에도 자연스레 다큐멘터리 및 텔레비전 시리즈에 출연을 이어갔고, 이후 다큐멘터리 감독으로까지 데뷔했죠.

역시 실력이 있으니 모두 탄탄대로군요.

그럼에도 인간의 노력으로 막을 수 없는 사건들 역시 일어나는 게 인생인가 봐요. 그 누구도 예상치 못한 비극이 1980년 찾아왔죠.

하늘의 별이 된 '스타'

1980년 12월 8일 밤 10시 50분경, 미국 뉴욕의 더 다코타 앞에서 총격 사건이 벌어져요. 괴한으로부터 네 발의 총을 맞은 남자는 응급실로 이송되었지만 결국 사망했죠. 그가 바로 존 레논이었어요.

더 다코타
미국 뉴욕 맨해튼의 어퍼웨스트사이드에 있는 최고급 아파트로, 레논과 요코의 보금자리이자 레논이 피살당한 곳이다. 입주 조건이 워낙 까다롭고 매물 자체도 별로 없어서 돈이 있어도 소수만이 누릴 수 있는 거주지로도 유명하다.

헉, 충격이네요. 슈퍼스타가 이렇게 허무하게 생을 마감하다니.

레논은 그해 11월 17일, 5년의 공백기 끝에 일곱 번째 정규앨범《더블 판타지》로 돌아왔는데요. 오랜만에 컴백해서 본격적인 활동을 앞두고 있던 그는 여느 날처럼 스튜디오로 나서는 길에 팬에게 사인을 해줬어요. 마크 데이비드 채프먼이라는 사람이었죠. 그리고 그날 저녁 레논은 채프먼의 손에 유명을 달리했어요.

그럼 종일 레논을 기다린 거예요?
너무 소름 돋아요.

그의 팬이라 주장한 채프먼은 레논을 죽이라는 환청을 들었다는 둥, 레논이 가식적인 인물이라 증오심을 키웠다는 둥 터무니없는 소리를 늘어놓았어요. 결국 그는 자기 죄를 인정했고 종신형을 선고받았어요. 2025년 기준으로 여전히 복역 중이며 여러 차례 가석방을 신청했지만 기각당했죠. 레논의 갑작스러운 부재는 전 세계를 충격에 빠뜨렸어요. 무엇보다 다시는 비틀스가 함께 할 수 없다는, 재결합을 둘러싼 일말의 희망과 가능성마저 접어버리는 진정한 종언이었죠.

존 레논의 사망 소식이 보도된 신문
1980년 12월 8일, 뉴욕에서 총에 맞아 사망한 레논의 소식은 세상을 놀라게 했다. 사진 속 영국의 일간신문은 이 사건을 '영웅의 죽음'이라 표현하고 있다.

그래도 사람들은 지금까지도 비틀스를 잊지 않고 있잖아요.

실제로 비틀스를 향한 대중의 애정이 식지를 않으니 이들을 상기시키는 기획도 뒤따랐어요. 무엇보다 1988년 3월 7일에 발매한 컴필레이션 앨범 《Past Masters》를 시작으로 1995년 텔레비전 시리즈로 제작 및 방영된 《The Beatles Anthology》의 컴필레이션 앨범 1, 2,

3의 발매 등은 대중이 비틀스를 추억하거나 새로 알아가는 계기가 되었죠. 게다가 2000년 11월 13일, 역대 비틀스의 미국과 영국 차트 1위 곡을 모은 앨범 《1》은 폭발적인 반응을 얻었어요. 발매 당시 35개국 판매 1위를 차지했고 대부분의 음반 차트 상위권에 비틀스의 이름이 다시 등장했죠. 비틀스라는 신화가 21세기에도 건재하다는 걸 입증한 셈이에요.

이 정도면 남은 멤버들이라도 다시 모일 수 있겠는데요?

안타깝게도 해리슨 역시 후두암 및 폐암으로 치료를 받다가 2001년 11월 29일 세상을 떠났어요. 인도식으로 화장한 재가 갠지스강에 뿌려지면서 해리슨은 영원한 영면에 들었죠.

인도의 갠지스강
인도를 대표하는 갠지스강은 예부터 힌두교도들에겐 신성한 강으로 통한다. 갠지스강에서 목욕을 하면 죄가 씻겨 내려간다고 믿는 신자들은 죽은 뒤 화장한 뼛가루도 이곳에 흘려보내며 장례 의식을 치른다. 해리슨 역시 힌두교 전통에 따랐다.

저런, 안타깝네요. 비틀스의 완전체는 영원히 기억으로만 남을 수밖에요.

새로운 클래식의 탄생

그럼에도 비틀스는 과거의 영광으로 박제되기보단 현재 진행형 전설로 끊임없이 부활하고 있어요. 매카트니와 링고가 현역으로 활동하고 있다는 점에서도 그렇지만, 이들의 음악과 업적을 중심으로 한 콘텐츠가 오늘날에도 무한 양성되기 때문이죠. 예컨대 2007년에 나온 영화〈어크로스 더 유니버스〉는 1960년대 미국 사회를 배경으로 비틀스의 33곡을 엮어 만든 뮤지컬 영화예요. 2019년에 나온 영화〈예스터데이〉의 설정도 굉장히 흥미로운데요. 무명 뮤지션 잭이 어느 날 비틀스의 음악은 물론 그들의 존재 자체가 사라진 세상에서 유일하게 비틀스를 기억하고 있는 인물이 되면서 벌어지는 이야기죠.

워낙 대단한 음악가들이라 예술적 영감을 무한대로 제공하네요.

더불어 우리가 떠올려야 할 건 비틀스가 비슷비슷한 대중음악가 중에서 1등을 했던 게 아니라, 아예 새로운 길을 개척했다는 사실이에요. 음악은 언제나 사회적 변화와 상호작용을 해왔지만, 역사상 비틀스처럼 음악으로 사회에 엄청난 영향을 주었던 음악가는 없었어요. 비틀스가 이루었던 혁신이나 그들이 대표했던 가치가 세상을 바꾸는 원동력이 되었으니까요.

비틀스 전후로 대중음악가의 위상이 많이 달라졌겠어요.

비틀스는 그저 팬들이 열광하는 연예인이 아니라 시대가 닮고 싶어 하는 존재였어요. 우리가 대중음악가를 아티스트라고 부르게 된 것도 비틀스 덕이 크죠. 무엇보다 히트를 거듭할수록 자기 스타일에 안주하기는커녕 음악적 실험을 멈추지 않았다는 게 바로 예술가적 정체성을 가졌다는 의미겠죠. 과거 매카트니는 비틀스를 두고 "우린 세상의 리더가 아닌 대변자일 뿐이다"라고 표현했는데요. 그만큼 비틀스는 음악이라는 언어로 세상과 어떻게 대화할 수 있는지, 그 가능성을 우리에게 보여줬다고 생각해요.

음악의 역사를 다 알지는 못하지만 역시 어떤 음악이든지 세상과 잘 소통하는 게 중요한 거 같아요.

미국의 대중문화학자 조지 립시츠는 대중음악을 사회적 기억과 역사적 경험의 매개체로 정의했어요. 대중음악은 그때 그 시대상을 기록하기 때문에 우리가 어디에 있었고 어디로 가고 있는지 이해하는 데 도움을 준다는 뜻이죠.

그런 면에선 확실히 대중음악이 클래식보다 유리한 거네요.

단정할 수는 없지만, 비틀스를 통해 대중성과 예술성 두 마리 토끼를 모두 잡은 음악의 가능성을 확인할 수 있지 않을까요? 현재는 물론 미래의 문화예술인들에게도 좋은 길잡이가 되길 바라는 마음이에요.

비틀스를 공부한 이유를 알겠어요.

이제 슬슬 강의를 마칠 시간이네요. 우린 인간을 정의하는 데에 '호모 사피엔스'나 '호모 소시우스' 등의 표현을 쓰는데요. 저는 더불어 모든 인간은 '호모 무지쿠스'라고 생각해요. 직역하면 '음악적 인간', '음악하는 인간'이죠. 인류는 오랫동안 음악을 소통의 도구, 유희의 통로로 삼으며 지구에서 생존할 수 있었어요. 그러다가 음악을 예술로 취급하며 인간이 추구하는 숭고한 가치를 투영하기도 하고, 지금처럼 첨단 문화 상품으로 만들어 경제의 한 축으로 삼기도 했죠. 이런 과정에서 음악은 인간을 구성하는 요소가 되고 음악의 역사가 곧 인류의 역사가 되었습니다.

지금까지 클래식 음악가를 시작으로 비틀스까지 강의하면서 정말 다양한 음악들을 만났는데요. 전혀 관련이 없을 것 같은 음악들도 인간이 끝없이 영위해온 것이라는 측면에서 그 줄기를 같이 하고 있다는 걸 알 수 있을 거예요.

신기하게도 대중음악을 공부하고 나니 오히려 클래식 음악이 또다시 궁금해지는데요?

이번 강의를 시작하면서 대중음악을 다루는 것이 생뚱맞지 않을까 걱정을 좀 했는데 여러분의 시야를 넓히는 데에 도움이 된 것 같아 영광이에요. 물론 음악의 미래는 새로운 시대와 소통하며 계속 변하겠지만 비틀스는 꽤 오랫동안 그 기준이 될 거예요. 이 강의를 계기로 대중음악이 '언젠가 지나갈 유행'이 아닌, 시간이 흘러도 두고두고 남을 수 있겠다는 느낌표와 함께, 결국 음악이 무엇인지 처음부터 다시 짚어보는 물음표를 새길 수 있으면 좋겠네요.

음악에 대해 좀 더 열린 생각을 가져야겠다는 마음이 들어요.

음악을 있는 그대로 즐기고 느끼는 것도 중요하지만 단순한 감상을 넘어 음악의 개념적·장르적 경계를 자유로이 넘나들면 더욱 즐거운 '호모 무지쿠스'로서의 삶이 여러분을 기다릴 겁니다. 이번 강의는 이렇게 마칠게요. 고맙습니다.

필기노트
02. 현재 진행형 '라스트 댄스'

1969년, 비틀스는 초심으로 돌아가자는 목표하에 '겟 백 프로젝트'를 진행한다. 프로젝트의 마지막을 장식한 애플사 옥상 공연은 비틀스의 공식적인 마지막 라이브 무대로 남았고 이후 《Abbey Road》와 《Let It Be》 앨범을 끝으로 비틀스는 해체한다. 오늘날에도 비틀스는 예술적 영감을 주는 존재이자 여전히 소환되고 재해석되는 '고전'으로 자리한다.

초심으로 돌아가기	**겟 백 프로젝트** 밴드의 결속을 위해 매카트니가 최초로 제안한 프로젝트. 초심으로 돌아가 최대한 라이브에 가깝게 담아내는 게 목표. **애플사 옥상 공연** 1969년 1월 30일 게릴라로 진행됨. → 프로젝트의 마무리이자, 비틀스의 공식적인 마지막 공연.
마지막 발자취	1969년 1월 애플사 옥상 공연 (겟 백 프로젝트의 마무리) 1969년 9월 《Abbey Road》 발매 (그해 2월 작업 시작) 1970년 4월 비틀스 공식 해체 선언 (1969년 9월 비공식으로 해체 결정) 1970년 5월 마지막 앨범 《Let It Be》 발매 (작업은 《Abbey Road》보다 먼저 했지만 프로듀싱 난항을 겪으며 해체 후 발매됨) **비틀스, 〈Let It Be〉** 매카트니가 꿈속에서 만난 어머니 메리의 위로에 착안해 만듦. ⇒ 순리에 맡기라는 메시지가 비틀스의 위기와 맞아떨어짐. **비틀스, 〈The Long And Winding Road〉** 매카트니의 의도와는 다르게 화려한 편곡이 들어감. ⇒ 그가 비틀스에 안녕을 고하는 결정적 계기가 됨.

비틀스라는 클래식		
	존 레논	• 솔로 가수이자 사회운동가로 활동함. • 1980년 12월 8일, 더 다코타 빌딩 앞에서 피살당함.
	폴 매카트니	• 솔로 활동 + 10년간 밴드 '윙스'로 활동함.
	조지 해리슨	• 솔로 활동을 비틀스 시절부터 시작함. '다크 호스 레코드' 레이블을 설립함. • 2001년 11월 29일, 암으로 사망함.
	링고 스타	• 비틀스 해체 후 멤버들과 가장 교류가 많았음. 솔로 활동에서도 멤버들이 종종 함께함.

- 비틀스는 음악이라는 언어로 세상과 대화하는 방법을 제시한 아티스트였음. → 영원한 시대의 아이콘이자 예술적 영감의 대상, 대중음악의 가능성이 됨.

작품 목록

비틀스의 작품 목록입니다. 발매 연도순으로 정리했습니다.

정규 앨범 (UK 발매 기준)

1963　《Please Please Me》
1963　《With The Beatles》
1964　《A Hard Day's Night》
1964　《Beatles For Sale》
1965　《Help!》
1965　《Rubber Soul》
1966　《Revolver》
1967　《Sgt. Pepper's Lonely Hearts Club Band》
1967　《Magical Mystery Tour》 (EP)
1968　《The Beatles (White Album)》
1969　《Yellow Submarine》
1969　《Abbey Road》
1970　《Let It Be》

싱글 (UK 발매 기준)

1962　〈Love Me Do / P.S. I Love You〉

1963　〈Please Please Me / Ask Me Why〉
　　　〈From Me to You / Thank You Girl〉
　　　〈She Loves You / I'll Get You〉
　　　〈I Want to Hold Your Hand / This Boy〉

1964　〈Can't Buy Me Love / You Can't Do That〉
　　　〈A Hard Day's Night / Things We Said Today〉
　　　〈I Feel Fine / She's a Woman〉

1965　〈Ticket to Ride / Yes It Is〉
　　　〈Help! / I'm Down〉
　　　〈We Can Work It Out / Day Tripper〉 (더블 A면)

1966 〈Paperback Writer / Rain〉
      〈Yellow Submarine / Eleanor Rigby〉(더블 A면)

1967 〈Strawberry Fields Forever / Penny Lane〉(더블 A면)
      〈All You Need Is Love / Baby You're a Rich Man〉
      〈Hello, Goodbye / I Am the Walrus〉

1968 〈Lady Madonna / The Inner Light〉
      〈Hey Jude / Revolution〉

1969 〈Get Back / Don't Let Me Down〉
      〈The Ballad of John and Yoko / Old Brown Shoe〉
      〈Something / Come Together〉(더블 A면)

1970 〈Let It Be / You Know My Name (Look Up the Number)〉

사진 제공

1부

에드 설리번 극장 ©chaddavis.photograph
무지크페어아인 ©C.Stadler/Bwag
퇴폐 미술 전시 카탈로그 표지 ©Otto Freundlich
다뉴브강의 신발들 ©kallerna
얼 브라운, 〈1952년 12월〉 악보 ©bridgeman image
히로시마 원폭 피해 현장 ©Maarten Heerlien
보틀넥 주법 ©Carl Lender
로버트 존슨, 《킹 오브 델타 블루스 싱어즈 II》 표지 ©Vinyl Junkie
페이올라 스캔들 ©1959 TIME INC.
뉴욕 타임스퀘어의 조지 M. 코핸 동상 Shutterstock/©Darryl Brooks
리버풀에 있는 비틀스 동상 Shutterstock/©cowardlion
할리우드 명예의 거리에 있는 비틀스 이름 ©Dietmar Rabich
히피와 대치하고 있는 군인 ©Warren K. Leffler
베트남 전쟁 ©Brian K. Grigsby, SPC5, Photographer
슬로건으로 쓰이는 비틀스의 음악 ©Tomasz Molina
오늘날 왕실 근위대 ©Cpl Stephen Harvey/MOD

2부

벤조 ©Statens musikverk
테디보이 스타일 ALAMY/©horst friedrichs
리버풀 공연예술 전문학교 ©Rodhullandemu
'스키플의 왕' 로니 도니건 ©Megalit
『머지비트』 표지 ALAMY/©Tony Smith
로큰롤 명예의 전당 ©Erik Drost
멤피스의 선 스튜디오 ©Gerrit Vollmer
카우보이 부츠와 모자 ©MaurieF
내슈빌 거리 ©Shutterstock/Photo Spirit
트랜지스터라디오 ©Joe Haupt
존 레논 아트 앤드 디자인 빌딩 ©Rodhullandemu

1963년의 런던 커피 바 ① ©Tony Hisgett
1963년의 런던 커피 바 ② ©Tony Hall
함부르크의 카이저켈러 클럽 ©hds
리더랜드에 있는 비틀스 벽화 ©Gary Rogers
캐번 클럽 Shutterstock/©Julie Mayfeng
브라이언 엡스타인과 비틀스 ALAMY/©KEYSTONE Pictures USA
함부르크에 있는 비틀스 광장 표지판 ©Heide-Daniel
리버풀 비틀스 박물관 외관 ©Rodhullandemu

3부

애비로드의 EMI 스튜디오의 과거와 현재 ©Dr. Ronald Kunze
리버풀의 포슬린 로드 20번지 ©Rodhullandemu
비틀스 콘서트 매표소 ALAMY/©Trinity Mirror / Mirrorpix
비틀마니아 ©Maarten Collen
워싱턴 콜리세움 공연 극장 상영 포스터 ALAMY
비틀스 잡지를 보고 있는 팬 ALAMY/©Trinity Mirror / Mirrorpix
리켄베커 기타 ©Hal Hawkins
피커딜리서커스에 걸린 〈A Hard Day's Night〉 ALAMY/©AmityPhotos
영화 〈Help!〉 Shutterstock/©Evgenia Kibke73
밥 딜런 ©Chris Hakkens
밥 딜런 도로 사인 ©Lorie Shaull
1960년대 비틀스 팬의 방 ©Jeremy Thompson

4부

스위스의 생모리츠 전경 ©Bphstm
'레게의 전설' 밥 말리의 벽화 ©Angouelle
각설탕과 LSD ©Sasha Taylor
엘리너 릭비 동상 ©Rodhullandemu
일본의 무도관 Shutterstock/©yu_photo
리버풀의 스트로베리 필드 ©Jooniur
뉴욕의 스트로베리 필즈 ©Nikeush
멜로트론 ©doryfour
피콜로 트럼펫 ©Yamaha Corporation

393

매지컬 미스터리 투어 버스 ©Chris Sampson
브라이언 엡스타인 묘지 ©Gershowitz

5부

쉐나이 ©Badagnani
마하리시 요기 ©Larry Sharkey
대마초 합법화 운동을 하는 히피들 ALAMY/©PA Images
에릭 클랩튼 ©Matt Gibbons/ultomatt
베드인 캠페인 Shutterstock/©mrmichaelangelo
애플사 옥상 공연 현장 ALAMY/©APPLE CORPS / Album
트위크넘 영화 스튜디오 ©Jim Linwood
영국의 서리주 ©Colin Smith
체코 프라하에 있는 존 레논의 벽 ©R2richar
더 다코타 ©Ajay Suresh
존 레논의 사망 소식이 보도된 신문 ALAMY/©Some Wonderful Old Things
인도의 갠지스강 ©Rickard Törnblad

※ 본문에 수록된 이미지 자료는 학술·교양적 해설을 위한 Editorial Use Only 범위에서 사용했습니다.
※ 저작권을 기재할 필요가 없는 도판은 따로 표기하지 않았습니다.